Maik Baumgärtner   Marcus Böttcher

DAS ZWICKAUER TERROR-TRIO

Ereignisse   Szene   Hintergründe

Das Neue Berlin

Inhalt

7 Zu diesem Buch

10 Vorwort: Neonazis zwischen Gelegenheitsgewalt, Alltagsterror und Rechtsterrorismus

18 Der Vorhang fällt

23 Einstieg in den militanten Rechtsextremismus. Die frühen Jahre des Trios

29 1995: Die Thüringer Szene im Aufwind

36 1996: Zwischen Straßenkampf und konspirativen Aktionen

39 Exkurs: Internationale Netzwerke

50 1997: Bombenangst in Jena

61 1998: Das Trio taucht unter

86 1999: Aktionen aus dem Untergrund

95 2000: Das erste Mordopfer

109 2001: Der braune Kreuzzug

126 2002: Auf der Suche nach Sympathisanten

130 2003: Die Fahndung wird eingestellt

132 2004: Verbrechensspur Rostock, Chemnitz, Köln

140 2005: Das Morden geht weiter

152 2006: Der „kleine Adolf" vom Verfassungsschutz

169 2007: Hinrichtung einer Polizistin

179 2008: Das neue „Heim" der Neonazis

183 2009: „Nette, sympathische Leute"

188 2010: Ein Lied für die Mörder

190 2011: Finaler Akt

198 Der letzte Tag der Mörder

203 Beate Zschäpe stellt sich

237 2012: Ermittlungen, Erkenntnisse und viele Fragen

247 Fazit

254 Danksagung

255 Autoren

Zu diesem Buch

Die gute Nachricht vorneweg: Anscheinend standen Uwe Böhnhardt, Uwe Mundlos und Beate Zschäpe – die Hauptakteure der Zwickauer Terrorzelle – nicht auf den Gehaltszetteln des Verfassungsschutzes. Trotzdem bleiben im Sommer 2012 Zweifel aufgrund mangelnder Aktenführung bei den Behörden. Und das war es auch schon an positiven Schlagzeilen rund um den „Nationalsozialistischen Untergrund" – einer Organisation, deren Existenz bis zum November 2011 nicht für möglich gehalten wurde. Nun beschäftigt der NSU Politik und Gesellschaft.

Auch wenn der „Nationalsozialistische Untergrund" mit dem Tod von Mundlos und Böhnhardt und der Verhaftung von Beate Zschäpe Geschichte sein dürfte, die Konsequenzen auf politischer Seite sind noch längst nicht abzusehen. Bei Redaktionsschluss dieses Buches zieht sich der Präsident des Bundesverfassungsschutzes, Heinz Fromm, in den vorzeitigen Ruhestand zurück. Nach dem Rücktritt des thüringischen Verfassungsschutzpräsidenten Thomas Sippel scheidet mit Reinhard Boos, Präsident des sächsischen Verfassungsschutzes, binnen kurzer Zeit bereits der dritte Chef einer Geheimdienstbehörde aufgrund der Pannen in den NSU-Ermittlungen vorzeitig aus dem Amt aus. Justizministerin Sabine Leutheusser-Schnarrenberger zweifelt an der Notwendigkeit des Militärischen Abschirmdienstes, hält den MAD »in dieser Form« für unbrauchbar. Der Grünen-Politiker Hans-Christian Ströbele, Mitglied des Parlamentarischen Kontrollgremiums des Bundestages, das die Arbeit der Geheimdienste überwacht, fordert den Rücktritt von BKA-Chef Jörg Ziercke. Und die Linken wollen den Verfassungsschutz gleich ganz abschaffen. Absurde Forderungen oder logische Konsequenz?

Mittlerweile untersuchen Untersuchungsausschüsse im Bundestag und in den Landtagen in Thüringen, Sachsen, Bayern, ob und – wenn ja – wie die Behörden versagt haben. Gerade der Verfassungsschutz steht dabei unter intensiver Beobachtung. Der Vorsitzende des NSU-Untersuchungsausschusses im Bundestag, SPD-Politiker Sebastian Edathy, sieht die Behörde in einer „Vertrauenskrise". Je mehr versucht werde, unter den Teppich zu kehren, „desto größer ist die Wahrscheinlichkeit, dass man irgendwann über den Teppich stolpert", sagte er.

Was Edathy beispielsweise meint: Am 11. November 2011, die Terrorzelle war gerade aufgeflogen und in Köln herrschte dank Karneval absoluter Ausnahmezustand, hat ein Beamter in der in Köln ansässigen Verfassungsschutz-Zentrale eigenmächtig sieben wichtige Akten über V-Leute gelöscht. Heinz Fromm sagt, vielleicht habe sich der Beamte daran erinnert, dass alte Akten nach und nach vernichtet werden sollen. Es könnte so gewesen sein: „Alte Dinger – Bezüge zum NSU? Fehlanzeige! Also weg", so Fromm. Doch warum der Mann mit dem Decknamen Lothar Lingen die Löschung nicht korrekt in die Aktenführung des Amtes eintrug und den Vorgang lange verschwieg, will er nicht sagen und verweigert dazu jegliche Aussage. Aufklären im Chaos sieht anders aus. Verschwörungstheorien werden mehr und mehr angeheizt.

Während auf politischer Seite zumindest versucht wird, die Vorgänge zu rekonstruieren und Konsequenzen aus den Ermittlungspannen zu ziehen, arbeitet die Bundesanwaltschaft weiter an der Anklage gegen Beate Zschäpe. Der innenpolitische Sprecher der CDU/CSU-Bundestagsfraktion, Hans-Peter Uhl, ist skeptisch, ob sie für die terroristischen Verbrechen der Gruppe juristisch belangt werden kann. „Obwohl Heerscharen von Ermittlern monatelang unterwegs waren, halte ich es für möglich, dass Beate Zschäpe nur wegen Brandstiftung verurteilt wird. Für die Mitgliedschaft in einer terroristischen Vereinigung liegen zwar Indizien vor, aber keine Beweise." Bei den mutmaßlichen anderen Unterstützern der Terrorzelle sieht die Beweislage noch schlechter aus.

Als der NSU im November 2011 aufflog, stellte sich drängend die Frage: Wie konnte es soweit kommen? Wie war es möglich, dass drei junge Menschen jahrelang unerkannt im Untergrund leben konnten, eine Terrororganisation gründeten, zehn Morde, Sprengstoffanschläge und Banküberfälle begingen – und warum tappten die Sicherheitsbehörden trotz zahlreicher Hinweise im Dunkeln?

Wir haben uns auf Spurensuche begeben, haben zehntausende Seiten Ermittlungsakten gelesen, mit Aussteigern aus der rechten Szene sowie mit ehemaligen Freunden des Trios, mit Ermittlern, Politikern und Rechtsextremismusexperten gesprochen. Bei unserer Darstellung haben wir uns für eine Chronologie der Ereignisse entschieden, die sowohl den Weg der rassistischen Mörder mit der braunen Ideologie nachzeichnet als auch die Tätigkeit der Ermittlungsbehörden verfolgt und sich an den entscheidenden Schnittstellen den politischen und gesellschaftlichen Hintergründen zuwendet.

Aus rechtlichen Gründen haben wir etliche Namen im Buch abgekürzt oder verändert; bei erster Nennung einer Person mit geändertem Namen ist dieses mit einem Sternchen ausgewiesen.

Maik Baumgärtner, Marcus Böttcher

12. Juli 2012

Vorwort
Neonazis zwischen Gelegenheitsgewalt, Alltagsterror und Rechtsterrorismus

von Prof. Dr. Hajo Funke
(Freie Universität Berlin, Forschungsschwerpunkte:
Rechtsextremismus, Antisemitismusforschung und
Aufarbeitung des Nationalsozialismus)

Auch Monate danach bleibt es ein Schock – und eine Herausforderung an Politik und Gesellschaft: Bekennende Nationalsozialisten haben ohne Einschreiten der Sicherheitsbehörden über 13 Jahre mindestens zehn Morde verübt – mindestens neun aus rassistischen Motiven –, und sie hatten weitere Listen. Die Opfer sind acht Türken, ein Grieche und eine Polizistin. Seit 1990 sind als Folge eines neuen gewalttätigen Rechtsextremismus mindestens 150 Mordopfer (nach den Recherchen der Amadeu-Antonio-Stiftung sogar 182 Mordopfer) rechter Gewalt zu beklagen – es gab in diesem Zeitraum weit mehr als 15 000 Gewaltstraftaten und über 150 000 Straftaten mit rechtsextremem Hintergrund. Der Präsident des BKA spricht übrigens von jährlich 1000 Gewalt- und 20 000 Neonazi-Straftaten.

Wir haben es seit den frühen 90er Jahren mit einem Rechtsextremismus zu tun, der anders ist als der der alten Bundesrepublik und der im Gewaltvergleich der westeuropäischen demokratischen Länder herausragt. Obwohl viel von Gesellschaftspolitik und Sicherheitsinstitutionen dagegen getan worden ist, ist dieser gewalttätige Rechtsextremismus nicht gebannt, ja nicht einmal eingedämmt. Bis heute agieren an die 200 halbgeheime organisierte rechtsextreme, in der Regel neonationalsozialistische Szenen und sogenannte freie Kameradschaften und Netze amöbenhaft. Sie wechseln die Strukturen, die Personen und sind zugleich in den entsprechenden Regionen eine unmittelbare Gefahr. In Ostthüringen und Westsachsen sehen sich Freie Netze ungestört noch heute auf dem Weg zu einer „nationalsozialistischen Ersatzorganisation" und sind dazu auch in die Jungen Nationaldemokraten der NPD eingetreten.

Ihr Verhältnis zur Gewalt ist strategischer Natur – wie in Geithain bei der Schwerstverletzung eines jungen Mannes als Resultat einer pogromähnlichen Dauerkampagne dortiger NPDler. Dieser Jugendliche sieht sich wie andere auch durch die Allgegenwart der Neonazi-Szene bedroht. Sie ist erfolgreich darin, dass die von ihr definierten „Anderen" Angst um Leib und Leben haben und tatsächlich ihres Lebens nicht mehr sicher sind. Der Rechtsstaat ist de facto eingeschränkt – eine Herausforderung, der sich Politik und Gesellschaft stellen müssen.

Die Gewalt bewegt sich zwischen Gelegenheitsgewalt, Alltagsterror und den nun diskutierten Formen des Rechtsterrorismus. Zu fragen ist, in welcher Weise Sicherheitsbehörden, Politik und Gesellschaft sich darauf einstellen und im Sinne einer integrierten – ressortübergreifenden – Analyse und Prävention Konsequenzen ziehen müssen.

Das Spezifische des gewalttätigen Rechtsextremismus nach 1990 besteht meines Erachtens in der rechtsextremen rassistischen Aufladung besonderer individueller Gewaltdispositionen durch ein bis heute funktionierendes Netzwerk von ideologisch fanatischen neonazistischen Kadern. Als kurz nach der Wiedervereinigung diese subkulturelle Gewaltbewegung sich – wie mein Kollege Bernd Wagner sagte – „ungeheuer ausdehnte", hing dies nicht nur mit dem neonazistischen Kaderangebot aus dem Westen zusammen, sondern mit einem gewaltigen und für viele zerstörerischen Umbruchprozess in ökonomischer, sozialer und kultureller Hinsicht. Studien zeigen, dass die sozialen und psychischen Erschütterungen vieler – teils ohnehin autoritärer – Familien so gravierend waren, dass sie entgleisten und die nächste Generation vielfach orientierungslos war. Diese anomische Situation förderte ein erhebliches Potenzial an nach innen oder außen gerichteter Spannungen und Gewalt, das von einem wachsenden Angebot an

Szenen und neonazistischen Kaderstrukturen rassistisch gegen vermeintliche Feinde und Fremde aufgeladen wurde. Ich erinnere etwa an die pogromähnlichen Ausschreitungen in Rostock-Lichtenhagen im August 1992 und zuvor in Hoyerswerda und an die Mordopfer in Solingen, Mölln und Lübeck. Diese Ereignisse feuerten die Quasilegitimität dieser subkulturellen Gewaltbewegung an. Es war zu den ersten Morden gekommen und zu einer exzessiven Ausdehnung der Gewaltstraftaten – in den Jahren 1992 und 1993 oft mit der Parole: „Wir tun, wovon die anderen nur reden. Wir kämpfen gegen Asylsuchende, gegen Migranten und die, die diese unterstützen, vor allem die Linken und die Punks."

Nachdem sich die Gewalt etabliert hatte, wurde die weitere Entwicklung in hohem Maß durch die Interaktionsdynamik von fremdenfeindlichen Einstellungsmustern, sozialen Umbrucherfahrungen, den medial oft negativ akzentuierten Debatten um Asyl und ihre Radikalisierung durch neonazistische Kader geprägt. Soziologische Erhebungen in Brandenburg und in Rostock kamen Ende der 90er Jahre zu einem überraschend identischen Resultat: Die rechtsextreme Bewegung war weniger als bisher von sozialen Deprivationen oder sozialen Beschädigungen abhängig: Sie war im antidemokratischen Lernprozess zu einem sozialen Faktum, zu einem Selbstlauf rechtsextremer Bewegungsformen geworden. Bewegung und Alltagskultur stützten sich gegenseitig, je nach Ortsumständen höchst unterschiedlich, aber im Ergebnis „erfolgreich". Die Cliquen und Szenen fingen Jugendliche ab – und ihre Wut, ihre Aggressionen und ihren Frust; da sie rechtsextrem codiert waren, war es rassistische beziehungsweise gegen von ihnen definierte Feinde gerichtete Gewalt, zu der sie griffen: gegen Feinde darf man sein. Reale gesellschaftliche Angst vor sozialem Ausschluss und „Wutstau" fusionierten in den Gruppen zum mobilisierten Gefühl der Paranoia, aus der heraus man schlägt. Die rechten Kader und ihre Parteien und Netzwerke hatten besondere Chancen zur Instrumentalisierung dieser Jugendlichen, wenn Angst vor sozialem Ausschluss und Gewalterfahrung zusammenkamen. Diese „Kinder der Einheit" waren in den 90er Jahren ideale Kandidaten für den Terror und die braune Identität von Kameradschaften und Jungen Nationaldemokraten.

Am Beispiel der Entwicklung zu den Unruhen in Rostock im August 1992 lässt sich exemplarisch zeigen, wie soziale, politische und kulturelle Ursachenfaktoren interagieren und eine besondere Dynamik rechter Gewalt auslösen können. Besonders aber, wie eine ohnehin verbreitete Bereitschaft zu Distanz gegenüber Ausländern durch die öffentliche Debatte und das Nichthandeln der Politik bekräftigt und zu einem handlungsmächtigen Vorurteil verstärkt werden kann.

Der damalige Oberbürgermeister von Rostock, hatte lange Zeit vor den Unruhen gewarnt. Bis zu 300 Asylbewerber (vor allem Roma aus Rumänien) lagerten rund um die Asylaufnahmestelle in Rostock-Lichtenhagen. Es gab tagelang weder Verpflegung noch Unterkunft. Es fehlten selbst die erbetenen, aber immer wieder abgelehnten Toilettenwagen. Durch diese eklatanten Verwaltungsmängel, die nach den Unruhen innerhalb weniger Tage behoben worden waren, waren die Asylbewerber gezwungen, draußen zu nächtigen, oft draußen ihre Notdurft zu verrichten und sich das notwendigste an Nahrung zu besorgen. Genau dies aber waren die Handlungen, die tradierte Klischees bestätigten und die Hassausbrüche eines Teils der Bevölkerung begünstigten. Sehenden Auges wurde so durch lokale Politiker, aber auch durch andere politisch Verantwortliche das Vorurteil gegen Fremde bekräftigt. Die dort Lagernden erschienen als schmutzig und faul. Auf Kosten der Deutschen „bekämen sie Wohnung, Brot und vielleicht noch einen Mercedes und beschmutzten öffentlich zugängliche Läden" – wie seinerzeit zu hören und zu lesen war. Die Roma erschienen in der Darstellung der medialen Öffentlichkeit als ins Riesige vergrößertes, die Interessen der Anwohner existenziell bedrohendes Kollektiv. Wissenschaftliche Beobachtungen hatten zudem gezeigt, dass die Distanz zu Asylbewerbern mit dem Grad der befürchteten oder eingetretenen ökonomischen und sozialen Verschlechterung zunimmt, sofern die öffentliche Distanz und Kritik gegenüber Asylbewerbern anhält, und sich so der Mythos ausbreitete, dass Asylbewerber als Konkurrenten um existenziell bedeutende Güter ernsthaft ins Gewicht fallen würden. Die Aggression gegenüber Asylbewerbern stieg mit der Resignation gegenüber den veränderten ökonomischen, sozialen und politischen Verhältnissen. Anderswo erfahrene gesellschaftliche Demütigungen und Entwertungserfahrungen wurden so zur Ursache für den Griff nach dem Sündenbock. Es war also eine Kombination aus öffentlicher Rhetorik, Nichthandeln der Politik, Zulassen der örtlichen Eskalation und einer zuvor latent vorhandenen negativen Einstellung insbesondere gegenüber den Roma, die eine Aggression förderte und schließlich in Gewalt umschlug. Am Abend des 24. August 1992 gingen mehrere Tausende mit dem Schlachtruf „Wir kriegen euch alle!" nicht mehr gegen die längst abtransportierten Sinti und Roma, sondern gegen alles Fremde – in diesem Fall gegen die eigentlich in Rostock akzeptierten Vietnamesen – vor und zündeten ihr Haus an. Teile der gewaltbereiten Jugendlichen sahen sich so gleichsam moralisch entlastet, auch, weil sie von einer Polizei, die sich zeitweise zurückzog, nicht daran gehindert wurde und von politisch Verantwortlichen für das Gewaltverhalten Verständnis geäußert worden war. Dies hat zu einer Kette von Nachahmetaten geführt.

Der Rechtsextremismus-Forscher Helmut Willems hat in diesem Zusammenhang vom „Legitimationsgewinn" fremdenfeindlicher Einstellung gesprochen und ausgeführt: „Das Lernen am erfolgreichen Modell hat ... für die Erklärung einer wellenartigen Eskalation und Ausweitung von Gewaltaktionen nach spektakulären ‚Einzelerfolgen' eine große Bedeutung." Ein realitätsferner paranoider Mythos vom gefährlichen Fremden hatte irrationale Angstpotenziale in eine gleichwohl reale Kraft verwandelt.

Exemplarisch lässt sich die schuldhafte Eskalation rassistischer und letztlich paranoider Gewalt am Verhalten der Gruppe von Neonazis in Guben – bei der Hetzjagd auf den Algerier Guendoul im Frühjahr 1999 – rekonstruieren. Die gegenseitige Aufstachelung gegenüber irgendwelchen anders Aussehenden führte im Laufe einer langen Nacht zu einer immer exzessiveren, auf Desinformationen basierenden Hetzjagd. Es war der konkrete Wahn, ein bestimmter Ausländer hätte jemanden aus der jagenden Gruppe verletzt – ohne jeden empirischen Beleg, wie sich erwies, also in entwickelter paranoider Wahrnehmung –, der die Hetzjagd immer weiter entfesselte und zum Tod des Gejagten Farid Guendoul führte. Die Gruppe selbst kannte sich aus neonazistischen Zusammenhängen und stand unter Anleitung örtlicher Kader der Jungen Nationaldemokraten (JN), von denen einer zehn Jahre später für eine der kommunalen Wahlen aufgestellt werden sollte. Die Jugendlichen waren aber auch deswegen mobilisierbar, weil sie selbst in einem Sozialisationsmilieu aufgewachsen waren, das schwierig war und zum Teil sogar zu schweren Störungen der einzelnen Jugendlichen geführt hatte, ohne dass die Herkunftsfamilie oder nachfolgende Sozialisationsinstitutionen dagegen wirksam etwas unternommen hätten. Sie waren als Personen so schwach, wie sie in den Gerichtspausen auf den Straßen von Cottbus als neonazistische aktive Gewaltgruppe ihr Stärke- und Männlichkeitsgehabe zu markieren suchten.

Sie zeigen die Ähnlichkeit in der gewalttätigen Aufladung von im Wesentlichen von Jugendlichen bestimmten Ausschreitungen und ihre (zunehmende) ideologische Radikalisierung. Ganz ähnliche Phänomene berichten mir Zeitzeugen aus Jena aus den unterschiedlichen Perspektiven derjenigen, die mit den damals Jugendlichen zu tun hatten oder selbst Jugendliche waren.

In der gleichen Zeit tauchen die dem bundesdeutschen Rechtsterror nahestehenden Personen zunehmend in Thüringen auf. In einer Phase also, in der die rechte Szene die Straßen Thüringens dominierte und zugleich auf Alltagsterror setzte und sich Neonazis strategisch über die NPD ausrichteten und ihre Musikfeste organisierten, wurde Tino Brandt vom Landesamt für Verfassungsschutz als der zentrale Akteur mit hohen finanziellen Aufwendungen unterstützt.

Zugleich sprachen die Repräsentanten der Politik davon, dass sich Links und Rechts gegenseitig aufschaukeln würden und man die eigentliche Gefahr in den linken, den „rot lackierten Faschisten" sah und so de facto oder mit Absicht die Stärke dieser rechtsextremen Cliquen nicht nur nicht wahrnahm, sondern mit Äußerungen noch indirekt massiv unterstützte.

Der Alltagsterror in der Innenstadt von Jena war in diesen Jahren grenzenlos. Hassparolen auf dem Weihnachtsmarkt. Körperliche Angriffe, nicht zuletzt von Beate Zschäpe. Vor Böhnhardt zitterten die nicht rechten Jugendlichen. Der Stadtjugendpfarrer der Jungen Gemeinde in Jena, Lothar König, beschreibt, warum sich die Szene in dieser Zeit radikalisierte: Es seien die Anschläge auf türkische Bewohner in Solingen und Mölln, die als Erfolge gefeiert worden seien. Es war eine Zeit, in der sich das braune

Netz in den Städten Rudolstadt, Saalfeld, Kahla, Weimar und Gera, aber auch in Jena verdichtete und die Jugendszenen dominierte. Insbesondere die großen Plattenneubaugebiete in Jena waren für linksalternative Jugendliche verbotenes Territorium, doch nicht nur das. Bis zu 50 Neonazis standen auf den Frühlings- und Weihnachtsfesten im Zentrum der Stadt. Sie hatten ihren Gegner in der linksalternativen Jungen Gemeinde im Zentrum der Stadt entdeckt. Nahezu jeder Andersaussehende wurde Objekt ihrer Angriffe. Und dies über Jahre. Eine Art subkultureller Bürgerkrieg rechter Schlägertrupps gegen Gleichaltrige. Weder die Eltern noch die Schule, Jugendfreizeiteinrichtungen, die Stadt und erst recht nicht Polizei, Verfassungsschutz und Justiz waren auch nur ansatzweise in der Lage oder willens, den späteren Mitgliedern der Zelle und ihrem Umfeld Grenzen zu signalisieren und durchzusetzen. Die spätere Mordgruppe konnte sich zu Recht früh als grenzenlos stark in ihrem Kampf für ein nationalsozialistisches neues Reich erfahren.

Mit dem „Thüringer Heimatschutz" und Tino Brandt als zentralem Akteur entstand eine der einflussreichsten neonazistischen Schlägertrupps in ganz Deutschland.

Ende der 90er Jahre übernahmen Mitglieder dieser äußerst aggressiven Kameradschaft die inzwischen neonazistisch radikalisierte NPD und nutzten so die Möglichkeiten wie Geld und Infrastruktur einer Partei. Damit wuchs die Rolle des NPD-Quartetts in Thüringen: von Frank Schwerdt, Ralf Wohlleben als operativem Strategen und den beiden „für das Grobe" Zuständigen, Silvio Pölitz* und Patrick Wieschke.

Angesichts des immensen Spielraums wurde in dieser Zeit vor allem Ostthüringen eine der zentralen Regionen für die aggressive Gewaltmobilisierung durch das international agierende, besonders brutale „Blood and Honour"-Netzwerk, übrigens mit einem Schwerpunkt in Gera.

Es handelt sich also um ein vielfach genutztes, hoch organisiertes dreifaches Netzwerk aus den freien Kameradschaften mit unterschiedlichen Namenstiteln, der für den Kampf um ein viertes Reich radikalisierten neonazistischen NPD unter Frank Schwerdt und der hoch organisierten Musikszene um „Blood and Honour".

Wir wissen noch nicht genug über die persönlichen Sozialisierungsbedingungen der späteren Terrorgruppe. Aber ohne den Ideologisierungs- und Radikalisierungsprozess im Milieu des Thüringer Heimatschutzes, der von dem Doppelagenten des Thüringer Verfassungsschutzes über viele Jahre in erheblichem Maße de facto unterstützt worden ist, wäre ein solcher Grad an Abtötung der Empfindungen für andere und damit eine der Voraussetzungen für die Mordbereitschaft nicht denkbar.

Die Staatsanwaltschaft wird ihnen vorwerfen, aus fremden- und staatsfeindlicher Ideologie heraus zu töten und andere Straftaten zu begehen. Uwe Mundlos, Uwe Böhnhardt und auch Beate Zschäpe schufen mit ihrer Eiseskälte und Skrupellosigkeit ein Klima der Angst und der Verunsicherung innerhalb weiter Teile der Bevölkerung. Sie wollten eine Umgestaltung der politischen Verhältnisse in der Bundesrepublik Deutschland, ihre Weltanschauung sollte das Land regieren.

Der Vorhang fällt

Es ist der 4. November 2011, ein Freitag, kurz nach 9 Uhr morgens. Sanft bricht die Sonne durch die Wolken über Eisenach, leichter Wind trägt den Duft des Thüringer Waldes in die Kleinstadt am Fuße der Wartburg. Rund um den Nordplatz 17 herrscht bereits geschäftiges Treiben, Eisenach ist erwacht und freut sich auf das bevorstehende Wochenende – doch es kommt anders. Die Stadt im Herzen Westthüringens wird an diesem Tag Schauplatz des finalen Aktes der Terroristen vom „Nationalsozialistischen Untergrund". Der Vorhang für den NSU, verantwortlich für die größte und blutigste Verbrechensserie seit den Anschlägen der Roten Armee Fraktion, fällt in der Mitte Deutschlands. Für immer.

Schlecker und KaufDa haben bereits geöffnet, auch in die Filiale der Wartburg-Sparkasse strömen kurz vor halb 10 erste Kunden. Noch haben sie die beiden unauffällig gekleideten Männer, die scheinbar arglos die Bank beobachten, nicht bemerkt. Deren Plan: Es soll alles so laufen wie immer: Fahrräder abstellen, in wenigen Minuten die Bank plündern, Geld einsammeln und auf und davon.

Die beiden lehnen ihre Fahrräder, ein Mountainbike KCR 4000 und ein Crossbike von Scott, wenige Meter neben der Eingangstür an die Fensterscheibe des Cafés „Costa" und laufen zügig und bereits vermummt in den Vorraum der Sparkasse – jede Sekunde beobachtet von einer Videokamera. Das Gerät macht die letzten Aufnahmen der lebenden Neonazis, denen die Sicherheitseinrichtung der Bank völlig egal ist. Einer der beiden trägt eine graue Puma-Sportjacke und eine schwarz-weiße Gorilla-Maske, sein Komplize eine braune Fleecejacke mit schwarzer Skimaske und einen Rucksack. Dazu haben sich beide dunkle Jogginghosen übergezogen.

Und dann geht es blitzschnell, die beiden sind Profis. Mit Geschrei rennen sie in den Innenraum, brüllen aggressiv und zu allem bereit herum. Den Anwesenden entgleisen die Gesichtszüge, aus der Verwunderung über das Gebrüll wird in Sekundenbruchteilen die pure Angst. Einer der beiden sportlichen Männer packt eine ältere Frau am Arm und zwingt sie, sich auf den Fußboden zu legen. „Geld her, Geld her!", schreien sie dutzende Male. Unmissverständlich. Die Situation kann jederzeit eskalieren. Mit dem Revolver wedelt einer der beiden vor dem Kopf der Angestellten Anja Schubert* hinter dem Schalter herum. Schließlich räumen sie die Kassen bis auf den letzten Geldschein leer. Als ihnen mehrere 5-Euro-Scheine herunterfallen, zwingen sie zwei Sparkassen-Angestellte, diese aufheben. Doch das ist erst der Anfang, zufrieden sind die beiden längst nicht. „Ihr müsst mehr Geld haben, wo ist der Tresor?"

Ihr Gebrüll ist so laut, dass sich eine weitere Angestellte einen Stock höher aus Angst in ihrem Büro einschließt. Unten wollen sich die Räuber mit gezogenem Revolver vom Filialleiter Peter Beust* in den Tresorraum führen lassen – doch der Geldschrank ist zeitgeschaltet und lässt sich nicht öffnen. Das jedenfalls versucht Beust den Räubern zu erklären. Es bleibt beim Versuch, die Lüge wird ihm nicht abgekauft.

Mit einem brutalen Hieb schlägt einer mit dem Knauf seiner Waffe auf Beust ein, dem sofort die Knie einknicken. Aus einer klaffenden Wunde am Kopf des Bankiers fließt Blut, sein Ohr reißt ein. Die beiden Männer mit den Waffen kümmert das nicht, sie „arbeiten" zielgerichtet und haben ihr nächstes Opfer längst im Visier. Peter Beusts Kollegin Anja Schubert. Mit einem der Täter geht die zitternde Bankangestellte in den Tresorraum im Keller und schließt auf. Blitzschnell greifen die Maskierten nach den Euro-Scheinen, leeren den Stahlschrank. Die Sondermünzen aus dem Tresor hingegen interessieren sie nicht. Die Männer schauen sie an, legen sie ohne Regung wieder weg.

Verstaut wird die Beute in einer roten Rewe-Tüte; exakt 71 920 Euro erpressten sie mit ihren Waffen. Welch ein Erfolg. Ihr „Kontostand" beträgt nun schon rund 600 000 Euro, rechnet man sämtliche Überfälle der letzten Jahre zusammen. Blitzschnell verschwinden die Männer aus der Bank und schwingen sich auf ihre abgestellten Fahrräder. Oft schon hat diese Methode geklappt. Und heute?

Nein. Heute läuft es nicht nach Plan. Ein 76-jährige Rentner liefert der Polizei auf dem Weg zum Supermarkt den „entscheidenden Tipp", wie Beamte es später nennen. Er beobachtet zwei hektisch wirkende Männer, „schmächtige Kerle" nennt er sie, die es offensichtlich eilig beim Verstauen ihrer Fahrräder in einem Wohnmobil hatten. In einem Bericht der Polizeidirektion Gotha an das Bundeskriminalamt über den vorläufigen Sachstand der Ermittlungen wird es heißen: „Der Zeuge konnte bei einer Befragung angeben, dass es sich um ein weißes Wohnmobil mit Schlafkabine über dem Fahrersitz gehandelt habe und dass das Kennzeichen aus dem Vogtlandkreis (V-??) stammte."

Eine Beschreibung, die der Polizei auf der Jagd nach den beiden Dieben viel nützt. Noch wissen die Beamten nicht, mit wem sie es zu tun haben. Uwe Böhnhardt und Uwe Mundlos. Zwei Männer, untergetaucht seit 1998 und seit 13 Jahren scheinbar spurlos verschwunden. Bis jetzt. Ihr Fahrzeug, einen Fiat Capron (nach dem Fahrzeugtyp wurde später die Soko „Capron" benannt) mit dem Kennzeichen V-MK 1121, haben die beiden gut einen Kilometer entfernt von der Sparkassenfiliale auf einem OBI-Parkplatz geparkt. Abfahrbereit steht es am Stadtweg 10 vor der ehemaligen Diskothek MAD. Ein strategisch gut gewählter Ort, denn von hier bietet sich ein weiter Blick über den Kern der Stadt.

Ihre Räder werfen sie blitzschnell in den Caravan und rasen mit quietschenden Reifen Richtung Wohngebiet Wartburgblick. Hier, in der Straße Am Schafrain/Ecke An der Leite, nur wenige hundert Meter vom Parkplatz entfernt, wollen Böhnhardt und Mundlos die Fahndungsaktivitäten der Polizei abwarten. Aber Anwohnern ist das Wohnmobil bereits einen Tag zuvor aufgefallen. Und die Beamten haben aus früheren Überfällen gelernt. Sie wissen, dass sie ein größeres Fahrzeug suchen müssen.

Sofort wird eine Fahndung eingeleitet, Straßensperren werden errichtet, Hubschrauber steigen in die Luft. Insgesamt sind mehr als ein Dutzend Einsatzwagen unterwegs. Erfolg bringen die Maßnahmen zunächst nicht, die Bankräuber sind offenbar durchs Netz geschlüpft. So jedenfalls die Befürchtung. Bis zwei Streifenpolizisten, seit 5 Uhr morgens im Dienst, auf den Fiat Capron aufmerksam werden. Langsam und mit äußerster Vorsicht nähern sie sich dem Wagen. Fahrer- und Beifahrersitz sind leer, und ins Innere können sie wegen eines Sichtschutzes nicht gucken. Es ist 12.05 Uhr. Zwei Stunden sind seit dem Banküberfall vergangen.

Mundlos und Böhnhardt haben den Streifenwagen schon bemerkt. Es ist aus, die Falle ist zugeschnappt. Beide treffen die Entscheidung, nicht ohne Kampf aufzugeben – lieber tot als Gefängniszelle, so wie sie es schon Jahre zuvor ihren „Kameraden" andeuteten. Sie drehen mindestens zwei der drei Schaltknöpfe am Gasherd auf; ob tatsächlich Gas ausströmte, konnten die Brandermittler nicht rekonstruieren. Einer der beiden springt zur Sitzbank im hinteren Bereich des Autos und zündet einen leicht entflammbaren Gegenstand an. Binnen weniger Sekunden schießen Flammen durch die Kunststoffverkleidung an der Decke, eine höllische Hitze erfasst das Innere des Wohnmobils.

Doch was passiert dann? „Wir wussten, dass sie scharfe Waffen hatten. Die haben mit einer MPi auf uns geschossen", sagt Polizeidirektor Michael Menzel (leitet die Soko der Polizei in Thüringen) zur „Thüringer Allgemeinen" später. Die beiden Polizisten vor Ort hören zwei „Knallgeräusche" im Abstand von zirka zwei Sekunden, können sie aber nicht deuten oder identifizieren. Wenige Augenblicke danach hallt einer weiterer Knall durch Stregda.

Während die beiden Polizisten geistesgegenwärtig unbeteiligte Personen aus dem direkten Umfeld des Fiats evakuieren, hinter einem Auto und einem Abfallcontainer in Deckung gehen und auf Verstärkung warten, schnappt sich Uwe Mundlos, der stille Ideologe des Mordkommandos, seine Pumpgun Winchester, eine mächtige Waffe, absolut tödlich. Mit einem aufgesetzten Kopfschuss an der linken Schläfe tötet er seinen Kameraden Böhnhardt, der mit seiner Pistole in der Hand zur Seite fällt und stirbt. Sekunden später schiebt sich Mundlos den Lauf der Winchester in den Mund. Er ist bis zuletzt Herr über Leben und Tod. Auch über sein eigenes. Ein Schuss fällt. Die Kugel zerfetzt ihm Gaumen und Schädeldecke. Der letzte Akt, der letzte Knall. Dann Stille.

Längst haben sich die Vögel flatternd davongemacht, sitzen nun auf den Dächern der umliegenden Plattenbauten. Die Waldluft wird überlagert vom beißenden Geruch des schwarzen Rauches.

Der Schuss hat Uwe Mundlos nicht sofort getötet, es fanden sich Rußpartikel in seiner Lunge. Offenbar ist er erstickt.

Das Ende der beiden Neonazis ist der Beginn von Enthüllungen einer deutschen Nachkriegsgeschichte, die in Europa ihresgleichen sucht. Die Republik ist kurzzeitig erschüttert, kehrt aber bald wieder zum Alltagsgeschäft zurück. Doch im Laufe der Monate werden bisher kaum vorstellbare Defizite der deutschen Sicherheitsbehörden sichtbar. Und einige mutmaßliche Helfer laufen schon wieder frei herum.

Einstieg in den militanten Rechtsextremismus. Die frühen Jahre des Trios

In Thüringen etablierte sich, ebenso wie in der gesamten ehemaligen DDR, bereits Anfang der 80er Jahre eine rechtsextreme Skinhead-Szene. Um dem Problem zu begegnen, gründete das Innenministerium der DDR eine „AG Skinhead", die bei der Kriminalpolizei angesiedelt war. Laut einem Beitrag von Zeit.de vom 19. Februar 2012 identifizierte die Arbeitsgruppe der Kriminalpolizei „über 1000 gewalttätige Nazis, zudem 6 000 organisierte" und schätzte das „Milieu auf mehr als 15 000 Personen". Das Problem mit Rechtsextremen tauchte also nicht über Nacht wie aus dem Nichts auf, es entwickelte sich langsam und schleichend – und die Gefahren waren bereits vor der Wiedervereinigung bekannt.

In dieser Zeit, kurz nach der deutschen Wiedervereinigung, treten Uwe Böhnhardt und Uwe Mundlos erstmals in der Jenaer Neonazi-Szene, im Schatten der tristen sandfarbigen Sechsgeschosser des Stadtteils Winzerla, auf. Beobachter der lokalen Strukturen erinnern sich, dass es im Jahr 1993 war, als die beiden zum ersten Mal auffallen.

Dabei hätten vor allem für Mundlos die Zeichen gut stehen müssen – und in den 80ern ist die spätere grausame Entwicklung nicht im Geringsten zu ahnen.

Mundlos, geboren am 11. August 1973, gilt als höflich und intelligent, wird oft mit seinem behinderten Bruder Robert auf der Straße gesehen. Geduldig schiebt er dessen Rollstuhl durchs Viertel oder begleitet den Älteren zum Arzt. Es ist eine Zeit, in der sich Uwe Mundlos statt über Multikulti noch über zu wenige Einrichtungen mit behindertengerechten Zugängen aufregt. Mit Robert und den Eltern lebt er ruhig und ohne aufzufallen in der

Max-Steenbeck-Straße. An den Wänden im Flur gelbe Blümchentapete, auf dem Boden PVC-Belag. Die für die Arbeiter der Carl-Zeiss-Werke errichtete Siedlung gilt in den 80ern als todschick, die Wohnungen sind begehrt. Der Junge kommt in der Schule zurecht, seine Noten sind durchgehend gut, besonders die naturwissenschaftlichen Fächer fallen ihm leicht. Ein junger Mann auf dem Weg zum rechtschaffenen Mitglied der DDR-Gesellschaft?

Nein. Seine Eltern – der Vater, ein anerkannter Informatik-Professor, gilt als linientreu – können das Abdriften in die rechte Szene der Plattenbau-Trabantenstadt nicht verhindern. Uwe darf seine rechtsextremen Gedanken und Parolen offen ausleben und in Winzerla zur Schau tragen. Nach der Wende entwickelt sich die Mustersiedlung zu einer Brutstätte des Rechtsextremismus, angefeuert durch die Entlassungswellen bei Carl-Zeiss-Jena. Viele versacken in der Arbeitslosigkeit und haben andere Sorgen als Jugendliche mit einem Faible für Hakenkreuze und die SS. Auch Uwe Mundlos schlüpft durchs Netz des sozialen Gewissens.

Trifft auch den Opa, einen angeblich glühenden Altnazi aus Suhl, eine Mitschuld an der Entwicklung des Jungen? Es heißt, er versorgt den Enkel mit Büchern über das Dritte Reich und verherrlicht den Zweiten Weltkrieg. Offenbar konnten auch Lehrer und Direktoren nicht verhindern, dass die giftige Ideologie in Mundlos' Kopf heranwächst. Laut „Berliner Kurier" schauen sie konsequenzlos zu beziehungsweise weg, wenn der sonst so Wissbegierige in Springerstiefeln auftaucht und provoziert. Einen erstaunten Werklehrer fragt er: „Willst du mal acht Striche im Blech sehen?" – und ritzt ein Hakenkreuz in eine Metallplatte. Der Vorfall wird nicht gemeldet.

Sozialarbeiter Thomas „Kaktus" Grund erinnert sich heute mit Grausen an die Zeit Anfang der 90er Jahre. An der Winzerlaer Realschule gleich um die Ecke trägt rund die Hälfte der Jungs Bomberjacken, auf den Straßen zieht eine Gruppe von etwa 20 rechtsextremen Jugendlichen umher. Sie nennen sich „Winzer-Clan". Uwe Mundlos und dessen neuer bester Kumpel Uwe Böhnhardt sind dabei, beide helfen laut „Ostthüringer Zeitung" 1991 sogar, eine ehemalige FDJ-Baracke zwischen Garagen zum Jugendclub „Winzerclub" herzurichten.

Die Heranwachsenden sehen keinen Grund, ihre rechte Gesinnung zu verheimlichen: „Deutschnational", mit überkorrektem Seitenscheitel, umgekrempelten Jeans, Bomberjacke und schwarz-rot-goldenen Hosenträgern treten sie auf. Uwe Mundlos ist gerade 18 Jahre alt geworden. Ein halbes Jahr zuvor trug er noch eine lange helle Lockenmähne. Thomas Grund: „Es war wirklich erschreckend und unfassbar. Beide Uwes kannten keine Grenzen, trieben ihre Provokationen immer weiter und machten vor nichts und niemandem Halt. Ich erinnere mich noch genau: Einmal marschierten die beiden am helllichten Tag in dunklen SS- oder SA-Uniformen und Reiterstiefeln durch Winzerla. Weiß Gott, wo die die herhatten." Die meisten Einwohner der Plattenbauten lassen die Jugendlichen gewähren und schauen stillschweigend weg.

Doch nicht nur optisch zeigen Mundlos und Böhnhardt – den vier Jahre jüngeren und als „einfach" geltenden Namensvetter hatte Mundlos in Lobeda-Ost kennengelernt – ihre Gefährlichkeit. Eine Szene lässt Grund noch heute bis ins Mark erschaudern. Weil der Sozialarbeiter den Neonazis Ende 1991 den Eintritt in den Jugendclub verweigert, lassen die sich vor der Tür mit Bier volllaufen und bepöbeln andere Jugendliche. Vor allem Mundlos will „Kaktus" zeigen, wer der Chef im Ring ist und in Winzerla das Kommando hat. „Er schickte einen Handlanger zu mir. Der sagte: ‚Du bist der Erste, den wir hängen, wenn wir an der Macht sind.' Daraufhin knallte der die Hacken zusammen und ging." Danach gleicht der umkämpfte Club einem Bunker. Die Fenster sind plötzlich mit weißen Gitterstäben verhauen, eine schwere Brandschutztür wird installiert. Die Neonazis belagern auch in den nächsten Monaten den Eingang, pöbeln, provozieren, bezeichnen „Auschwitz als Lüge". Laut „Stern" erkennt Vater Mundlos das Abdriften seines Sohnes, bemüht sich um Kontakt zur Polizei und zu anderen Eltern von Neonazis. Die Versuche, den Jungen von der rechten Szene fernzuhalten, bleiben erfolglos.

Ein Jahr später, 1992, lernt Uwe Mundlos Beate kennen und verliebt sich in das unauffällige, aber freundliche Mädchen. Die damals 17-Jährige kam als Beate Apel am 2. Januar 1975 in Jena zur Welt. Ihren rumänischen Vater Valer B. (2000 verstorben) hat sie nie gesehen. Im Laufe der nächsten Jahre heiratete die Mutter zweimal, die Tochter nahm jeweils den Namen des neuen Partners an. Ab 1982 heißt sie Zschäpe. Innerhalb kurzer Zeit wird das kleine Mädchen wegen Umzügen viermal aus seiner gewohnten Umgebung herausgerissen. Geborgenheit und Wärme bleiben bei der Mama auf der Strecke. Zschäpe wendet sich an ihre Großmutter. Über Jahre ist die heute über 80-Jährige ihre engste Bezugsperson – bis Beate auf Uwe trifft und die beiden ein Paar werden. Zschäpes Mutter schwärmt noch heute von dem „kommunikativen, sehr freundlichen und zuvorkommenden" Mann. Der, ihre Tochter und Uwe Böhnhardt treten fortan nur noch als Trio auf. „Sie waren ein sehr enges Dreiergespann, aber es schien mehr freundschaftlich zu sein als sexueller Natur", erinnert sich Katharina König, heute Thüringer Landtagsabgeordnete der Linken, aufgewachsen in Jena und in der alternativen Szene der Stadt unterwegs.

Im Juni 1992 vermittelt die Stadtverwaltung Jena Beate Zschäpe eine sogenannte Arbeitsbeschaffungs-Maßnahme als Malergehilfin, mit 1480 D-Mark brutto. Der Job sagt ihr nicht zu, viel lieber hätte sie eine Lehre als Kindergärtnerin begonnen. Mehrmals fehlt sie unentschuldigt, gibt letztlich auf. Ihre Kündigung unterzeichnet „im Auftrag" Uwe Mundlos.

Ein paar Monate später, im Herbst 1992, startet Beate Zschäpe eine dreijährige Ausbildung zur Gärtnerin, Fachrichtung Gemüsebau mit 341 DM bis 448 DM monatlich. Die Lehre schließt sie mit „befriedigend" ab. Und noch einen anderen Schlussstrich zieht sie: Sie beendet die Beziehung zu Uwe Mundlos, der damals gerade eine Lehre zum Datenverarbeitungskaufmann begonnen hat. Sozialarbeiter Grund erinnert sich: „Man spürte, dass etwas zwischen ihnen stand. Es war Böhnhardt. Denn kurz darauf war der plötzlich mit Zschäpe zusammen." War Zschäpes Mutter vom ersten Freund ihrer Tochter (die beiden waren sogar verlobt) noch begeistert, beäugt sie Böhnhardt kritisch. Er ist ihr „nicht so sympathisch" und „schwer zugänglich".

Vor allem linke Jugendliche der Jenaer Szene halten in den 90ern „nicht so sympathisch" für schwer untertrieben. Sie zittern vor Böhnhardt, der stets einen 30 Zentimeter langen Dolch bei sich hat. „Den trug er aber nicht nur versteckt unter der Jacke zur Selbstberuhigung. Trafen er und seine Kumpels auf andersdenkende Jugendliche, holte er den Dolch heraus und ließ ihn mit martialischer Pose in der Sonne blitzen", erinnert sich Lothar König, evangelischer Stadtjugendpfarrer in Jena und aktiver Neonazi-Gegner. Viele seiner „Gegner" aus der Nachwendezeit sind ihm heute nur noch als ein verschwommenes Bild von Glatzen und ausgestreckten Armen in Erinnerung. Nicht aber Uwe Böhnhardt. „Ein unheimlicher Typ." Immer wieder fällt im Gespräch mit dem Pfarrer dieser Satz über den jungen Mann voller Hass. Wie tief der in ihm brodeln musste, zeigt eine Begebenheit, an die sich seine Tochter Katharina König erinnert. Damals wollte Böhnhardt zielgerichtet einen linken Jugendlichen überfahren, einen Freund von Katharina König. Das Kennzeichen seines Autos: „J-AH 41", AH wie Adolf Hitler und 41 vermutlich für das Jahr 1941, als die Nationalsozialisten die Sowjetunion angriffen.

Böhnhardt, geboren am 1. Oktober 1977, fokussiert seinen Hass auf Migranten, Linke und Juden. In der Schule läuft es schlecht für den späteren – meist arbeitslosen – Bauhelfer. In der Szene erarbeitet er sich schnell den Ruf eines Straßenkämpfers. Eines Brutalos, der sich für Kampfsport und Waffen interessiert und als ungewöhnlich gewalttätig gilt. Spätestens seit dem Angriff mit dem Auto raunt man sich in der linken Szene von Jena zu: „Wenn ihr Böhnhardt seht, dann rennt."

Woher der Hass? Wie wurde aus dem Jungen aus geordneten Verhältnissen – die Eltern verheiratet, zwei Geschwister – ein skrupelloser Mörder? Ein erster Bruch könnte der Tod seines Bruders gewesen sein, der 1988 starb und für den damals elfjährigen Uwe eine wichtige Bezugsperson darstellte. Wahrscheinlich mit den besten Absichten verwöhnen ihn seine Eltern daraufhin mehr und mehr, was ihn in seiner persönlichen Entfaltung einengt. Bald kann der Junge der Erwartungshaltung von Vater und Mutter nicht mehr genügen, die Erziehungsprobleme werden massiv. 1992 kommt Uwe Böhnhardt, 14 Jahre alt, in ein Kinderheim ins 70 Kilometer entfernte Burgk. Doch schon zwei Wochen später wird er aus dem Heim geschmissen. Wegen mehrerer Straftaten – er klaute mit anderen Autos und Benzin, brach in Läden ein – ist er untragbar geworden, heißt es. Das Kreisgericht Jena verurteilt ihn 1993 wegen „fortgesetzten gemeinschaftlichen Diebstahls im besonders schweren Fall, fortgesetzten Fahrens ohne Fahrerlaubnis, Kennzeichenmissbrauchs und Widerstands gegen Vollstreckungsbeamte".

Drei Tage sitzt der Minderjährige in Untersuchungshaft. Der Richter will ihn für ein Jahr und zehn Monate ins Jugendgefängnis schicken, doch Böhnhardt legt Berufung ein. Zwar verwirft das Bezirksgericht Gera diese am 3. August 1993, setzt die Strafe aber für drei Jahre zur Bewährung aus. Eine Chance, die der Neonazi nicht nutzt. Vier Monate später verurteilt ihn nun das Amtsgericht Jena zu einer Jugendstrafe von zwei Jahren Haft. Wegen Erpressung und gefährlicher Körperverletzung. Wieder mit Bewährung. Böhnhardt forderte Geld von einem Mann. Weil der sich weigerte, schlug er ihm in den Magen und trat mit seinen Stahlkappen-Schuhen gegen dessen Kopf. Der Mann musste ins Krankenhaus. Als er nach fünf Tagen entlassen wird, steht Böhnhardt erneut vor ihm und fordert Geld – sonst würde er beim nächsten Mal nicht mehr aus dem Krankenhaus herauskommen.

Wieder bei seinen Eltern, besucht Uwe Böhnhardt nur noch unregelmäßig die Schule. Weil er sitzenbleibt und eine Klasse wiederholen muss, spotten die Mitschüler über ihn. Akzeptanz sucht und findet er bei den Älteren in der rechten Szene. Einer von ihnen: Uwe Mundlos.

Angetrieben wird die rechte Szene von den Mordanschlägen auf türkische Familien in Mölln am 23. November 1992 und Solingen am 29. Mai 1993. Es sterben acht Menschen. Während in Mölln Rettungsdienste noch um das Leben vieler Verletzter und gegen lodernde Flammen kämpfen, gehen bei der Polizei Bekenneranrufe ein. Sie schließen mit „Heil Hitler". Auch Böhnhardt und Mundlos reißen widerliche Witze über die Geschehnisse und applaudieren den rechten Tätern. In den nächsten drei Jahren festigt sich das braune Gedankengut mehr und mehr in den Köpfen der Jenaer Jugendlichen.

1995
Die Thüringer Szene im Aufwind

8. Februar Erstmals taucht Beate Zschäpe offiziell in den Akten der Thüringer Behörden auf. Die junge Frau meldet eine Demonstration in Jena an, Veranstalter ist die „Interessengemeinschaft THS". Das Thema soll lauten: „Zur Bewahrung Thüringer Identität, gegen die Internationalisierung durch die EG". Das Ordnungsamt untersagt die Veranstaltung.

23. März Uwe Mundlos wird bei einem Skinheadtreffen in Triptis (Saale-Orla-Kreis) in Gewahrsam genommen. Er steht kurz vor seiner Grundwehrdienst-Entlassung beim 6. Panzergrenadierbataillon 381 in Bad Frankenhausen.

3. Mai Böhnhardt, Mundlos, Zschäpe und ein Silvio Pölitz plakatieren ohne Genehmigung im Stadtgebiet von Jena. Die Losung auf den Plakaten: „8. Mai 1945 – 8. Mai 1995 – Wir feiern nicht! Schluss mit der Befreiungslüge! Junge Nationaldemokraten – Brockenberg 5a, 52223 Stollberg."

Der immer weiter um sich greifende Neonazi-Spuk in Jena bleibt dem Thüringer Verfassungsschutz nicht verborgen. Als ungewöhnlich betrachten die Beamten eines: Mittendrin im braunen Tun ist immer wieder eine junge Frau, die unter den Bomberjacken tragenden Glatzköpfen auffällt. Zusammen mit Mundlos, der im Gegensatz zu seinen Gesinnungskameraden auf Alkohol verzichtet, besucht Beate Zschäpe ein Treffen der „Anti-Antifa Ostthüringen". Im Oktober 1994 taucht der Name dieser Organisation zum ersten Mal auf Flugblättern und Spuckis (Klebezettel, deren Rückseite durch Spucke oder Wasser befeuchtet wird) auf. Die „Anti-Antifa Ostthüringen" gilt als Sammelbecken für

Neonazis aus Saalfeld/Rudolstadt, Jena, Gera, Kahla, Weimar, Ilmenau, Gotha und zum Teil sogar aus Nordbayern. Neben den wöchentlichen Treffen im Saalfelder Stadtteil Gorndorf fallen sie durch gewalttätige Angriffe, überregionale Demonstrationsteilnahme, eigene Demonstrationen, Konzerte und Flugblätter auf. Ihre Kontakte reichen über die Grenzen des Bundeslandes hinaus, beste Bekanntschaften gibt es zu der Vereinigung „Die Nationalen e.V. – Berlin Brandenburg". Deren Kopf ist der spätere, besonders in Thüringen aktive NPD-Kader Frank Schwerdt. Der Verfassungsschutz des Freistaats schreibt in seinem Jahresbericht: „Vage Ansätze für die Bildung rechtsextremistischer Terrorgruppen beschränkten sich bislang auf kontroverse Diskussionen, Gedankenspiele und vereinzelte Straftaten."

Bei den wöchentlichen Stammtischen der Anti-Antifa ist auch Beate Zschäpe des Öfteren anzutreffen. Das hat Konsequenzen, die der breiten Öffentlichkeit erst 16 Jahre später bewusst werden. In der 58. Sitzung des Innenausschusses des Bundestags am 21. November 2011 unter der Leitung des Vorsitzenden Wolfgang Bosbach (CDU) kommt heraus, dass sowohl Zschäpe, Mundlos als auch Böhnhardt seit diesem Zeitpunkt als Rechtsextremisten im Nachrichtendienstlichen Informationssystem (NADIS) gespeichert sind. Bosbach: „Zu dieser Zeit beobachtete das Landesamt (für Verfassungsschutz Thüringen, *Anm. d. Autoren*) die sich aus Neonazis zusammensetzende sogenannte ‚Anti-Antifa Ostthüringen', die im Jahre 1997 im sogenannten ‚Thüringer Heimatschutz' aufging." Eine Organisation, die in Thüringen das „elitäre" Sammelbecken von Hardcore-Neonazis darstellt und für Uwe Mundlos, Uwe Böhnhardt und Beate Zschäpe das Sprungbrett in den Rechtsterrorismus ist. Anders als andere rechtsextreme Vereinigungen bleibt der „Thüringer Heimatschutz" (THS) keine Randerscheinung, sondern wächst und wächst. So registrieren die Behörden 1998: „Die Zahl der Beteiligten erhöhte sich von anfangs 20 auf ca. 120 Personen." Der THS gliedert sich in die drei Sektionen Jena, Saalfeld und Sonneberg.

Der Führungskader und frühere Kopf der „Anti-Antifa Ostthüringen", Tino Brandt, arbeitet zu diesem Zeitpunkt bereits für das Thüringer Landesamt für Verfassungsschutz Thüringen (TLfV) als V-Mann (Tarnname „Otto"). „Mein Kontakt zum Verfassungsschutz entstand 1994 nach einem Konzert, da wurde ich angesprochen. Später haben wöchentliche Treffen stattgefunden. Die Behörde wollte von mir Mitgliederzahlen, Einschätzungen zur Szene und Zusammenhänge verstehen. Ich denke, es gab damals noch mindestens einen weiteren V-Mann in der Führungsebene des THS, denn manchmal wurden mir gezielte Fragen gestellt, die nur wenige Leute aus dem internen Zirkel wissen konnten", so Brandt Ende 2011 gegenüber den Buchautoren. Sein Erstkontakt zur Behörde lässt sich genau datieren. Am 9. August 1994 erfolgte eine erste Ansprache, verbunden mit der Zahlung von 200 DM. Ab Januar 1995 führen die Verfassungsschützer Brandt als „geheimen Mitarbeiter" – trotz dessen Weigerung, eine Verpflichtungserklärung zu unterschreiben.

Es scheint, als hätte die Behörde einen dicken Fisch an Land gezogen. „Otto" lieferte Insider-Informationen, erst über die Thüringer Szene und den THS im Allgemeinen und später über einzelne Personen. Brandt: „Gerade Böhnhardt und Mundlos zählten damals zu meinem Freundeskreis, ich kannte sie sehr gut, auch die Beate Zschäpe zählte zu meinem Bekanntenkreis. Die Kameradschaft Jena war sehr elitär und machte viele Aktionen selbständig, ohne dass sie mit anderen Gruppen aus Thüringen koordiniert wurden."

Zahlungen erhält der Informant grundsätzlich im Anschluss an Treffen mit dem V-Mann-Führer. Die Höhe richtet sich nach dem Wert der Information. Schließlich ist Tino Brandt kein umgedrehter oder gar geläuterter Neonazi, sondern in seiner Gesinnung immer noch stramm nach rechts orientiert. Nur will er sich eben sein Taschengeld aufbessern. Zu den jeweiligen Prämien, die zwischen 100 und 800 DM liegen (in der Regel 250 DM), kommen noch Auslagenerstattungen für Fahrtkosten und ähnliches.

„Mundlos war für mich immer ein Stratege, ein kluger Kopf. Böhnhardt war immer sehr militant, er machte mit einigen Leuten aus dem THS auch Wehrsport und kannte sich sehr gut mit Waffen aus. Zschäpe war immer ruhig, aber ich schätzte sie als sehr intelligent ein", wird Brandt Jahre später sagen. Er selbst will mit Gewalt nichts zu tun gehabt haben. „Ich habe mich für den politischen Weg entschieden, alles andere war nicht meine Sache. Als die Bombenwerkstatt gefunden wurde, war das für die meisten im THS kein Problem, mein Weg war es nicht, aber ich hatte auch kein Problem damit. Wir haben uns damals extrem geschult, vor allem Rechtsschulungen waren mir sehr wichtig. Ich wäre lieber in U-Haft gegangen, als eine Aussage zu machen." Dabei wäre es auch für ihn kein Problem gewesen, den bewaffneten Kampf zu suchen. „Es war damals relativ unproblematisch, an bestimmte Sachen ranzukommen, es waren noch unzählige Waffen und andere militärische Ausrüstungsgegenstände im Umlauf, die die Rote Armee bei ihrem Abzug nicht mitgenommen oder an Leute aus der Region zu Spottpreisen verkauft hatte."

Wie aber kommt der Thüringer Verfassungsschutz auf Leute wie Tino Brandt, nach welchen Kriterien wählt er seine Informanten aus? Es ist vielsagend, was der damalige Chef des Landesamtes, Helmut Roewer, einst anmerkte: „Hinsichtlich der als V-Mann anzuwerbenden Personen gibt es kaum rechtlich verbindliche, die eine oder andere Personengruppe ... ausschließende Kategorien."

19. August Mundlos nimmt gemeinsam mit Karsten Harnisch* und Ralf Wohlleben am Heß-Gedenkmarsch im niedersächsischen Schneverdingen teil. Anwesend sind rund 250 bis 300 Personen.

2. September Mundlos und Wohlleben beteiligen sich in Ilmenau an einem Aufzug von 50 Teilnehmern, der eine „linke" Veranstaltung stören will. Dabei haben es die beiden, wie andere, aber vor allem auf die Beamten abgesehen. Polizeiwagen werden mit Steinen beworfen und „durch die Stadt getrieben".

10. September Dass die Kennzeichnung im NADIS keine Fehleinschätzung ist, wird im September 1995 bewiesen. Silvio Pölitz, Gerald Kluge*, Böhnhardt und Zschäpe werfen beim Denkmal der Opfer des Faschismus in Rudolstadt Handzettel auf Kränze. Darauf steht:
Deutsche lernt wieder aufrecht zu stehen!
Lieber stehend sterben als auf Knien leben!!!
Schluss mit dem Holocaust! Oder Deutscher willst Du ewig zahlen?
Rudolfstadt Hess-Stadt 92

Außerdem bewerfen sie das Denkmal mit rohen Eiern. Weil die vier erwischt und festgenommen werden, kommt es zur Durchsuchung ihrer Wohnungen. Bei Böhnhardt findet die Polizei Gaspatronen, Diabolos, Stahlkugeln, eine Schleuder, ein Koppelschloss mit Hakenkreuz, einen gezogenen Lauf einer Luftdruckwaffe, einen Industrielaser sowie NPD-Schriftmaterial. Bei Beate Zschäpe entdecken sie einen Dolch mit beidseitig beschliffener Klinge, CS-Spray, eine Gaspatrone und einen Morgenstern mit Stahlkette.

Uwe Mundlos, der sich sonst keine rechte Veranstaltung entgehen lässt, ist nicht dabei. Hat er keine Lust mehr? Doch. Eher fehlt die Zeit oder das Geld, um nach Rudolstadt zu reisen. Der damals 22-Jährige – mittlerweile hat er seine Lehre als Datenverarbeitungskaufmann abgeschlossen – will, wohl auf Betreiben seines Vaters, im Ilmenau-Kolleg, gut 90 Kilometer von Winzerla entfernt, über den zweiten Bildungsweg sein Abitur nachholen. Er gilt hier als überpünktlicher Pedant und intellektueller Kopf, schreibt Einsen in Mathematik und Chemie.

Mundlos wohnt in einem Wohngebäude des Christlichen Jugenddorfs in Ilmenau, im zweiten Stock, ganz hinten links – hergerichtet als das Reich eines bekennenden Rechtsextremen. Auf seinem Schreibtisch steht laut „Cicero" ein selbst gezeichnetes Porträt des Hitler-Stellvertreters Rudolf Heß, auch hier „spaziert" er mit seiner NS-Uniform über den Gang, Schulterriemen und Stiefel inklusive. Während andere ihn nur als Fan der Rockband AC/DC und als Bewunderer von Udo Lindenberg im Kopf behalten, erinnert sich ein Mitschüler so: „Es war schon furchteinflößend. Jeder wusste, dass er ein Nazi war, ständig leugnete er den Holocaust, hatte einen gefährlichen Blick. Man wollte keinen Ärger mit ihm haben."

23. November Böhnhardt und Zschäpe geben in einem Blumengeschäft in Winzerla ein Blumengebinde mit Schleife in Auftrag. Auf dieser soll stehen: „In Gedenken an Rudolf Heß, deine Jenaer Kameraden".

Dezember Eierschmeißen und Rumpöbeln scheint Beate Zschäpe irgendwann nicht mehr zu reichen. Sie demonstriert ihre „Gesinnung" und „Macht" offen in Jena. Wie in der Weihnachtszeit

1995, als sie einer Jugendlichen das Fußgelenk bricht. Zschäpe entdeckt in der Straßenbahn die 15-jährige Maria, die mit einer Freundin den Weihnachtsmarkt besucht hatte. Schülerin Maria gehört zur linken Szene, trägt oft die Kufiya, das sogenannte Palästinensertuch, um den Hals.

Heute ist Maria 32 Jahre alt und lebt noch immer in Jena. Gegenüber der „Bild am Sonntag" erinnert sie sich an den Zwischenfall: „Sie setzte sich breitbeinig mir gegenüber und glotzte mich provozierend an. Beim Aussteigen versperrte sie mir den Weg und brachte mich mit zwei, drei Griffen zu Boden. Die konnte so etwas. Ich hatte wahnsinnige Angst. Dann hockte sie sich auf meinen Rücken, drehte meinen Arm auf den Rücken und verlangte, dass ich sage: ‚Ich bin eine Potte.' Dann ließ sie von mir ab. Ich humpelte heim." Am nächsten Tag diagnostiziert ein Arzt ein angebrochenes Fußgelenk. Maria: „Ich kannte die Frau damals nicht, habe deshalb nur gegen Unbekannt Anzeige erstattet. Sie hatte braune Haare. Ich habe sie erst jetzt auf den Fotos wiedererkannt. Das war Beate Zschäpe!"

Auch Mundlos scheint das spätere NSU-Motto, „Taten statt Worte", schon damals verinnerlicht zu haben. Laut dem früheren Vorstandsmitglied der NPD, Andreas Kraus*, könnte Uwe Mundlos für einen Bombenschlag auf eine Jenaer Flüchtlingsunterkunft verantwortlich sein.

Am 10. November 1995 schrecken die Anwohner der Scharnhorststraße in Jena-Nord aus ihren Betten. 23.30 Uhr rummst es gewaltig, eine lauter Knall erschüttert den ehemaligen Kindergarten. Unbekannte haben durch ein offenes Fenster einen laut Polizei „selbstgebauten Sprengkörper" geworfen. Keiner der bosnischen Kriegsflüchtlinge, die den Kindergarten laut „OTZ" in der Zeit bewohnen, wird verletzt. Die „leichte Detonation" richtet nur geringen Schaden an. In den ersten Ermittlungsergebnissen kommt die Polizei zu dem Schluss, dass ein politischer Hintergrund ausgeschlossen werden kann. Doch vor allem in der linken Szene gären die Gerüchte, Neonazis könnten den Sprengstoffanschlag verübt haben.

Bekommen sie heute recht? Gut möglich, folgen die Ermittler den Aussagen von Andreas Kraus. Er verriet laut „Focus" dem

Bundeskriminalamt, dass Mundlos „vor 1996" einen Sprengstoffanschlag auf ein Jenaer Asylbewerberheim mit Akribie geplant hatte. Mundlos und Kraus erkundeten angeblich gemeinsam das Haus und die Zeitpläne des Wachpersonals. Aber meint Kraus tatsächlich die „Aktion" am Kindergarten? Denn verraten, ob der Anschlag wirklich stattgefunden hat, hat er nicht. Andreas Kraus selbst war laut „Focus" bis nach 2001 Informant des Verfassungsschutzes.

Selbst wenn Mundlos den Anschlag nicht verübt hat, haben er, Zschäpe und Böhnhardt schon längst keine schneeweißen polizeilichen Führungszeugnisse mehr. Mundlos wurde 1995 vom Amtsgericht Chemnitz zu einer Geldstrafe von 600 DM verurteilt, weil bei ihm Kennzeichen verfassungswidriger Organisationen und neonazistisches Propagandamaterial gefunden worden waren. Beate Zschäpe war sogar noch minderjährig, 17 Jahre alt, als sie zum ersten Mal mit dem Gesetz in Konflikt kam. Vier Mal wurde sie zwischen 1990 und 1994 beim Klauen erwischt, die Strafen gingen von einer Ermahnung bis zur Geldstrafe von 500 DM. Ihrer Mutter soll sie damals gesagt haben, sie werde sich „nie wieder" festnehmen lassen.

1996
Zwischen Straßenkampf und konspirativen Aktionen

10. Februar Neonazis verbreiten in Rudolstadt Angst und Schrecken. Ein Auto-Konvoi von fünf Fahrzeugen fährt langsam durch die Innenstadt und zwei Neubaugebiete. Aus den Wagen hängen Reichskriegsflaggen und Fahnen des Freistaates Thüringen, über ein Megafon werden Marschmusik gespielt und Losungen gebrüllt. In einem der Wagen sitzt Uwe Mundlos.

14. April Nachts, zwischen 1 Uhr und 1.20 Uhr schleicht sich Uwe Böhnhardt zur „Pösener Brücke", einer kleinen Brücke über die A4 nahe Bucha im Saale-Holzland-Kreis. Hier hängt er einen Puppentorso über der Autobahn auf, der mit einem gelben Davidstern und der Aufschrift „Jude" versehen ist. Durch Elektrokabel ist die Stoffgestalt mit zwei Bombenattrappen in Kartons verbunden. „Wer hier nicht aufpasst, wird aufgehängt", steht auf einem Zettel, auf einem Verkehrsschild „Vorsicht Bombe". Uwe Böhnhardt wird als Täter ermittelt. Ihm unterläuft ein Fehler, den er bei den späteren Morden nicht mehr begeht: Auf einem der Kartons der Sekt-Marke „Asti Spumante" hinterlässt Böhnhardt den Abdruck des Mittelfingers seiner linken Hand.

18. Juni In seiner Wohnung in der Jenaer Richard-Zimmermann-Straße hortet Uwe Böhnhardt Tonträger mit den Titeln „NSDAP" der Gruppe „Macht und Ehre", „Berlin bleibt Deutsch" der Gruppe „Landser" und „Breslau" der Gruppe „Commando Pernod". Die Musikkassetten sind zum Verkauf bestimmt. Woher die Ermittler das wissen? Bereits seit dem 8. Mai hören sie – im Zusammenhang mit den Ermittlungen zum „Puppentorso" – die Telekommunikation Böhnhardts ab. Sie belauschen ihn in zahlreichen Gesprächen und erfahren, dass er auf der Suche nach einer Garage sowie einem Gartengrundstück ist.

6. August Mundlos und Böhnhardt werfen aus einem Auto mitten in Jena Streuzettel. Auf diesen steht:
Wir gedenken Rudolf Heß, Gedenktag am 17. 08. für Rudolf Heß.
Märtyrer des Friedens Rudolf Heß.
Rudolf Heß = 46 Gesinnungshaft

17. August Die beiden Männer und Zschäpe nehmen wie der heutige NPD-Chef Holger Apfel an einem Aufmarsch zum Gedenken an den Hitler-Stellvertreter Rudolf Heß in Worms teil. Spätestens hier gerät das Trio ins Visier des Verfassungsschutzes. Erkenntnisse werden zusammengetragen, gesammelt und ausgewertet. Das Bundesamt notiert, dass Mundlos, Böhnhardt und Zschäpe Mitglieder der „Sektion (oder Kameradschaft, *Anm. d. Autoren*) Jena" des „Thüringer Heimatschutzes" sind. Böhnhardt ist sogar deren stellvertretender Leiter. Weitere Mitglieder der Jenaer Sektion sind Ralf Wohlleben, Gerald Kluge, Silvio Pölitz (Führer der Kameradschaft), Arndt-Volker Mewes* und nach heutigen Erkenntnissen wahrscheinlich auch Klaus Teichmann*. Er ist ein Cousin von Beate Zschäpe, macht laut Bundesamt für Verfassungsschutz bereits seit Mitte der 90er Jahre gemeinsame Sache mit dem späteren Terror-Trio. Den Thüringer Staatsschützern ist die Gefahr, die da im rechten Spektrum ihres Bundeslandes heranwächst, offenbar bewusst. Denn: Mehrmals wird im 1997 veröffentlichten Verfassungsschutzbericht Thüringen 1996 betont, dass der THS beziehungsweise die Anti-Antifa Ostthüringen Verbindungen zu führenden „Größen" der Neonaziszene unterhalte. Seit November 1995 läuft in Thüringen ein Ermittlungsverfahren gegen Tino Brandt, Karsten Harnisch, Silvio Pölitz, Arndt-Volker Mewes und weitere Personen wegen ihrer Mitgliedschaft bei der Anti-Antifa Ostthüringen, dem THS und in den Kameradschaften wegen Bildung einer kriminellen Vereinigung. Die Szene steht also intensiv unter Beobachtung.

Beate Zschäpe erhält unterdessen nach einem Jahr Arbeitslosigkeit im September 1996 nach 1992 eine zweite ABM-Stelle, wieder als Malergehilfin. Sie soll in der städtischen Jugendwerkstatt aushelfen. Im Gegensatz zum lustlosen ersten Auftritt vier Jahre zuvor gibt sie sich dieses Mal bemüht. Dem damaligen Leiter bleibt sie laut „Cicero" als „intelligent und engagiert" in Erinnerung. Aber nur für ein knappes Jahr. Im August 1997 läuft die Maßnahme aus. Zschäpe meldet sich erst wochenlang krank und dann arbeitslos.

Auch Uwe Böhnhardt ist zumindest zu einem kleinen Teil erfolgreich im Berufsleben. Ende Juni beendet er eine zweijährige Lehre als Hochbaufacharbeiter. Sein Betrieb übernimmt ihn sogar. Weil Böhnhardt ständig unentschuldigt fehlt, wird er nach zwei Monaten gefeuert.

26. September Die Jenaer zeigen sich bei einem Prozess gegen den Berliner Manfred Roeder. Der Sohn eines SA-Obersturmführers knüpfte in den 70ern Kontakte zur rechtsextremistischen Szene, unter anderem auch in die USA zum Ku-Klux-Klan. 1973 verfasste er das Vorwort zu der Holocaustleugner-Broschüre „Die Auschwitzlüge" von Thies Christophersen. Heute besitzt Roeder im hessischen Schwarzenborn ein Anwesen, welches er „Reichshof" nennt und seit Jahren als Treffpunkt – auch für Schulungen – der neonazistischen Szene nutzt. Roeder ist ein verurteilter Rechtsterrorist. 1980 gründete er die „Deutschen Aktionsgruppen", eine neonazistische Terrorbande, die Sprengstoff- und Brandanschläge verübte und für den Tod von zwei Menschen verantwortlich ist. Die Behörden zerschlugen die Kampftruppe neun Monate nach ihrer Gründung und verurteilten ihren Chef zu einer mehrjährigen Haftstrafe.

1996 hat sich Roeder erneut vor Gericht zu verantworten, weil er in Erfurt zusammen mit anderen Rechtsextremisten die Wehrmachtsausstellung im Gewerkschaftshaus am Juri-Gagarin-Ring attackierte und Ausstellungstafeln mit Farbe zerstörte. Der Holocaust-Leugner wird wegen Sachbeschädigung zu einer Geldstrafe von 4500 DM verurteilt.

Exkurs: Internationale Netzwerke

Schon zu diesem Zeitpunkt ist offensictlich, wie tief die beiden Jenaer Uwes in der regionalen Neonazi-Szene verwurzelt und wie gut sie vernetzt sind. Nur von Mitläufern zu sprechen, wäre schlichtweg falsch. An wem orientieren sie sich aber, wer sind ihre Vorbilder, wen ahmen sie nach? Manfred Roeder dürfte zumindest jemand gewesen sein, zu dem die jungen Männer aufgeschaut haben. Vieles deutet darauf hin, dass die späteren Mitglieder des „Nationalsozialistischen Untergrunds" sich auf teils seit Jahren diskutierte und umgesetzte militante Konzepte der internationalen Neonazi-Szene stützten.

ZOG: Ein wichtiges Schlagwort im Weltbild rechtsextremer Ideologen. „ZOG" steht für „Zionist Occupied Government" und bedeutet übersetzt „Zionistisch besetzte Regierung". Auf T-Shirts und Buttons gedruckt, in Pamphleten und Internetforen verbreitet, ist das Kürzel „ZOG" ein Kampfbegriff, der antisemitische Stereotype bedient und dessen Grundlage die Verschwörungstheorie eines „Weltjudentums" ist. Rechtsextremisten glauben, dass hinter den Regierungen der westlichen Welt in Wahrheit „Zionisten" (der Begriff Zionist ist hier das Synonym für „Jude") stehen und die Geschicke der Staaten lenken. Erstmals Erwähnung fand der Begriff im Jahr 1976 in einem Papier des amerikanischen Neonazis Eric Thomson und wurde im Laufe eines Jahrzehnts in der Szene weltweit gebräuchlich, hineingesprengt in die braunen Köpfe durch Timothy McVeigh, der am 19. April 1995 in Oklahoma City mit einem Bombenanschlag 168 Menschen tötete. Der im Jahr 2001 hingerichtete Ex-Soldat sagte in seinem Prozess, dass es sich bei seiner Tat auch um einen Schlag gegen das „Zionist Occupied Government" handelte.

Ideologisch rechnen Experten McVeigh der sogenannten „Christian Identity" (Christliche Identität) zu, einer Bewegung, die antisemitisch, nationalistisch und rassistisch geprägt ist und mit Gruppen wie dem Ku-Klux-Klan in Verbindung gebracht wird. Auch in der deutschen Neonazi-Szene gab es im letzten Jahrzehnt immer wieder Bezugnahmen auf McVeigh's Anschlag. Der Zahlencode „168:1" war lange Zeit ein beliebtes Symbol im Umfeld vieler Neonazi-Märsche. 168 steht für die Zahl der in Oklahoma getöteten Menschen und die 1 für McVeigh. Vor seinem Tod durch die Giftspritze sagte der Attentäter laut einem Bericht der amerikanischen „ABC News" zu einem Journalisten, dass es „168 zu 1" stehe und er sich als „Sieger" fühle.

Turner Diaries: Die „Turner Diaries" („Turner-Tagebücher") gehören weltweit zu den bekanntesten Büchern der rechtsextremen Szene. Der 1978 veröffentlichte Roman enthält auf über 200 Seiten die fiktiven Tagebucheinträge eines Earl Turner, der in den 1990er Jahren gemeinsam mit anderen Sinnesgenossen in den Untergrund geht, um mit einer rassistischen und antisemitischen Gruppe mit Gewalt gegen das „System" zu kämpfen. Die Gruppe selbst nennt sich nur die „Organisation". Die „Organisation" wird als ein Zusammenschluss von „Revolutionären" beschrieben, die Bombenanschläge (unter anderem gegen eine israelische Botschaft und das FBI-Hauptquartier), Attentate und Sabotageaktionen durchführen. An deren Ende stehen „Rassensäuberungsaktionen", ein Großteil der nicht-weißen Weltbevölkerung ist tot, und die „Große Revolution" siegt. Verschiedene Behörden und Experten sehen in den „Turner Diaries" eine Blaupause für später aktiv gewordene Terrorstrukturen der rechtsextremen Szene wie den „Nationalsozialistischen Untergrund".

William L. Pierce: „The Turner Diaries" wurden unter dem Pseudonym Andrew Macdonald veröffentlicht. Hinter diesem verbarg sich der 2002 verstorbene amerikanische Physiker William Luther Pierce. Er war einer der bekanntesten amerikanischen Neonazis und gründete 1967 die „National Alliance". Die Organisation, die rassistische, antisemitische und neonazistische Positionen vertritt und sich für eine „arische Gesellschaft" einsetzt, existiert bis heute. Als die NPD im Jahr 2001 verboten werden sollte, organisierten Anhänger der „National Alliance" eine Demonstration vor der Deutschen Botschaft in Washington D. C.

The Order: Die neonazistische Terror-Gruppe nahm direkt Anleihen an den „Turner Diaries". Sie wurde von Robert Jay Mathews gegründet und war zwischen 1983 und 1984 aktiv. „The Order" („Der Orden") war der Name eines inneren Zirkels von Kadern in der von William L. Pierce in den „Turner Diaries" beschriebenen Terrorgruppe. Neben der Durchführung von Banküberfällen und Bombenanschlägen legte die Gruppe auch Todeslisten mit den Namen von „Gegnern und Feinden" an. Am 18. Juni 1984 erschossen „The Order"-Mitglieder die Nummer Zwei von ihrer grauenvollen Liste, den liberalen amerikanischen Anwalt und Radiomoderator Alan Berg. Das Ende der Gruppe wird durch den Tod des Gründers Robert Jay Mathews im Dezember des gleichen Jahres besiegelt. Er stirbt während eines Schusswechsels mit FBI-Beamten, die sein Haus stürmten. „The Order" ist in der deutschen Neonazi-Szene nicht nur durch ihre Taten, sondern auch durch die weltweit kursierenden „Fourteen Words" eines ihrer Mitglieder bekannt: „We must secure the existence of our people and a future for White children." („Wir müssen die Existenz unseres Volkes und die Zukunft für die weißen Kinder sichern.") Als Verfasser gilt David Eden Lane, der für die Beteiligung an dem Mord an Alan Berg zu 190 Jahren Haft verurteilt wurde und 2007 im Gefängnis verstarb. Die 14 Wörter finden heute auf T-Shirts, in Liedtexten oder als Zahlencode „14" breite Verwendung in der rechtsextremen Szene.

Auch Mundlos, Böhnhardt und Zschäpe legten sogenannte Todeslisten an. In einer der ersten Versionen des Bekennervideos findet sich sogar ein Hinweis auf die „Fourteen Words". Als grafisches Element erscheinen in dem NSU-Film 14 Kästchen, die sich jeweils mit einem Datum eines Attentates füllen. Dabei wird stets der Name eines Opfers eingeblendet und betont, dass jetzt deutlich werde, wie ernst es den Tätern sei.

Louis Beam: Wie kaum eine andere Strategie floss die von Louis Ray Beam 1992 in den USA entwickelte Idee des „Führerlosen

Widerstands" („Leaderless Resistance") in die Bildung militanter Neonazi-Gruppierungen ein. Der frühere Ku-Klux-Klan-Aktivist lieferte damit das theoretische Fundament, auf dem sich militante und terroristische Organisationen und Gruppen gründeten. Im April 2012 beschreibt der Politikwissenschaftler Armin Pfahl-Traughber im Fachmagazin „Blick nach Rechts" das Konzept des „Führerlosen Widerstands": „Beam plädierte dabei für die Gründung von eigenständig agierenden Klein-Gruppen, die mehr durch eine ideologische Botschaft und weniger durch eine organisatorische Struktur miteinander verbunden sein sollten. Entsprechend der Selbstbezeichnung ‚leaderless' bedurfte es keiner Führungsfigur oder Kaderstruktur. Auch Anleitungen und Befehle von ‚oben' seien letztendlich überflüssig, würden doch die idealistischen Aktivisten der jeweiligen Zellen selbst um die angemessenen Handlungen und den richtigen Weg des ‚Widerstandes' gegen das politische System wissen. Nach heutigen Erkenntnissen gab es auch beim Nationalsozialistischen Untergrund keinen nominellen ‚Führer' oder Vorstand."

Blood and Honour: Im Jahr 1987 wurde das bis heute wichtigste Musiknetzwerk der internationalen Neonazi-Szene „Blood and Honour" („Blut und Ehre") in Großbritannien gegründet. Kopf und Gründer war der 1993 verstorbene Ian Stuart Donaldson, der Frontmann der weltweit bekanntesten Rechtsrock-Band „Screwdriver", die zudem als Pionier der Rechtsrock-Szene gilt.

Der Spruch „Blut und Ehre" stammt aus der Zeit des Nationalsozialismus und war nicht nur auf Fahrtenmessern der Hitler-Jugend eingraviert, sondern findet sich auch im offiziellen Titel der 1935 erlassenen Nürnberger Rassegesetze („Gesetz zum Schutz des deutschen Blutes und der deutschen Ehre"). Das Symbol des Netzwerks B&H erinnert an eine Triskele und nimmt Anleihen am Symbol der rechtsextremen „Afrikaner Weerstandsbeweging" („Afrikaaner Widerstandsbewegung") aus Südafrika, die sich aus militanten europäischstämmigen Einwohnern des Landes zusammensetzte. Weit verbreitet ist der Zahlencode 28, der mit dem zweiten und achten Buchstabe des Alphabets für „Blood and Honour" steht. Heute organisiert B&H weltweit Konzerte, produziert CDs und Videos und vertreibt ein eigenes Magazin.

Ein Millionenbusiness. In den frühen 90er Jahren entstand ein deutscher Ableger der Organisation, der bis zu seinem Verbot im Jahr 2000 rund 500 Mitglieder hatte.

Combat 18: Die wohl bekannteste Neonazi-Terrororganisation, Combat 18 (C18), stammt aus Großbritannien und wurde 1992 als bewaffneter Arm von „Blood and Honour" gegründet. Der englische Begriff Combat bedeutet Gefecht, der Zahlencode 18 steht für den ersten und achten Buchstaben im Alphabet: AH, also Adolf Hitler. Das Logo der Gruppe besteht aus einem weißen Totenkopf auf schwarzem Grund. C18 folgt dem Prinzip des führerlosen Widerstands, daher sind Angaben über die tatsächliche Zahl von Mitgliedern und Zellen unmöglich. Jede Gruppe, die sich den ideologischen Zielen von C18 verbunden fühlt, kann Aktionen durchführen sowie den Namen der Gruppierung verwenden.

Unter dem Label Combat 18 wurden ein eigenes Magazin mit dem Namen „Stormer" und diverse andere Schriften veröffentlicht. Neben Anleitungen zum Bombenbau und zutiefst menschenverachtenden, rassistischen und antisemitischen Texten wurden auch sogenannte „Redwatch"-Listen mit Namen, Adressen, Fotos und Informationen von „Gegnern" veröffentlicht. Weltweit werden C18-Zellen für Morde, Bombenanschläge, Briefbombenverschickungen und weitere Aktionen verantwortlich gemacht. Auch in Deutschland kursierte ein deutschsprachiges Magazin mit dem Titel „Stormer" und dem Logo von Combat 18. Im Vorwort schreiben die unbekannten Macher des nur intern gehandelten Hefts: „Unsere Länder werden regiert von denselben jüdischen Untermenschen, deren einziges Ziel es ist die weiße Rasse zu zerstören und den letzten Tropfen arischen Blutes versiechen zu lassen. Die jüdischen Ratten und ihre demokratischen Marionetten machen sich jeden Tag aufs Neue schuldig an der fortschreitenden Vernichtung unserer Rasse. Es liegt nun an uns, die jüdische Demokratie und alle ihre Auswüchse zu vernichten. Egal wo, egal wie! Es ist Zeit für Taten!"

In dem Heft, deren Macher über eine E-Mailadresse der offiziellen Combat18-Website zu erreichen sind, taucht auch der von der NSU verwendete Slogan „Taten statt Worte" als Artikelüberschrift auf. Im „Handbuch" von Combat 18, „Der politische Soldat", finden sich Anleitungen für den bewaffneten Kampf im Untergrund. Es heißt: „Keine Zelle sollte in den bewaffneten Kampf einsteigen, wenn sie keinen sicheren Ort hat, wo sie Waffen, Munition und gesammelte Informationen usw. verstauen kann."

Der NSU fand seinen „sicheren" Ort mitten in Sachsen.

Es zeigt sich, dass der Nationalsozialistische Untergrund sich nah zu C18 hingezogen fühlte und nach den „Vorgaben" der Gruppe handelte. Dieser Ansicht ist auch der britische Rechtsextremismus-Experte Nick Lowles, Autor des Buches „White Riot. Die Combat 18 Story: Aufstieg und Untergang einer Nazi-Terror-Gruppe". In einem Gespräch mit den Autoren kommt er zu der Einschätzung: „Wenn ich mir den NSU und ihre Taten anschaue, würde ich sagen, dass die Aktionen und Ziele von ihrem Stil her an den ‚typischen' Neonazi-Terrorismus der späten 1990er und frühen 2000er Jahre erinnern. Für mich sieht es so aus, als seien die Mitglieder der NSU durch die Ideologie und Denkweise von Combat 18 inspiriert worden."

Wie auch bei Blood & Honour spielt bei Combat 18 die Musik eine große Rolle. Identifikation und Zusammenhalt sollen so gestärkt werden. Beliebtestes Betätigungsfeld der Musiker sind die neuen Bundesländer. „Neonazi-Bands, die zum Umfeld von Combat 18 gehörten, traten in den späten 1990er Jahren regelmäßig auf ‚Blood and Honour'-Konzerten in Ost-Deutschland auf. Die Konzerte waren viel größer als jene in Großbritannien, und für die Musiker und C18-Aktivisten war es etwas Besonderes, im ‚Vaterland' aufzutreten. In der Regel reisten zwischen 10 und 15 Neonazis mit einem Kleinbus in den Osten." Denn hier fanden die Internationalen genau die Anerkennung und Respekt, nach denen sie lechzten. Und sie fanden immer wieder Themen für ihre Songs. Lowles: „‚No Remorse' war wohl die beliebteste britische Band in der deutschen Neonazi-Szene. Das Bandmitglied Will Browning war auch C18-Führer und propagierte in erschreckender Art und Weise Rassismus und Gewalt. So nahm er mit seiner Band die CD ‚Barbecue in Rostock' auf, deren Titel auf die Pogrome im August 1992 in Rostock-Lichtenhagen anspielt. Bis heute gilt die Veröffentlichung als eine der radikalsten CDs der britischen Rechtsrock-Szene, was nicht nur der Titel und die

Lieder verdeutlichen. Auch das CD-Cover ist menschenverachtend: Darauf dreht ein Skinhead einen eingewickelten Menschen an einem Spieß über einem Feuer. Auf das Cover anspielend heißt es im gleichnamigen Lied zum CD-Titel: ‚Wie möchten Sie Ihren Türken? Mögen Sie ihn gut durch?' (‚How do you like your Turks? Do you like them well done?')."

Doch die Besuche von „No Remorse" und anderen Bands galten nicht nur der Durchführung von Konzerten. Die C18-Führer nutzten ihre Fahrten nach Ostdeutschland auch dazu, die deutschen Neonazis zu ermutigen, militanter zu werden. Abseits der Konzerte wurden Strategietreffen für Diskussionen über Terrorismus durchgeführt. Wie ernst es die Rechtsextremen meinten und wie weit die Überlegungen fortgeschritten waren, zeigt folgende von Nick Lowles erzählte Begebenheit: „Im Frühjahr 1999 gab es einen Versuch, die militanten Aktionen, die in verschiedenen Ländern stattfanden, zu koordinieren. Auf einem Treffen in der Slowakei wollten Neonazis aus fünf europäischen Ländern über die Durchführung einer internationalen Kampagne des Terrors diskutieren. Drei führende britische Mitglieder von Combat 18 wurden dann durch eine gemeinsamen Operation von britischen und österreichischen Sicherheitsbehörden an der Einreise in die Slowakei gehindert. Auch deutsche Blood-and-Honour-Größen, die vorher an Treffen mit C18 in Ostdeutschland beteiligt waren, sollten daran teilnehmen."

Mittlerweile gehen Szenekenner davon aus, dass Combat 18 seit einigen Jahren nicht mehr handlungsfähig ist und das Konzept nach vielen Jahren veraltet und gescheitert ist. Doch bis heute verstehen sich immer wieder Neonazis als Teil dieses Netzwerks. So wurden Ende 2010 mehrere Männer, die als Combat 18-Aktive galten, in Australien schuldig gesprochen, im Februar desselben Jahres eine Moschee mit scharfer Munition beschossen zu haben. Aber auch Lowles ist überzeugt, dass die Gefahr des europäischen Terrors von rechts in Zukunft nicht mehr von der ursprünglichen C18-Idee ausgeht, sondern von kleinen Splittergruppen: „Dass es wieder Neonazi-Terror in Europa geben wird, halte ich für wahrscheinlich, allerdings werden diese Taten wohl nur noch von sehr kleinen, ein bis zwei Personen umfassenden Gruppen/Zellen, ausgeführt werden, da die Behörden sensibler für das Thema geworden sind und solche Taten und Gruppen nicht ignorieren oder ungestraft davon kommen lassen werden."

David Copeland: Bombenterror gegen Migranten und Homosexuelle waren das Mittel, das der britische Neonazi David Copeland 1999 zur Durchsetzung seiner Ziele einsetzte. Drei Nagelbomben töteten drei Menschen und verletzten 129 – zum Teil so schwer, dass ihnen Gliedmaßen amputiert werden mussten. Seinen ersten Anschlag verübte Copeland am 17. April 1999 in einem von vielen Schwarzen bewohnten Stadtteil. Er platzierte eine Bombe, die er vorher mit zehn Zentimeter langen Nägeln gefüllt hatte, in einer Sporttasche vor einem Supermarkt. Fünfzig Menschen wurden durch die Detonation verletzt. Genau eine Woche später zündete er eine weitere Bombe in einem hauptsächlich von Menschen aus Bangladesch bewohnten Gebiet im Londoner Osten. Wieder wurden 13 Menschen verletzt. Die letzte Nagelbombe, die am 30. April explodierte, war Copelands tödlichste. Er legte sie im „Admiral Duncan Pub" ab, der vor allem von Homosexuellen besucht wurde, und tötete damit drei Menschen und verletzte 79. Die Polizei veröffentlichte bereits nach dem ersten Anschlag Videoaufzeichnungen und konnte Copeland letztlich durch den Hinweis eines Arbeitskollegen des Neonazis verhaften. Laut „BBC News" sagte Copeland nach seiner Verhaftung über sein Motiv, Migranten anzugreifen: „Ich mag sie nicht, ich will sie aus diesem Land raus haben, ich glaube an die Herrenrasse." Bei der Durchsuchung seiner Wohnung fanden die Beamten auch ein Exemplar der „Turner Diaries". Copeland glaubte an dieses Buch und den kommenden Rassenkrieg, den er mit seinen Anschlägen herbeiführen wollte.

Die Aussagen Copelands decken sich mit einem Strategiepapier einer Gruppe namens „White Wolves". In dem mehrseitigen Dossier, welches dem Gründer der Gruppe „The Order" Robert Jay Mathews gewidmet ist und auch eine Anleitung für den Bau eines einfachen Zeitzünders enthält, rufen der oder die Autoren dazu auf, einen „Rassenkrieg" durch Angriffe auf „Schwarze" und „Asiaten" herbeizuführen. Um dieses Ziel zu erreichen sollten terroristische Zellen mit nicht mehr als fünf Mitgliedern gegründet werden, um mit Gewalt die Zukunft der „weißen Rasse" zu sichern. Fast am Ende des Papier heißt es: „Wenn du uns zustimmst, HANDEL JETZT."

30. September Bombenattrappe auf Jenaer Sportfeld: Gehandelt hatten die Jenaer Neonazis schon drei Jahre vorher, wenn auch nicht mit solch tödlicher Wirkung. Es ist eine der ersten Aktionen der Thüringer Neonazi-Szene, die für Aufsehen sorgt: Bei der Jenaer Polizei geht ein Anruf ein, dass im Ernst-Abbe-Stadion Sprengsätze deponiert seien. Erst eine Woche später, am 6. Oktober, wird das angekündigte Objekt, eine rote Holzkiste, gefunden. Auf dem Deckel der Kiste prangt ein weißer Kreis, auf dem ein schwarzes Hakenkreuz angebracht ist – und die Aufschrift „Bombe". Im Inneren entdecken Polizisten einen 20-Liter-Kanister, der mit Granitsplitt und einem Rohrstück gefüllt ist. Noch ist das Ganze nur eine Attrappe. Noch.
Unter dem Aktenzeichen 114 Js 20801/96 ermittelt die Staatsanwaltschaft gegen Pölitz, Wohlleben, Böhnhardt, Mundlos und Zschäpe.

Die Aktion könnte das Ergebnis einer bereits seit zirka zwei Jahren anhaltenden Diskussion in der rechten Szene sein. Ulli Jentsch, der sich seit mehr als 20 Jahren im „Antifaschistischen Pressearchiv und Bildungszentrum Berlin e.V." (apabiz) mit Neonazis beschäftigt, erläutert diese Vermutung gegenüber den Buchautoren genauer: „In den 90er Jahren wurden viele inhaltliche und strategische Debatten in der Neonazi-Szene geführt. Dabei ging es vor allem darum, ob es sinnvoll und notwendig für die Szene ist, einen bewaffneten Kampf anzustreben oder sich zumindest die Option darauf offen zu halten. Aus den organisierten Zusammenhängen kam es immer wieder zu Vorbereitungen, so etwas wie einen bewaffneten Flügel der Szene zu gründen. Mitte der 90er hat der Staat in den neuen Bundesländern die Repression gegen die Szene angezogen. Organisationen und Kameradschaften wurden verboten, spezielle Einsatzgruppen innerhalb der Polizeibehörden gegründet und diverse Führungspersonen zu für die Szene spürbaren Haftstrafen verurteilt. Das führte zu einer merklichen Anspannung in der Szene, was sich auch in Texten und Beiträgen in einschlägigen Publikationen widerspiegelte. Das hat dann auch dazu geführt, dass Strategiedebatten geführt wurden, wie die Szene weiter agieren kann und in welchen Organisationsformen und mit welchen Konzepten."

War ein Konzept das oben erwähnte Schüren von Angst in der Bevölkerung durch das Ablegen von Bombenattrappen?
„Die Konzepte basierten dann nicht nur auf dem Konzept Untergrundkampf, doch es ging deutlich darum, wie man den politischen Feind angreifen kann, ohne selbst aus der Deckung zu kommen und mit Militanz die eigenen politischen Ideen zu vertreten und sichtbar zu machen", so der Experte. Verbreitet wurden die Konzepte vor allem über das Internet (wo Bombenbauanleitungen auftauchten) und einschlägige Publikationen. Ulli Jentsch: „In dieser Zeit gab es eigentlich kein Neonazi-Szine, in dem nicht über diese Konzepte geschrieben wurde, sei es durch eigene Beiträge, Abdrucke von englischsprachigen Artikeln oder deren Übersetzungen. Für den Teil der Szene, die den bewaffneten beziehungsweise militanten Kampf befürwortete, waren damals Skandinavien und Großbritannien sehr wichtig. Die Deutschen haben sich mit diesen Strukturen ausgetauscht und die Entwicklungen dort genau beobachtet. Für Großbritannien war das Combat 18 und für Skandinavien die Versorgung mit Propaganda sehr entscheidend. Die harte Propaganda, Videos, Musik und andere Materialien, kamen überwiegend aus Dänemark und Schweden. Für die deutsche Szene war aber vor allem ‚The Order' aus den USA bedeutend. Die ‚Ideale', für die diese Neonazi-Terroristen standen, waren für die Szene herausragend. Deren Aktivisten sind für die ‚Sache' in den Knast oder den Tod gegangen, das hatte eine Ausstrahlung in die Szene hinein. Nicht nur die Aktionen, auch die Ideologie wurde in der deutschen Szene aufgenommen." Auch bei den späteren Mitgliedern des NSU? Die Ähnlichkeiten sind frappierend. Für ihre „Ideale" wählten Mundlos und Böhnhardt den Tod, mutmaßliche Helfer wie Wohlleben oder Lars Reger* gingen ins Gefängnis. Bis es soweit sein sollte, musste aber noch mehr als ein Jahrzehnt vergehen.

1. November Offenbar angestachelt durch den Prozess gegen den Holocaust-Leugner Roeder, besuchen Böhnhardt und Mundlos gemeinsam mit Pölitz die Mahn- und Gedenkstätte Buchenwald bei Weimar. Die beiden Uwes tragen beim Betreten des Ortes, an dem bis zum 11. April 1945 mehr als 56 000 Menschen starben, SA-ähnliche Uniformen. Die Leitung der Gedenkstätte ist schockiert über den Auftritt und wirft die Neonazis raus.

9. November Anlässlich des Gedenktages der „Reichspogromnacht" will die Jenaer Polizei vorsorgen und patrouilliert vermehrt auf den Straßen. Zufällig entdecken die Beamten dabei die mittlerweile stadtbekannten Neonazis Mundlos, Böhnhardt, Gerald Kluge und Zschäpe in einem Wagen – kontrollieren lassen wollen die sich allerdings nicht und verriegeln von innen die Tür. Erst mit Gewalt kann die Polizei diese öffnen und den sich heftig wehrenden Böhnhardt herausziehen. Der und Kluge tragen braune Hemden und Hosen, dunkelbraune Koppel, schwarze Armbinden sowie Springerstiefel mit weißen Schnürsenkeln – der angesagte Neonazi-Stil Mitte der 90er. Was die Polizisten allerdings anschließend im Auto entdecken, lässt auf mehr als nur geplante Provokation durch ihre Outfits schließen. Am Fahrersitz Böhnhardts liegen ein Handbeil und ein Schlagstock mit eingebauter Reizgassprühvorrichtung samt passender Patrone. Am rechten Vordersitz, wo Gerald Kluge saß, liegt wie bei Mundlos hinten rechts ein Faustkampfmesser. Neben Zschäpes Sitz wird eine Gaspistole gefunden. Im Kofferraum des Wagens liegen unter anderem ein Wurfstern, ein Messer, ein Sägemesser, zwei Handbeile, ein Taschenmesser und eine Luftdruckpistole. Ein bisschen viel Material, um „nur" ein paar linke Jugendliche aufzuschrecken.

1997
Bombenangst in Jena

Januar Vom 30. Dezember 1996 bis zum 2. Januar 1997 verschickt die Kameradschaft Briefbombenimitate. Die Umschläge enthalten keinen Sprengstoff, sondern jeweils braunes Knetgummi, Styropor, eine Batterie, eine Holzschraube und ein Stück Draht. Versehen ist das „Päckchen" mit Hakenkreuz und SS-Runen und jeweils einem Begleitschreiben. Der Inhalt: Hasstiraden und Drohungen gegen den damaligen thüringischen Innenminister Richard Dewes (SPD) und den damaligen Vorsitzenden des Zentralrates der Juden in Deutschland, Ignatz Bubis. In einem Briefumschlag befindet sich außerdem ein handschriftlich beschriebenes Blatt:

Von Lüge und Betrug
haben wir genug!
Das wird der letzte Schwindelscherz jetzt sein.
Ab 97 haut es richtig rein!!!

In einem anderen steht, wiederum handschriftlich:

Mit Bomben-Stimmung
in das Kampfjahr 97
Auge um Auge
Zahn um Zahn –
dieses Jahr kommt Dewes dran!!!

Unverhohlene Ankündigungen für Straftaten. Die Briefe gelangen an die Polizeidirektion Jena, die Stadtverwaltung Jena und die Lokalredaktion der „Thüringer Landeszeitung". Angeblich beobachtet ein Zeuge eine Frau, die die Umschläge nächtens bei den Adressaten in die Briefkasten wirft.

Die Polizei reagiert prompt. Mehrere Wohnungen der „Kameradschaft Jena" werden auf den Kopf gestellt, darunter laut dem ARD-Magazin „Fakt" auch die von Klaus Teichmann. Von den verdächtgen Kameradschaftsmitgliedern werden Speichelproben genommen, um sie mit den DNA-Spuren auf dem Klebefalz der Briefumschläge zu vergleichen. Außerdem werden Handschriften verglichen. Völlig „wehrlos" und ohne „Racheakt" wollen die Neonazis die Polizeiprozedur offenbar nicht über sich ergehen lassen. Mundlos, Böhnhardt, Pölitz und Wohlleben spähen am 4. Januar 1997 eine Jenaer Polizeiinspektion aus. Dabei soll es zwischen ihnen und einigen Beamten zu einem „Handgemenge" gekommen sein, weil Mundlos und Böhnhardt auf dem Hof der Polizeidirektion die Kennzeichen der Streifenwagen notierten.

Der Verdacht des Versendens von Briefbomben durch die Kameradschaft Jena und ihre Mitglieder kann allerdings nicht erhärtet werden. Auch der Zeuge erkennt die „Briefbotin" bei einer Gegenüberstellung nicht wieder. Bei einer Durchsuchung am 28. Januar 1997 bei dem späteren Trio und drei weiteren Personen wird zwar Material sichergestellt, das zur Herstellung von Briefbombenattrappen hätte dienen können – trotzdem werden die Ermittlungen nach Paragraf 170, Absatz 2 der Strafprozessordnung im Juni eingestellt. In der Begründung heißt es, dass ein Tatnachweis nicht zu führen gewesen sei.

6. Januar Unbeeindruckt vom direkten Kontakt zu den Gesetzeshütern will Böhnhardt eine Versammlung in Jena unter dem Motto „Für eine schärfere Kontrolle der Polizei" anmelden, bei der Mundlos als verantwortlicher Leiter fungieren soll. Die Stadt erlässt ein Versammlungsverbot.

1. März Pölitz, Böhnhardt, Karsten Harnisch und Mundlos nehmen an einer Demonstration der NPD in München teil.

16. August Pölitz, Böhnhardt, Mundlos und Zschäpe werden anlässlich einer Rudolf-Heß-Aktion in Bad Hersfeld festgenommen. Mit an Sicherheit grenzender Wahrscheinlichkeit lernen sie hier und im März in München weitere Mitglieder des Netzwerkes Blood and Honour kennen. Ulli Jentsch von „apabiz": „Blood and Honour war zu dieser Zeit sehr selbstbewusst, sie waren international vernetzt, verfügten über viel Geld und eine konspirative Kommunikations- und Logistikstruktur. Deren einzelne

Sektionen hatten eine Vorbildfunktion für viele Teile der Szene und ihre Leute galten als die militantesten und härtesten. Noch wichtiger war allerdings die lebensweltliche Orientierung, die dieses Netzwerk geboten hat. Das war ja mehr als die gemeinsame Organisierung von Konzerten oder der gemeinsame Besuch von selbigen. Man hat über Blood and Honour soziale Kontakte weit über die Grenzen von Deutschland hinaus knüpfen können, aber eben auch innerhalb der Landesgrenzen in verschiedene Regionen. Das Netzwerk von Personen die im Ermittlungskomplex heute wieder auftauchen, zeigt zum Teil personelle Kontakte, die damals in den 1990ern geknüpft wurde. Und diese Personen waren Schlüsselfiguren in ihren Regionen. Da ging es häufig ja nicht mehr nur um politische Kontakte, man hat sich besucht, gemeinsam gefeiert, und daraus sind dann Freundschaften und Liebesbeziehungen entstanden. Man kann sagen: Für viele Neonazis war dieses Netzwerk die zweite Familie. Das spätere Trio hat nach dem Untertauchen ja keine neuen Kontakte oder Netzwerke aufbauen müssen, sie haben ihre alten Freunde und Netzwerke mobilisiert und aktiviert, sie zu unterstützen."

2. September Kofferbombenattrappe Theaterplatz Jena: Knapp ein Jahr nach dem Ablegen der Bombenattrappe im Stadion geht die Szene einen Schritt weiter. Nachmittags, gegen 16 Uhr, entdecken spielende Kinder vor dem Theaterhaus in Jena einen rotlackierten Koffer mit einer sogenannten „unkonventionellen Spreng- und Brandvorrichtung" (USBV). Sie enthält neben einem Metallrohr und Schwarzpulver unter anderem zirka 10 Gramm Trinitrotoluol (TNT). Ein Gutachten des Wehrwissenschaftlichen Institutes für Werk-, Explosiv- und Betriebsstoffe ergibt keine Rückschlüsse auf den Hersteller des TNT und damit mögliche Herkunftsorte – die Qualität des Sprengstoffs ist einfach zu schlecht.

Genau wie die „Bombe" selbst. In einem internen Bericht des Verfassungsschutzes heißt es, die zusammengebastelte Vorrichtung sei zwar „funktionsfähig, aber nicht zündfähig, weil eine Energiequelle fehlte". Dilettantismus? Wohl eher eine Warnung. Auf dem von den Kindern gefundenen Koffer befindet sich jeweils auf der Ober- und Unterseite ein Hakenkreuz in schwarzer

Farbe in einem weißen Kreis – wie schon bei der Holzkiste im Ernst-Abbe-Stadion.

16. September Bislang schlüpfte Uwe Böhnhardt immer durch das Fahndungsnetz, nun wird er doch erwischt – wenn auch in anderer Sache. Zunächst verurteilt ihn das Jugendschöffengericht Jena wegen versuchten gefährlichen Eingriffs in den Straßenverkehr in der Absicht, eine andere Straftat zu ermöglichen, in Tateinheit mit zwei Fällen von Volksverhetzung zu einer Jugendstrafe von drei Jahren und sechs Monaten. Gegen dieses Urteil legt er Berufung ein. Am 16. Oktober kommt es vor dem Landgericht Gera zur Verhandlung. Unter Einbeziehung der vorhergehenden Urteile wird er wegen nur eines Falles von Volksverhetzung zu einer Strafe von nun nur noch zwei Jahren und drei Monaten verurteilt. Über den Vorwurf, den Puppentorso an der Autobahnbrücke befestigt zu haben, hatte sich das Gericht nach eigener Auffassung nicht hinreichend Klarheit verschaffen können. Das Urteil soll am 10. Dezember 1997 rechtskräftig werden.

An jenem 16. Oktober geht es für den Jenaer vor Gericht auch noch um eine andere Auseinandersetzung mit dem Gesetz. Im April war er an der Brücke über die Bundesautobahn 4 in Maua mit seinem Auto und einem Luftdruckgewehr „Carabina Cardega" in eine Kontrolle geraten. Das Gewehr durfte er zwar besitzen, nicht aber in der Öffentlichkeit mit sich führen, da er keine waffenrechtliche Erlaubnis dafür besaß. Die Staatsanwaltschaft Gera erließ einen Strafbefehl über 1500 DM (50 Tagessätze zu je 30 DM Geldstrafe), wogegen Böhnhardt ohne Angabe von Gründen Einspruch einlegt.

Den Termin zu dieser Gerichtsverhandlung, die am gleichen Tag wie die oben beschriebene stattfindet, nimmt Böhnhardt nicht wahr. Im Juni 1998 sollte der hier entschiedene rechtskräftig erlassene Strafbefehl in Kraft treten – war da aber schon hinfällig. Uwe Böhnhardt lebte längst im Untergrund. Es stellt sich aber aufgrund der begangenen Straftaten, erfolgten Verurteilungen und der bekannten Kontakte Böhnhardts in die rechte Szene Jenas eine grundlegende Frage: Warum saß der Mann nicht längst hinter Gittern? Warum wurde Uwe Böhnhardt nicht festgenommen?

20. September Pölitz, Böhnhardt, Mundlos und Zschäpe nehmen an einem der Konzerte der rechten Szene in Heilsberg teil. Dort treten die Bands „Volksverhetzer", „Schlagabtausch" und „Zensur" auf.

11. Oktober Im April 1997 gelingt es dem Thüringer Heimatschutz durch den in der Szene bekannten Thomas Singer* aus Saalfeld eine Gaststätte im Dörfchen Heilsberg anzumieten. Singer, Jahrgang 1971, verfügt über hervorragende Kontakte. Unter anderem organisierte er 1992 mit Tino Brandt den 5. Rudolf-Heß-Gedenkmarsch in Rudolstadt. Ab April finden in Heilsberg regelmäßige „Mittwochstreffs", Skinheadkonzerte und „Wikingertreffen" von Männern in Bomberjacken und Springerstiefeln statt. Auch Mundlos, Böhnhardt und Zschäpe werden hier öfter gesehen. Bis zur Kündigung am 30. April 1998 durch den Vermieter wird die Kneipe zum logistischen Zentrum des Heimatschutzes. Für den Thüringer Verfassungsschutzpräsidenten Helmut Roewer ist die Ansammlung der Neonazis kein Problem. In einem Fernsehinterview erklärt er: „Solange man sich dort trifft, weiß man, wo diese Menschen sind. Das ist uns nicht immer ganz unlieb." Denn so können nach Roewers Ansicht die Neonazis besser überwacht werden.

Am 11. Oktober führt die Beobachtung sogar zu einem „Erfolg". Weil die Polizei das Verbot einer antifaschistischen Demonstration gegen die Errichtung eines nationalen Jugendzentrums in Saalfeld einen Tag später durchsetzen will, durchsucht sie auch gleich die Gaststätte der „Gegner" in Heilsberg. Dort wird das bis dahin größte Waffenlager in Thüringen entdeckt. 56 Rechte werden festgenommen, 60 Schlagstöcke, 60 Hieb- und Stichwaffen, 300 Schuss Leuchtspur-Munition, sechs Äxte, vier Schreckschusspistolen, zehn Funkscanner und eine komplette Funkanlage beschlagnahmt. Das Nest Heilsberg hatte sich zu einem Zentrum der rechten Bewegung mit stattlicher Bewaffnung entwickelt – unter den angeblich so wachsamen Augen des Thüringer Verfassungsschutzes.

Die Behörde ist aber nicht nur den Neonazis, sondern selbst den vermeintlichen Kollegen von der Polizei ein Dorn im Auge. Nach deren Auffassung geht die Zusammenarbeit gegen null, ja, wird von Verfassungsschutz-Seite angeblich sogar sabotiert. Und das kam so: Die Beamten des Landeskriminalamtes (LKA) sind verpflichtet, das TLfV über bevorstehende Ermittlungsmaßnahmen in der rechtsextremistischen Szene in Kenntnis zu setzen. Die Geheimen wollen so offenbar verhindern, dass ihre eigenen V-Männer im Neonazi-Milieu zu sehr unter Druck gesetzt werden und die Lust an der Zusammenarbeit verlieren. Ein Mitarbeiter des LKA schilderte im Jahr 2001 die Zustände Ende der 90er so: Sollte bei einem V-Mann der Verfassungsschützer aufgrund eines Durchsuchungsbeschlusses durchsucht werden, wurden die Polizisten de facto schon von dem jeweiligen Neonazi an der Tür erwartet und mit den Worten begrüßt: „Bei mir findet ihr nichts." Nachdem sich das Spielchen mehrmals wiederholt und der Verdacht gefestigt hatte, das TLfV habe den Betroffenen gewarnt, durchsuchten die Beamten einfach wegen „Gefahr im Verzug" ohne gerichtliche Entscheidung und vorherige Mitteilung an den Verfassungsschutz. Und siehe da, plötzlich wurden die Polizisten überall fündig.

Beamte des TLfV bestritten solche Vorwarnungen. Ihre Begründung: Es sei geradezu kontraproduktiv, Quellen vor Strafverfolgungsmaßnahmen zu schützen, weil dies auffallen und so die Tätigkeit des V-Mannes für das TLfV offenlegen könnte. Eine Lüge? Die rechtsextremen Informanten von damals berichten heute jedenfalls von mehrmaligen Warnungen.

Überhaupt stellt sich die Frage, wie sehr sich die Verfassungsschützer für „ihre Leute" aus der Szene einsetzten. 1997 jedenfalls tauchte ein Mitarbeiter des TLfV beim damals in einem Neonazi-Fall ermittelnden Staatsanwalt auf und fragte ihn, warum er denn unbedingt den und den hinter Gitter bringen wolle. Man könne schließlich nicht jeden als V-Mann nehmen, referierte er weiter. Ein V-Mann dürfe nicht gewalttätig sein und deshalb nicht straffällig werden und er müsse jemand von der Führungsebene sein. Der Staatsanwalt schüttelte über so viel Engagement nur den Kopf und lehnte die Bitte ab.

Mitte Oktober Mittlerweile ist den Ermittlern aus V-Mann-Hinweisen und eigenen Beobachtungen klar geworden, dass es irgendwo eine Bombenwerkstatt geben muss, in der die Attrappen vom

Stadion und dem Theaterplatz gebastelt wurden. Um genau das herauszufinden, fängt das Thüringer Landeskriminalamt an, Uwe Böhnhardt zu observieren. An drei Tagen (9., 15. und 22. Oktober) beschatten sie den Neonazi, um ein sogenanntes Bewegungs- und Kontaktbild zu erstellen und so die Werkstatt zu entdecken. Heraus kommt bei der Maßnahme nichts. Nicht unbedingt verwunderlich bei nur drei, noch nicht einmal zusammenhängenden Tagen Arbeitsaufwand. Angeblich kann die Observation „mangels personeller und sachlicher Ressourcen nicht umfangreicher durchgeführt werden".

18. November Ehemaligen Schulkameraden zufolge verbringt Uwe Mundlos im Ilmenau-Kolleg viel Zeit für sich allein. Offenbar fängt der Chemie-Fan schon hier an, „richtige" Bomben zu basteln. Setzt er diese sogar ein? Nach Informationen von MDR Thüringen wird am 18. November 1997 in einem von portugiesischen Gastarbeitern bewohnten Haus in Stadtroda ein Sprengsatz entdeckt, deponiert im Keller neben dem Kessel einer Gasheizung. Wegen einer Störung am Zünder explodiert die Bombe jedoch nicht. Heute liegen der Landesregierung keine weiteren Erkenntnisse über den Sprengsatz vor – wegen der „gesetzlichen Vorschriften zu Verjährungs- und Aussonderungsfristen" gibt es weder Unterlagen noch Asservate zu dem Fall.

Der CDU-Innenexperte Wolfgang Fiedler, der in der Nähe von Stadtroda wohnt, zeigt sich 2011 laut MDR über den damaligen Bombenfund überrascht. Der Landtagsabgeordnete ist verwundert, erst 14 Jahre später von dem fehlgeschlagenen Anschlag zu hören. In den zuständigen Ausschüssen sei zur Tatzeit nie darüber gesprochen worden.

24. November Nach dem LKA beschattet nun das Thüringer Landesamt für Verfassungsschutz Uwe Böhnhardt. Ob auf Bitten der Polizisten oder aus Eigenantrieb, kann nicht genau festgestellt werden – die Aussagen der Beamten widersprechen sich. Wie auch immer die Maßnahme vom 24. November bis 1. Dezember zustande kommt – sie ist erfolgreich. Schon am zweiten Tag der Überwachung kauft Böhnhardt gemeinsam mit Uwe Mundlos im Kaufland in Jena-Lobeda zwei Liter Brennspiritus. Im Kaufland

Jena-Burgau besorgen sich die beiden noch eine Packung Gummiringe in verschiedenen Größen und schaffen diese in den Garagenkomplex am Klärwerk in die Garage Nummer 5. Die Garage von Beate Zschäpe.

26. Dezember Kofferbombenattrappe Nordfriedhof Jena: Vor der monumentalen Magnus-Poser-Gedenkbüste für die Opfer des antifaschistischen Widerstands auf dem Nordfriedhof in Jena wird ein rotlackierter Koffer gefunden, wieder auf Ober- und Unterseite mit einem Hakenkreuz bemalt. Allerdings ist der Koffer leer.

Fast genau ein Jahr nach den verschickten Briefbombenattrappen tauchen regelmäßig neue Bombennachbildungen auf. Die Ermittler nehmen die Kameradschaft Jena noch genauer unter die Lupe. Mysteriös: Sechs Mitglieder werden überprüft, gegen den siebten Mann, Zschäpes Cousin Klaus Teichmann, wird nicht ein weiteres Mal ermittelt.

Auch innerbehördlich wird die unterbliebene zweite Ermittlung gegen Teichmann kritisiert. In einem internen Vermerk des Landeskriminalamtes Thüringen aus dem Jahr 2002 bemängeln die Beamten das Vorgehen ihrer Kollegen vier Jahre zuvor, zumal Teichmann nicht etwa untergetaucht war oder sich reumütig von der Szene losgesagt hatte. Im Gegenteil. Er „genießt" das Leben eines aktiven Neonazis in vollen Zügen, nimmt regelmäßig an Aufmärschen teil und brüllt rechtsradikale Parolen.

In den Folgejahren allerdings wird es ruhiger um Zschäpes Cousin, bis er im November 2005 wieder auf dem Radar der Staatsschützer auftaucht. Seine Freundin und er betreiben in Weimar mit einem Kameraden und dessen Freundin das traditionsreiche Volkshaus – schnell wird die Gaststätte zum Anlauf- und Treffpunkt der Szene, NPD-Kader und Neonazis gehen ein und aus. Bis die Behörden den Druck erhöhen und Teichmann zum Aufgeben zwingen. Ersatz für das Volkshaus ist schnell gefunden, 20 Kilometer gen Osten. Hier, im 380-Seelen-Nest Nerkewitz am Rande des Mittleren Saaletals, nisten sich Teichmann und seine Kompagnons im Gasthof „Zur deutschen Eiche" ein. Problemlos funktioniert das dank der Wachsamkeit des Nerkewitzer Bürgermeisters aber nicht. Denn zunächst will der Jenaer Neonazi Ronnie Pölitz* die Kneipe pachten. Weil der Ort bereits als Anziehungspunkt Rechtsextremer gilt und die Gemeinde nicht noch mehr Probleme mit der Szene gebrauchen kann, lehnt Nerkewitz den Antrag ab. Also springt der „unauffällige" Teichmann ein. Aber Bürgermeister Michael Döring bleibt misstrauisch, fragt den Staatsschutz um Rat.

Die Antwort der Behörde überrascht den Ortsvorsteher: „Wider Erwarten teilten die uns mit, dass Herr Teichmann auch der rechten Szene zuzuordnen ist, allerdings relativ unauffällig ist." Kaum Bedenken seitens des Staatsschutzes – also vermietet Döring die „deutsche Eiche" an Teichmann. Der zieht seinerzeit in die Wohnung über der Kneipe, führt sie knapp fünf Jahre mehr schlecht als recht. Aber sie läuft, auch dank Teichmanns Kameradschaftskumpel Wohlleben, der ab und an auf ein Bierchen vorbeischaut. Die alten Bande bleiben also bis 2005 bestehen.

Wo aber steckt Klaus Teichmann heute, warum wird der Mann aus der Familie Beate Zschäpes nicht noch einmal vernommen und zu den Vorgängen Ende der 90er und Mitte 2000 befragt? Er könnte mit Sicherheit weitere Puzzleteile zur Entstehungsgeschichte des Nationalsozialistischen Untergrunds liefern. Das Problem ist, nach dem Mord an Michèle Kiesewetter tauchte Klaus Teichmann unter. Angeblich soll er auf Mallorca als Handwerker arbeiten. Doch auf der Baleareninsel verliert sich seine Spur hinter einer Scheinadresse.

Zurück zur Kofferbombenattrappe, zurück zum kalten, zweiten Weihnachtsfeiertag im Jahr 1997. Mehrere Monate lang terrorisiert die Kameradschaft Jena nun schon die Bürger der Stadt, versetzt sie mit Attrappen in Angst und Schrecken. Ein mulmiges Gefühl macht sich unter den Einheimischen breit. Nicht ganz so drastisch sehen dies offenbar Polizei und Staatsschutz. Die Ermittlungen laufen, freundlich formuliert, schleppend bis halbherzig. Dafür gibt es mehrere Belege. Einen Tag nach dem Attrappenfund an der Gedenkstätte, also am 27. Dezember, machen sich zwei Polizeibeamte der Landespolizei Thüringen daran, die Alibis der ins Visier geratenen Personen zu überprüfen. Bei Beate Zschäpe beißen sie auf Granit, sie will „keinerlei Angaben zu ihrem Alibi" machen, wie die beiden später berichten. Uwe Mundlos zu finden, scheint noch schwieriger. Die Beamten warten zunächst vor der falschen Wohnung. Als sie seine richtige Adresse herausgefunden haben, „wurde Herr Mundlos nicht angetroffen".

Das gleiche Resultat ergibt sich bei der Suche nach Gerald Kluge. Immerhin können die Beamten bei ihm einen Erfolg, wenn auch einen kleinen, zu Protokoll geben: „Im Haus durchgeführte Ermittlungen ergaben, dass die Familie Kluge im Juli 1997 in die alten Bundesländer verzogen ist."

Reibungslose Ermittlungen sehen anders aus. Fast lächerlich ist jedoch die Szene, die sich bei der Suche nach dem Vierten im Bunde, Uwe Böhnhardt, ereignet. Just als die Polizei bei ihm vor der Tür steht, fährt Böhnhardt in seinem roten Hyundai vor. „Bei dem Fahrer handelte es sich eindeutig um den Herrn Böhnhardt", wissen die Polizisten später zu berichten. Doch Böhnhardt reagiert nicht so, wie es sich die Beamten erhofft haben – er tritt aufs Gas. Er „beschleunigte sein Fahrzeug so, dass eine Verfolgung im Rahmen der StVO nicht möglich war", heißt es in den Akten.

In jenen Dezembertagen 1997 vielleicht unwichtig, 13 Jahre später aber ein Ereignis, das zu Kopfschütteln führt.

Sie legten Bombenattrappen, waren in der Stadt gefürchtet, und die Justiz hatte längst ein Auge auf sie geworfen. Aus den bislang aufgezeigten Taten und Aktionen des Trios lässt sich die Gefährlichkeit und Entschlossenheit der drei deutlich erkennen. Bestärkt durch ihre Ideologie, machen sie vor Gesetzesverstößen nicht halt, der Rechtsstaat scheint ihnen egal. In der thüringenweiten Betrachtung der rechten Szene spielen Mundlos, Böhnhardt und Zschäpe bis Ende 1997 aber keine Rolle. Im Verfassungsschutzbericht werden sie erst nach ihrem Untertauchen erwähnt, und in dem Ermittlungsverfahren der StA Gera (Az 116 JA 17874/95 von November 1995 bis November 1997) gegen zahlreiche Anti-Antifa-Ostthüringen- beziehungsweise THS- und Mitglieder der Kameradschaften sind sie keine Beschuldigten.

Ein Mitarbeiter des Thüringer Landeskriminalamtes, der Böhnhardt im Rahmen eines Ermittlungsverfahrens vor 1998 vernimmt, beschreibt ihn so: Groß, schlank, sportlich und „einfach gestrickt". Während der Vernehmung verhält er sich sehr zurückhaltend und schweigt die meiste Zeit. Der Polizeibeamte bescheinigt ihm Bauernschläue und sieht ihn als eine Person, die die an ihn herangetragenen Aufträge durchzieht und dabei auch brutal vorgeht. Aber: Böhnhardt ist keine Führungspersönlichkeit, sondern eher ausführendes Organ. Ein Mitarbeiter der Zielfahndung geht noch weiter als der LKA-Mann. Er bezeichnet Böhnhardt als „Durchgeknallten", der rabiat und nicht vorausschauend handelt, sondern einfach „macht".

Uwe Mundlos hingegen stuft der LKA-Ermittler als überlegt handelnd und intelligent ein. Nach Auffassung des Kollegen von der Zielfahndung ist der Neonazi sogar hochintelligent.

Bei Beate Zschäpe gleichen sich die Meinungen der beiden Fahnder. Während sie der LKA-Mann als verschlagen und bauernschlau und aus einer frühen Vernehmung als sehr selbstbewusst und herablassend in Erinnerung behält, nennt der andere sie „cool", selbstsicher und entspannt. Selbst als er sie im November 2011 identifizierte, sei sie ebenso „cool" und routiniert aufgetreten. Nach seinen Eindrücken handelt es sich bei Beate Zschäpe um eine „berechnende, gefühllose Dame".

1998
Das Trio taucht unter

17. Januar Anfang des Jahres 1998 arbeiten der Thüringer Heimatschutz und die NPD erstmals offen zusammen. Laut Thüringer Innenministerium organisieren sie gemeinsam eine Demonstration am 17. Januar in Erfurt. Unter den rund 100 anwesenden Neonazis sind auch Beate Zschäpe und Frank Schwerdt, bei Erscheinen dieses Buches stellvertretender Bundesvorsitzender und ehemaliger Thüringer Landeschef der NPD. In einem Interview mit der ARD räumte Schwerdt sogar ein, dass Uwe Mundlos Ende der 90er Jahre mindestens einmal als Fahrer für ihn tätig war. Laut „taz" fragte Schwerdt Anfang 1997 wegen eines Zeitungsprojekts im Jenaer Kameradschaftsmilieu an, ob ihn jemand fahren könne. Daraufhin tauchte Uwe Mundlos mit dem Auto auf.

24. Januar Es ist eisig in Dresden, Schnee fällt. Neonazis aus der gesamten Bundesrepublik versammeln sich, um gegen die Wehrmachtsausstellung zu demonstrieren. Die Ausstellung des Hamburger Instituts für Sozialforschung ist in der Neonazi-Szene verhasst und liefert immer wieder den Anlass für Aufmärsche. An diesem Tag machen sich auch Thüringer Neonazis auf den Weg in die Elbestadt, unter ihnen Böhnhardt, Mundlos und Zschäpe. Rechercheuren aus der Antifa-Szene fällt in Dresden der rote Hyundai von Uwe Böhnhardt mit dem Kennzeichen J – AH 41 auf.

Uwe Mundlos ist an diesem Tag nicht nur einfacher Teilnehmer, er hält gemeinsam mit anderen Neonazis eine riesige schwarz-weiß-rote Fahne. Wie so oft trägt er seine dunkle Bomberjacke, an deren Ärmel ein Aufnäher der britischen Rechtsrock-Kultband „Screwdriver" prangt.

Laut einer Quelle der Thüringer Verfassungsschützer verfügt Uwe Mundlos bereits seit 1996 über intensive Kontakte in die

Chemnitzer Skinheadszene. Vor allem Mitglieder von Blood and Honour haben es ihm angetan. Sie besuchen ihn in Jena, oder er fährt nach Sachsen, oder man trifft sich auf rechten Konzerten. Im Berufs-Kolleg von Ilmenau lässt er sich längst nicht mehr sehen. Drei Mahnschreiben gingen bereits an seine Adresse in Winzerla. Wenn er nicht wieder zum Unterricht erscheine, müsse der Vertrag mit ihm gekündigt werden. Kolleg-Leiterin Barbara Gobsch heute: „Der letzte Brief kam ungeöffnet zurück mit dem Vermerk: Absender unbekannt verzogen."

Beate Zschäpe läuft die Route des Dresdner Aufmarsches neben der schwarz-weiß-roten Fahne. Es ist der letzte öffentliche Auftritt des Trios vor dem Abtauchen. Der Aufdruck des Transparents, hinter dem die drei an diesem Tag marschieren, liest sich wie eine böse Vorankündigung für das, was in den kommenden Jahre geschehen wird: „Nationalismus – Eine Idee sucht Handelnde!"

26. Januar Razzia in Garage von Beate Zschäpe: Am 19. Januar, gut ein Jahr nach dem Versenden der Briefbomben-Attrappen, ordnet das Amtsgericht Jena die Durchsuchung dreier Garagen an, von denen zwei von Beate Zschäpe für insgesamt 70 D-Mark gemietet wurden. Mitarbeiter des Verfassungsschutzes hatten Mundlos und Böhnhardt beobachtet, wie sie Material in den abgelegenen Komplex an der Kläranlage und in die Garage Nummer 6 – es ist die von Böhnhardt – in der Jenaer Richard-Zimmermann-Straße trugen. Die Staatsanwaltschaft vermutet hier den Bau der Jenaer Sprengstoffkoffer, unter anderem, weil der vor den Garagen ausgelegte Granitsplit Übereinstimmungen mit jenem Granitsplit im Kanister der Bombenattrappe aus dem Ernst-Abbe-Stadion aufzeigt. Nun soll in den Garagen selbst Vergleichsmaterial zur Beweissicherung gefunden werden.

Eine Woche nach der Gerichtsanordnung, am 26. Januar, fährt das Landeskriminalamt Thüringen mit einem Großaufgebot am Garagenkomplex an der Kläranlage vor. Nicht dabei ist der leitende Beamte, der bisher die Ermittlungen führte; aufgrund einer externen Fortbildungsveranstaltung in Erfurt kann der Mann, der sich am besten mit dem Fall auskennt und bis dahin die Verantwortung trug, nicht teilnehmen.

Nach der Besprechung um 6 Uhr morgens hatte sich das Durchsuchungskommando auf den Weg gemacht, die Schutzpolizei als Vorhut eine dreiviertel Stunde früher alle drei alten DDR-Garagen gesichert: zwei im Komplex, in der Besprechung handschriftlich skizziert von Verfassungsschutzmitarbeitern, und eine bei Böhnhardts Eltern. Die Garagen sollen gleichzeitig durchsucht werden. Doch am Garagentor von Nummer 5 stellt der Einsatzleiter fest, dass der Besitzer der Garage selbst Angehöriger der Polizeiinspektion Jena ist. Also muss erst einmal gewartet werden, bis dieser zum Dienst antritt. Dass er seine Garage an Beate Zschäpe weitervermietet hatte, wusste beim Landeskriminalamt niemand.

Ein nächstes Problem: Die Garage Nummer 5 ist mit einem schweren Vorhängeschloss gesichert. Die Polizei hat kein passendes Werkzeug dabei – die Feuerwehr soll ran. Bis die im Komplex vorfährt, vergehen anderthalb Stunden.

Eine lange Zeit für drei Neonazis, die wissen, was sie auf dem Kerbholz haben. Und denen erst recht bewusst ist, was die Polizisten gleich in ihren Garagen finden werden. Für Böhnhardt scheint die Sache klar: Flucht.

7.25 Uhr, als die Durchsuchung seiner Garage Nummer 6 beginnt, ist er noch da. Muss er ja auch, denn die Beamten finden, wie die „Thüringer Allgemeine" berichtet, den Weg zu der Garage nicht. Als der Verdächtige ihnen die Richtung zeigt, starten sie dankend ihre Untersuchung. Noch während die Spurensicherer fleißig bei der Arbeit sind, macht sich der Neonazi in seinem aus der Garage gefahrenen Wagen aus dem Staub. Zwischen „8.30 und 9.00" heißt es im Untersuchungsbericht. So genau weiß das keiner mehr. Der Durchsuchungsleiter jedenfalls sieht keinen Grund, Böhnhardt am Wegfahren zu hindern. Bis dahin wurde in seiner Garage schließlich nichts gefunden.

Für Böhnhardt beginnt mit dem Start vom Garagenvorplatz eine 13 Jahre währende Flucht, mit freundlicher Genehmigung der Behörden. Der zuständige Staatsanwalt wollte nämlich nicht, dass Böhnhardt prophylaktisch vor der Durchsuchung verhaftet wird, wie es das Thüringer LKA anregte. Erst nach dem Auffinden umfangreicher Beweismittel sei mit ihm telefonisch Rücksprache zu halten, um notwendige Maßnahmen abzustimmen, forderte der Staatsanwalt. Die Polizisten mussten sich dem fügen.

Nur wenige Monate vorher hatte derselbe Staatsanwalt höchstpersönlich gegen Uwe Böhnhardt eine zweijährige Jugendstrafe wegen Volksverhetzung erwirkt. Und nun wollte er ihn nicht im Vorfeld verhaften lassen?

Unterschätzte der Jurist den Neonazi? Schließlich hatte der gerade 20-Jährige gleich mehrere Gründe zu fliehen: Die drohende Gefängnisstrafe und die drohende Entdeckung seiner Rohrbomben. Es wirkt wie ein eklatanter Fehler, die Polizisten vor Ort nicht anzuweisen, den schon damals offensichtlich gefährlichen Böhnhardt zumindest vorübergehend festzuhalten, bis die Garage von Beate Zschäpe durchsucht war.

Dirk Adams, im Jahr 2012 Landtagsabgeordneter der Grünen im Thüringer Landtag, hat dazu gegenüber der „Thüringer Allgemeine" eine klare Meinung: „Wenn der Staatsanwalt tatsächlich beide Vorgänge auf seinem Schreibtisch hatte, hätte er die Gefährlichkeit von Böhnhardt und die Fluchtgefahr erkennen und anweisen müssen, dass er sich nicht entfernen darf." Der Staatsanwalt begründete seine Zurückhaltung jedenfalls so: Ihm fehlte der personelle Bezug zwischen Böhnhardt und Garage Nummer 5 in der Kläranlage.

Doch noch eine Frage stellt sich: Warum läuft Uwe Böhnhardt überhaupt frei herum? Schließlich war er doch längst, seit dem 10. Dezember 1997, rechtskräftig verurteilt, wenn auch nur nach Jugendstrafrecht. Die Erklärung ist simpel, aber schwer nachvollziehbar: Die Vollstreckung von Jugendstrafsachen obliegt nicht der Staatsanwaltschaft, sondern dem Jugendrichter. Dort, in Gera, lagen die Akten zu Böhnhardts Verurteilung. Diese mussten erst an den zuständigen Jugendrichter in Jena übermittelt werden. Sie gingen dort am 23. Januar 1998 ein. Zu spät.

Während Böhnhardt also hinterm Lenkrad seines roten Hyundais sitzt und aufs Gaspedal tritt, ist Garage Nummer 5 an der Kläranlage immer noch verschlossen. Wartende Polizisten vertreten sich die Beine und diskutieren. Wertvolle Zeit verrinnt. Das Durchsuchungskommando muss das Ergebnis schlampiger Vorbereitungen ertragen.

Erst um 9 Uhr, fast zwei Stunden später als geplant, ist das Schloss geknackt – die Durchsuchung kann beginnen. Lange müssen die Beamten gar nicht suchen. Auf einer Werkbank finden sie in einem Schraubstock ein Rohrstück. Am unteren Ende ist dieses zugequetscht und oben mit einer Masse vergossen, aus der zwei Drähte führen. Prophetische Kenntnisse sind bei diesem Anblick nicht gefragt. Sofort bricht der Einsatzleiter die Durchsuchung ab und fordert Spezialkräfte an. Diese stehen zwar abrufbereit parat, warum aber waren sie nicht direkt bei der Durchsuchung dabei? Auch wenn sich der Durchsuchungsbeschluss auf das Auffinden von Beweismitteln wie Rohren, Farben und Kabeln richtet – hätte man bei diesem Verdacht nicht damit rechnen können, ebenso schon fertige Bomben zu finden?

Gegen zehn Uhr, mittlerweile mehr als drei Stunden nach Beginn der Operation, ist sich die herbeigerufene USBV-Einheit aus dem Landeskriminalamt in Erfurt sicher, was da in der Garage lagert: Vier bereits fertiggestellte Rohrbomben, 1,392 Kilogramm TNT, laut Polizeiakten „diverse pyrotechnische Gegenstände", „diverse chemische Substanzen", ein Luftdruckgewehr, eine CO_2-Pistole und Kabel.

Zur Erinnerung: Der zuständige Staatsanwalt hatte gefordert, erst nach dem Auffinden umfangreicher Beweismittel mit ihm telefonisch Rücksprache zu halten und notwendige Maßnahmen abzustimmen. Nun hielt sich das Landeskriminalamt an diese Anweisungen. Nur: Der Staatsanwalt ist am 26. Januar krank. Erst im Laufe des Vormittags können die Polizisten seinen Stellvertreter erreichen, der auch prompt die vorläufige Festnahme des Trios anordnet. Zu spät.

Neben den Sprengmitteln entdecken die Ermittler in Garage Nummer 5 auch Briefe von Zschäpe an Mundlos und umgekehrt und einen auf ihn ausgestellten Reisepass. Und achtlos weggeworfene Zigarettenreste. Laut Untersuchungsbericht stammen sie zu 99,9972 Prozent von Zschäpe, ein weiterer Stummel mit einer Wahrscheinlichkeit von 99,9993 Prozent von Böhnhardt.

Neben den Utensilien zum Bombenbau lagert auf einem Regal eine Diskette. Auf dieser gespeichert: ein Infoblatt der „Nationalen Bewegung Jena", eine „Bekanntmachung" der „Kameradschaft Jena" und eine Textdatei mit rassistischem Inhalt:
ALIDRECKSAU, WIR HASSEN DICH
Ein Türke der in Deutschland lebt und sagt er ist auch hier
geboren, den sehen wir schon als verloren.

> *Er darf jetzt rennen oder flehen, er kann auch zu den Bullen*
> *gehen, doch Helfen wird ihm alles nicht – denn wir zertreten*
> *sein Gesicht.*
> *Wer sagt das wäre zu gemein – der soll es sehen das Türken-*
> *schwein! Er plündert, raubt und wird dann frech, doch heut*
> *noch stirbt er – ‚so ein Pech'?*
> *Nur leider ist der Ali schlau, er sucht sich eine deutsche Frau,*
> *mit der er dann 10 Kinder macht und über diesen Staat nur*
> *lacht.*
> *Der linke Spinner meint dazu: ‚Lasst unsern Ali doch in Ruh.*
> *Er will nur leben so wie ihr – und deshalb bleibt der Ali hier.'*
> *Der Ali freut sich, denn er weiß, erzähl den Linken etwas*
> *Scheiß, wie schlechts Dir geht und wirst gehetzt – schon*
> *gibt's für Ali ein Gesetz.*
> *Was sagt, dass jeder, der ihn hasst, ein Recht hat auf 10 Jahre*
> *Knast.*
> *Drum Ali schlagen wir dich breit. Und schon kommt es hier*
> *nicht soweit.*

Wer die Zeilen zusammenreimte und aufschrieb, ist noch unklar. Auffällig ist, dass die abfällige Bezeichnung „Ali" auch in dem später gefundenen Bekennervideo Verwendung findet.

Neben der Durchsuchung der beiden Garagen nehmen sich die Spurensicherer auch die Wohnungen und dazugehörigen Keller der drei vor. Bei Mundlos, der am Vormittag noch bei seinem Hausarzt war, treffen sie auf Susanne Kröger*, die damalige Freundin von Ralf Wohlleben. Bei Mundlos werden Schriftstücke, Disketten, Tonbandkassetten, Textilfarbe und ein Werkzeugkoffer sichergestellt.

Ins Zimmer von Böhnhardt können die Ermittler erst, nachdem dessen Mutter gegen 16.45 Uhr von der Arbeit zurück ist. Sie finden Spezialkapseln für CO_2-Waffen, pyrotechnische Stäbchen, Plastikbehälter mit einer unbekannten flüssigen Substanz, Knallpatronen, silberfarbene Patronen und ein 30 Zentimeter langes Rohrstück.

Bei Beate Zschäpe entdecken sie im Wohnzimmer verschiedene Waffen, rechtsextremes Schriftgut und ein dem Gesellschaftsspiel „Monopoly" nachempfundenes, handgefertigtes Spiel. Es heißt „Pogromly". Beim Öffnen des Kartons kommt ein detailliert ausgearbeitetes „Spiel" zum Vorschein, samt Aufbau und Spielanleitung, optisch und inhaltlich durchsetzt mit nazistischen Symbolen und Gedankengut. So zeigt es neben Hakenkreuzen und Doppel-Sigrunen unter anderem Spielfelder mit den Bezeichnungen „KZ Auschwitz – 4000 RM", „Besuch beim Führer" oder auch „Du hast gestohlen, gehe zum Juden". Einleitend heißt es in der Spielanleitung:

Es ist das Ziel des Spiels, der Kamerad mit den schönsten Städten (also ohne Judensterne) zu werden [...], Das Spiel endet, wenn alle Kameraden (bis auf einen) bankrott sind und somit nur der beste Verwalter für unser deutsches Vaterland übrig bleibt. Ist diese Situation eingetreten, zeigen die anderen Kameraden ihre Hochachtung vor seinen Leistungen für unser Vaterland, indem sie laut und deutlich im Chor sagen: ‚Heil Dir Großmeister (und an dieser Stelle seinen Namen)'

Statt der im „Monopoly" üblichen Ereignis- und Gesellschaftskarten finden sich hier „SA"- und „SS-Felder", auf denen Karten mit jeweils einer Spielanleitung abgelegt sind. Eine Auswahl:

Du hattest auf ein Judengrab gekackt. Leider hast Du Dir hierbei eine Infektion zugezogen. Arztkosten: 1000,– RM
[Anmerkung der Autoren: RM = Reichsmark]
Du hast keine Ehre, kein Stolz und kein Mut. Deshalb wollen Dich die Juden als ihren Vorsitzenden – Gehe zum Juden!
Die jüdische Krankheit (Klautizismus) muss noch besser erforscht werden. Zahle dafür 2000,– RM

Braunes Gedankengut, das für die Ermittler keine Fragen nach der politischen Gesinnung der Gesuchten offen lässt. Nun versuchen sie, die drei oder wenigstens deren Autos zu finden. Sie probieren es im Umfeld ihrer Wohnungen, den Wohnungen, Gärten und Arbeitsstellen ihrer Verwandten und Bekannten, darunter bei Böhnhardts Bruder, bei Silvio Pölitz, bei Ralf Wohlleben, im Garten der Familie Böhnhardt, der Arbeitsstelle seiner Mutter sowie in zwei Jugendclubs. Erfolgslos.

Was die Beamten in der Garage Nummer 5 finden, geht direkt zur Spurenuntersuchung ins Labor. Dort stellen die Experten die Übereinstimmung zwischen der Knetmasse aus der Theaterplatz-Bombe und der in der Garage gefundenen Knetmasse fest. Auch die am Klärwerk gefundenen Rohre stimmen laut kriminaltechnischem Auswertebericht des LKA Thüringen mit den Metallrohren aus den Koffern überein. Damit nicht genug der Beweise. Im Keller von Zschäpes Wohnung wird die Dämmwolle gefunden, die auch im Stadion-Koffer angebracht wurde.

Für die Polizisten ist nun klar, wer für die Bombenattrappen verantwortlich ist. Doch Zschäpe, Böhnhardt und Mundlos sind entkommen. Wenn es nicht so ernst wäre, könnte ein kurz nach dem Untertauchen geführtes „Spiegel"-Interview mit Arndt Peter Koeppen, von 1993 bis 1999 Leitender Oberstaatsanwalt in Gera, und damit auch zuständig für Jena, fast belustigen. Er sagte: „Ich glaube nicht, dass man von einer schlagkräftigen Organisation, die geplant, gezielt, strategisch gewissermaßen solche Dinge ins Werk setzen wird, in Zukunft wird reden müssen. Nach meinem Eindruck ist das nur eine Frage der Zeit. Früher oder später werden wir die Herren, die Dame bei uns begrüßen können." Er irrte sich.

27. Januar Ein Tag der Verzögerung und unverständlichen Entscheidung. Die Durchsuchung des Landeskriminalamtes bestätigte den Sprengmittelverdacht. Unwiderruflich. Zeit für einen Haftbefehl, denken die Beamten. Nicht so der zuständige Staatsanwalt. Der betrachtet es als „verfahrensschädlich", jetzt „mit Krampf" einen Haftbefehl zu erwirken. Dieser würde kurz nach der Verhaftung durch das Obergericht eh wieder aufgehoben, argumentiert er. Seiner Auffassung nach kann kein ausreichender Bezug zwischen den Gesuchten und dem Gefundenen hergestellt werden. Der Staatsanwalt, noch immer der Vertreter des kranken Chefs, will lieber „wasserdichte" Haftbefehlsanträge stellen. Also lässt er an diesem 27. Januar, dem Tag nach der Durchsuchung, die Dinge ruhen und legt den Vorgang seinem Abteilungsleiter auf den Schreibtisch: „Zur Kenntnis und weiteren Veranlassung."

Immerhin beantragt die Staatsanwaltschaft die Personenfahndung zur Aufenthaltsermittlung im polizeilichen Informationssystem INPOL und im Schengener Informationssystem SIS sowie den europäischen Nachbarstaaten. Außerdem verfügt sie die Versendung der Akten an das Amtsgericht zur Vollstreckung der mit dem Urteil des Landgerichts Gera gegen Uwe Böhnhardt verhängten Jugendstrafe. Anbei der Hinweis, dass sich der Verurteilte „seit mehreren Tagen auf der Flucht befinde".

28. Januar Die den Jenaern übergeordnete Staatsanwaltschaft in Gera erkennt im Gegensatz zu ihren Kollegen 40 Kilometer weiter westlich den Ernst der Lage und erstellt nach dem Lesen der Akten sofort Haftbefehle gegen Mundlos, Böhnhardt und Zschäpe – wegen dringenden Verdachts der gemeinsamen Herstellung der Theaterbombe. Sie sieht den Haftgrund der „Fluchtgefahr" verwirklicht, da das Trio seit der Durchsuchung „nicht auffindbar" ist. Auch hat der Staatsanwalt in Gera aus unbekannten Quellen davon Kenntnis, dass sich das Trio über Belgien in den US-Bundesstaat Tennessee absetzen will.

29. Januar Mit dem Erlass der Haftbefehle beginnen sowohl das Thüringer Landeskriminalamt als auch das Landesamt für Verfassungsschutz mit großem Aufwand mit der Suche nach den Untergetauchten. Unabhängig voneinander und ohne jede Abstimmung, geschweige denn Koordination.

Das LKA setzt ein Zielfahndungskommando auf das Trio an, fängt an, Telefone zu überwachen. Ergebnislos. Und das scheint kein Wunder. Anders als die bislang ermittelnden Beamten von der Soko Rex, einer Anfang der 90er gegründeten und 1997 aufgelösten Sonderkommission, die sich mit Rechtsextremismus in Thüringen beschäftigte, und der im Zeitraum der Auflösung der Soko Rex gegründeten Einsatzgruppe Terrorismus / Extremismus (EG Tex), ist die Zielfahndung bis zu jenem 29. Januar gar nicht am Ermittlungsverfahren gegen die drei Flüchtigen oder andere Mitglieder der rechten Szene beteiligt. Die Männer und Frauen (zum Stammpersonal gehören nur fünf Beamte, die nebenher noch andere Fahndungsaufträge zu erledigen haben) müssen sich also erst einmal in die komplexe Struktur des Themas einarbeiten und diejenigen, die sie da suchen sollen, „kennenlernen". Sie fangen bei der rechten Szene bei Null an. Dabei war und ist klar: In den ersten Tagen nach dem Untertauchen ist die Chance für die Jäger am größten, das endgültige Abtauchen der Flüchtigen in die Anonymität zu verhindern. Und offenbar fragen die Zielfahnder nicht einmal konkret bei ihren Kollegen nach, die die Vorarbeit bis zur

Flucht geleistet hatten. Aufgabenzuweisungen oder Arbeitsabsprachen zwischen den „Neuen" und der EG Tex gibt es nicht.

Im Jahr 2012 sind sich die beiden Abteilungen sogar uneins, wer das Sagen hatte. Während der ehemalige Leiter der EG Tex noch heute erklärt, dass „die Zielfahndung federführend bei dieser Angelegenheit" war, äußerte sich der zuständige Beamte der Zielfahndung so: „Wir waren auch nicht als Zielfahndung, sondern als Unterstützung eingeteilt."

Während die Beamten einen Zuständigkeits-Clinch ausfechten, macht sich das Trio, das sie doch mit aller Macht suchen sollten, aus dem Staub. Vorher scheinen sie aber noch mit Susanne Kröger, der Freundin von Ralf Wohlleben, gesprochen haben. Die taucht nämlich plötzlich mit dem passenden Wohnungsschlüssel vor der Tür von Uwe Mundlos auf. Sie behauptet, dort fernsehen und lesen zu wollen. Allerdings gibt es in der verlassenen Wohnung des Neonazis weder ein TV-Gerät noch Bücher.

2. Februar Das Landeskriminalamt wendet sich an das Einwohnermeldeamt und verhängt eine Sperre für die Ausgabe von Reisepässen an die drei. Außerdem wollen die Fahnder sofort unterrichtet werden, sollte einer der Gesuchten offizielle Dokumente beantragen.

Wie das LKA macht sich auch der Thüringer Verfassungsschutz daran, das Trio aufzuspüren – die Geheimen versuchen es über Vertraute und Verwandte. Am 2. und 3. Februar, gut eine Woche nach dem Untertauchen, observieren LfV-Mitarbeiter Lutz Steier*, einen mutmaßlichen Kontaktmann aus der rechten Szene in Naumburg (Sachsen-Anhalt). Zwei Wochen später hängen sie sich an Susanne Kröger, auch sie wird als mutmaßliche Helferin gesehen. Und tatsächlich beobachten die Verfassungschützer, wie sie sich mit den beiden mutmaßlichen Fluchthelfern Silvio Pölitz und Tino Brandt trifft. Obwohl die Verfassungsschützer die Bitte der Observierung vom LKA erhielten, gelangt das Ergebnis der Überwachung nie an das Landeskriminalamt zurück.

9. Februar Was weiß beziehungsweise ahnt das Bundesamt für Verfassungsschutz (BfV)? In einem Schreiben des BfV an die Thüringer Kollegen heißt es, es sei davon auszugehen, dass das

Trio unabhängig vom Thüringer Heimatschutz agieren würde, da keine Hinweise vorlägen, dass der THS systematisch Gewalttaten plane oder vorbereite. Gewalttaten? Wie kommt das BfV auf diese Formulierung? Bedeutet der Vermerk, dass es das Bundesamt schon zu diesem Zeitpunkt für möglich hält, dass die Flüchtigen eine „systematische Begehung von Gewalttaten" planen?

In dieser Zeit wird auch die Generalbundesanwaltschaft über den Fund der Rohrbomben in der Jenaer Garage informiert – und lehnt die Ermittlungen ab. Die Karlsruher sehen keinen Grund zur Annahme, hier habe sich eine terroristische Vereinigung gebildet, und überlassen den Landesämtern die Arbeit.

Am 2. Januar 2012 veröffentlicht die Bundesregierung unter Kanzlerin Angela Merkel in der Drucksache 17/8292 die vermeintliche Antwort darauf, warum die Bundesanwaltschaft die Untersuchungen nicht an sich zog. Hieraus lässt sich erkennen, auf welch falschem Pfad die Ermittler im Februar 1998 wandeln. Es heißt: „Nach Auffassung der zuständigen Staatsanwaltschaft handelt es sich bei den Hauptverdächtigen Uwe Böhnhardt, Uwe Mundlos und Beate Zschäpe um Einzeltäter, die die Straftaten weder für noch im Namen der beiden Gruppierungen (*Anm. d. Autoren:* „Thüringer Heimatschutz" und „Anti-Antifa-Ostthüringen") oder einer eigens gegründeten Gruppierung begangen haben." Wenige Jahre später ermorden die „Einzeltäter" im Namen einer „eigens gegründeten Gruppierung" zehn Menschen.

11. Februar Das größte Problem der drei Untergetauchten ist die finanzielle Not. Sie brauchen Geld. Doch woher soll es kommen? Böhnhardt hat zum Zeitpunkt des Verschwindens 1100 DM Minus auf dem Konto, Zschäpe steht sogar mit knapp 3000 DM im Minus, und auch Mundlos befindet sich im Minus, wenn auch nur mit gut 90 DM. An diesem Tag wird dennoch Geld vom Konto von Uwe Böhnhardt abgehoben. Eine auch durch das Überwachungsvideo nicht identifizierbare Person, möglicherweise der Untergetauchte selbst, hebt über den Bankautomaten einer Sparkasse in Winzerla 1800 DM ab.

12. Februar Kurz nach dem Untertauchen erscheint ein mutmaßlicher NSU-Helfer, Silvio Pölitz, beim heutigen NPD-Bundesvize

Frank Schwerdt in dessen Wohnung in Berlin-Reinickendorf. Seit drei Wochen sind Mundlos, Böhnhardt und Zschäpe auf der Flucht, da bittet Pölitz den ranghohen Funktionär um Unterstützung und fragt nach „Unterschlupfadressen". Auch über das Ausland wird gesprochen. Schwerdt selbst, dessen NPD-Vize in Thüringen in den 90ern Ralf Wohlleben war, behauptet in den „Tagesthemen", nicht geholfen und dieses auch nicht vorgehabt zu haben.

Also versucht es Pölitz in Berlin-Adlershof bei Renate Kühne*, einer Funktionärin des rechtsextremistischen Hoffmann-von-Fallersleben-Bildungswerks (HvFB) und Inhaberin eines Wohnmobilverleihs. Wieder blitzt er ab. Pölitz zieht unverrichteter Dinge ab.

13. Februar Wie unvernetzt die Behörden untereinander sind, wird an diesem Tag deutlich. Ein Thüringer Verfassungsschützer telefoniert mit einem bayerischen Kollegen über mögliche Kontakte von Mundlos zu Heinrich Lindemann*. Der ist ein landesweit bekannter Neonazi und Gründer der „Deutschen Bürgerwehr" sowie der Truppe „IHV" (Internationales Hilfskomitee für nationale politische Verfolgte und deren Angehörige e.V.). Heraus kommt, dass Lindemann und Mundlos sich bis zum Untertauchen prächtig verstanden und in Kontakt standen. Eine wichtige Information und mögliche Spur – von der das ermittelnde Thüringer Landeskriminalamt nie erfährt.

16. Februar Mittlerweile gibt es nachrichtendienstliche Hinweise, dass sich die drei mit dem Auto von Ralf Wohlleben in Richtung Sachsen aufgemacht haben, da Mundlos in Dresden über viele Kontakte in der dortigen Szene verfügt. Die hatte er sich während seiner Armeezeit in Bad Frankenhausen aufgebaut. Offenbar kommt es aber zu einem Unfall, denn der beschädigte Wagen wird am 16. Februar laut THS-Chef Tino Brandt von einem seiner „Untergebenen", Thomas Singer, abgeschleppt.

27. Februar Susanne Kröger taucht bei der Polizei Jena auf und verlangt mit einer von Beate Zschäpe ausgestellten Vollmacht die Herausgabe von deren Wohnungsschlüssel. Frau Zschäpe weile schließlich im Urlaub, sagt sie. Die Schlüssel bekommt sie nicht. Befragt, woher sie die Vollmacht hat, wird Kröger keine Auskunft geben.

4. März Womöglich hätte man nur in Jena die Augen nach den Untergetauchten offen halten müssen. Am 4. März 1998 schreibt die „taz": „Mehrere Zeugen wollen den steckbrieflich gesuchten Neonazi Uwe Mundlos in der Jenaer Innenstadt gesehen haben." Der Vermerk taucht später sogar in einem als „amtlich geheimgehalten" eingestuften Papier des Verfassungsschutzes auf, dessen Sperrfrist erst 2041 abläuft.

Im März 1998 entsendet das Bundesamt für Verfassungsschutz zur Unterstützung seines Landesamtes 20 Ermittler und ein Kleinflugzeug nach Thüringen. Ziel der mehrmonatigen Aktion ist es, die Verdächtigen aufzuspüren und mögliche Kontaktpersonen zu observieren. Doch dazu kommt es nicht. Die drei Terroristen haben sich bereits ins sächsische Chemnitz abgesetzt.

Dank tatkräftiger Unterstützung von Julia Böhmer* kommt das Trio bei Maximilian Lautenbach* in der Limbacher Straße unter. Die Rechtsextreme mit den gefärbten blonden Haaren ist seit einem Jahr mit dem drei Jahre jüngeren Steinmetz-Lehrling Lautenbach zusammen – und stellt den Kontakt zum Trio her. In seiner Vernehmung vom 24. November 2011 behauptet Lautenbach, seine Freundin habe gesagt, dass „die drei […] Mist gebaut" hätten, politisch sehr aktiv in der rechten Szene seien – und dass sie verraten worden seien.

Und wie wiederum kam Julia Böhmer an das Trio? Vermutlich so: Im Neonazi-Treff mitten in einem Chemnitzer Plattenbau-Gebiet spricht ein Bekannter Julia Böhmer an: „Kannst du Leute unterbringen, die Scheiße gebaut haben?" Sie kann. Da Lautenbach ohnehin ständig Zeit in der Wohnung seiner Freundin verbringt, kann er den Flüchtigen seine Räume überlassen. Ihre richtigen Namen erfährt er nie.

Dass das Trio „richtig Dreck am Stecken hat", dürfte Lautenbach zumindest bei einem Konzert gedämmert haben. Martin Frieling*, ein Alt-Skinhead und großes Licht in der Szene, der Lautenbach bis dahin immer ignoriert hatte, kommt plötzlich auf ihn zu und schüttelt ihm anerkennend die Hand. Und noch eine weitere Begebenheit zeigt, wie positiv und anerkennend die rechtsextreme Szene von nun an Lautenbach gegenüber eingestellt ist: Ein stadtbekannter Nazi-Schläger küsst im Billardraum einer Kneipe Lautenbachs Freundin Julia – der Gehörnte beobachtet die beiden und stellt sie zur Rede, macht eine fürchterliche Szene. Armin, der muskelbepackte Brutalo, entschuldigt sich daraufhin reumütig bei Lautenbach. Ein Umstand, den der zunächst nicht glauben kann, da Armin bekannt dafür ist, seine Fäuste sprechen zu lassen.

Die Einquartierung der neuen „Untermieter" ist für Maximilian Lautenbach ein Spiel mit dem Feuer, er und seine neuen „Freunde" müssen sich immerzu vor der Polizei fürchten. Einmal tritt fast der Ernstfall ein. Lautenbach entdeckt durch ein offenes Fenster einen Polizisten auf der Straße. Sofort springt das Trio auf und duckt sich hinter der Wohnungstür. Böhnhardt befiehlt: „Guck noch mal – wir gehen dann sonst aufs Dach." Lautenbach wagt einen zweiten Blick – der Polizist ist verschwunden. Die Untergetauchten sind stets um ihre Sicherheit besorgt und verhalten sich konspirativ. So benutzen sie einen Funkscanner zum Abhören des Polizeifunks, besitzen bereits eine Waffe, und Böhnhardt bittet Lautenbach und seine Freundin Julia vor Betreten der Wohnung die Akkus aus den Handys zu nehmen.

Warum Julia Böhmer Mundlos, Böhnhardt und Zschäpe geholfen hat, erklärt sie gegenüber der „Welt" so: „Mir wurde gesagt, die drei hätten nichts Schlimmes gemacht. Mal sollen sie eine Hakenkreuzflagge über den Balkon gehängt, mal Nazisprüche skandiert haben. Für einige Wochen sollten sie untertauchen. Ich habe die Leute, deren Namen ich nicht kannte, da dann nur drei oder vier Mal gesehen." Das jedenfalls behauptet Julia Böhmer.

Den Flüchtigen dürfte egal gewesen sein, was die Leute, die ihnen Unterschlupf gewähren, von ihnen dachten. Hauptsache, sie konnten gemeinsam in einer Wohnung hausen.

Doch der Fahndungsdruck bleibt, mehrere Behörden sind ihnen auf den Fersen. Aber erst ab September. Von März an treten die Ermittler nämlich auf der Stelle, und es dauert ein halbes Jahr, bis sich neue Spuren ergeben. Und die kamen nicht aus Thüringen, sondern aus dem vergleichsweise weit entfernten Brandenburg.

Eine Quelle der Potsdamer Verfassungsschützer lässt in Gesprächen Andeutungen zu „drei sächsischen Skinheads" fallen. Mundlos, Böhnhardt und Zschäpe stammen zwar aus Thüringen, der Hinweis erweist sich dennoch als hilfreich. Eine Frau und ein Mann (beide aus Sachsen) sollen, laut Brandenburger Informationen, dem Trio helfen. Die Frau „opferte" angeblich ihren Pass, der Mann helfe bei der Beschaffung von Waffen, hieß es. All diese Informationen veranlassen Vertreter der Verfassungsschutzämter aus Brandenburg, Thüringen und Sachsen zu einem Treffen in Potsdam. Den Thüringern sitzt ihr Landeskriminalamt im Nacken, denn dort verlangt man nicht nur nach Gerüchten und Halbwahrheiten aus dem Reich der Geheimen, sondern nach schriftlich festgehaltenen handfesten Hinweisen, um endlich aktiv werden zu können. Herausrücken wollen die Brandenburger Verfassungsschützer damit nicht. Aus Furcht um ihre Quelle. Ein weiteres Teil im großen Puzzle der Versäumnisse.

Während die Behörden also um ihre Informationen schachern und den anderen keinen Deut Vertrauensvorschuss gewähren, haben Mundlos, Böhnhardt und Zschäpe in Maximilian Lautenbach einen der Polizei unbekannten Unterstützer und einen Unterschlupf gefunden. Was fehlt, sind andere Identitäten und Geld. Mundlos zwingt Lautenbach mehr oder weniger, ihm seinen Personalausweis zu geben, damit er damit beim Passamt einen Reisepass beantragen kann. Lautenbach behauptet heute, dass dies für ihn nicht „okay" war, er aber keine andere Möglichkeit sah, die drei loszuwerden.

Zumindest für Mundlos ist die Dokumentenfrage geklärt, bleibt also noch die Geldfrage. Die 3000 D-Mark, die der nach Niedersachsen verzogene Gerald Kluge, der zu diesem Zeitpunkt den Kontakt zu den Eltern von Mundlos und Böhnhardt hält, auf Bitten von Ralf Wohlleben spendete, helfen nicht wirklich weiter.

Das Trio hat eine Idee. Mit „Pogromly" müsste sich in der Szene doch die ein oder andere Mark machen lassen. Maximilian Lautenbach berichtet heute, die drei wären in seiner Wohnung einem aus ihrer Sicht sinnvollen Zeitvertreib nachgegangen – der mehrfachen Herstellung des Brettspiels. Tatsächlich verkaufen sie Ende der 90er einige Exemplare über Pölitz und den ihm nahestehenden Kreis. Für 100 D-Mark pro Stück. Auch sonst ist Uwe

Mundlos bei der Aufstockung des Finanzrahmens nicht unkreativ. Er „entwirft" am Computer einige T-Shirts mit Aufdrucken der Trickfilm-Figur „Bart Simpson" und der abgewandelten Überschrift „The Skinsons". Diese werden über den Rechtsextremen Hendrik L. vertrieben.

11. März Bei den Eltern von Uwe Mundlos gehen derweil die Behörden ein und aus; zunächst das Thüringer Landesamt für Verfassungsschutz. Professor Mundlos soll zur Zusammenarbeit bewegt werden, um eine Rückkehr seines Sohnes zu ermöglichen. Doch was soll der alte Herr tun? Er hat keinen Kontakt zu seinem Sohn, behauptet er. Die Verfassungsschützer ziehen ohne einen Erfolg wieder ab. Merkwürdig: Eindringlich erklärten sie dem Professor, er solle keine Angaben gegenüber der Polizei machen.

Exakt eine Woche später klingeln wieder Staatsmitarbeiter an der Tür der Eltern. Dieses Mal möchten die Beamten vom Thüringer Landeskriminalamt mit Herrn Mundlos einen Deal einfädeln. Ebenfalls vergeblich, denn Vater Mundlos hält sich offenbar an den Tipp der Verfassungsschützer. Das Ehepaar Mundlos lehnt eine Zusammenarbeit mit dem LKA ab. Offiziell, weil sie Angst haben, dass die Polizei bei der Festnahme ihres Sohnes überreagieren könnte und von der Schusswaffe Gebrauch machen würde.

2. April Ende März verstirbt der Großvater von Uwe Böhnhardt. Am 2. April hoffen Zielfahnder des Landeskriminalamtes, der Neonazi würde bei der Urnenbeisetzung seines Opas auftauchen. Sie observieren die Beerdigung jedoch vergeblich.

April Wie sich das Trio nach dem Untertauchen die Zukunft vorstellt, ist ungewiss – der Helfer Silvio Pölitz scheint weiter vorauszudenken. Sein Plan für die Kameraden sieht die Flucht ins Ausland vor.

Im April trifft er am Rande eines Kongresses der „Gesellschaft für freie Publizistik", der größten rechtsextremen Kulturvereinigung Deutschlands, auf Dr. Claus Nordbruch. Der 1961 geborene Publizist wuchs in Deutschland und Österreich auf und lebt seit 1986 hauptsächlich auf einer Farm in der Nähe der südafrikanischen Millionenmetropole Pretoria. In seinen vier Jahren bei der Bundeswehr diente er bei den Panzergrenadieren und schaffte es bis in den Offiziersrang „Leutnant". In Südafrika holte er eine Fallschirmspringerausbildung nach. Nordbruch gilt als Antisemit und glühender Anhänger der Apartheid. Bei seinem Kongress-Gespräch mit Pölitz geht es offenbar um ein mögliches Versteck für Mundlos, Böhnhardt und Zschäpe auf Nordbruchs umzäuntem Gelände auf der anderen Seite der Welt – ob die drei tatsächlich jemals an die Südspitze des Kontinents flogen und ihn „besuchten", will Claus Nordbruch bis heute nicht sagen.

Wie das LfV Thüringen später herausfindet, kam zumindest Silvio Pölitz nach Pretoria. Gemeinsam mit dem THS-Führungsaktivisten Karsten Harnisch steigt er am 8. August 1998 in eine Maschine der Bulgaria Airline. Über Frankfurt/Main und Sofia fliegen sie nach Johannesburg und fahren von dort mit dem Auto ins 50 Kilometer entfernte Pretoria. Ihre Mission: ein Arbeitseinsatz auf Nordbruchs Farm. Während der Zeit beginnt Karsten Harnisch eine Ausbildung zum Fallschirmspringer, beendet diese aber nicht. Einen Monat später fliegen die beiden zurück nach Deutschland. Was sonst noch auf der Farm geschah, ist ungewiss. Gab es Schießübungen? Nordbruch jedenfalls schien schon damals im Umgang mit Waffen geschult und verfügt über eine Fülle an Kenntnissen über die Tötungswerkzeuge. In einem Interview mit einer rechten Zeitschrift sagte er: „Zur Verteidigung und zum Nahkampf empfehle ich eine 12er Repetierschrotflinte, den Colt Python 357 Magnum, die Heckler & Koch MP 5. Für die Jagd hat sich ein halbautomatischer Karabiner 308 oder 30.06 bewährt, und wenn's ganz massiv kommt, ist das Sturmgewehr R 5 überaus nützlich."

Wie aber funktionierte das System Pölitz? Der Helfer muss schließlich jederzeit damit rechnen, überwacht zu werden und durch Telefonate, persönliche Gespräche oder Lieferungen den Aufenthaltsort der drei Flüchtigen zu verraten. Pölitz und sein Kumpan Ralf Wohlleben schalten einen Verbindungsmann dazwischen. Denn sie brauchen jemanden, dem sie vertrauen, der ihnen gehorcht und der gleichzeitig nicht als Neonazi oder Straftäter bekannt ist – und finden eine solche Person in Jürgen Meise*. Den bis dato unauffälligen und nicht polizeilich registrierten Je-

naer kennt Wohlleben aus der gemeinsamen Zeit im Kinderheim, und auch Pölitz hat ein gutes Gefühl mit Meise. Zwischen dem 17. März, also gut sechs Wochen nach dem Untertauchen des Trios, und dem 22. April wird Meise mehrfach von Chemnitzer Rechtsextremisten aus öffentlichen Telefonzellen und aus dem Schweizer Städtchen Orbe (Kanton Waadt) angerufen. Die Stimmen aus dem Hörer diktieren ihm Anweisungen für Treffs und Geldbesorgungen bei den Eltern der Gesuchten. Unter anderem heißt es am 11. April:
Ja, Jürgen pass auf, ich hab da eine Nachricht für den Ralf. Sag ihm bitte, er soll am Montag 14 Uhr an demselben Treffpunkt sein wie vor zwei Wochen und soll aber bitte äh vorher noch bei Bönis Eltern vorbeifahren und äh Klamotten oder so was kaufen. Es ist ganz wichtig, er soll am Montag 14 Uhr bei dem Treffpunkt sein wo wir vor zwei Wochen äh auch schon waren. Alles klar. Tschüss.
Offenbar klappt das Ganze aber nicht wie geplant, Wohlleben erscheint nicht. Und so muss sich schon wenige Tage später, am 16. April, Meise anhören:
Hallo Jörg, diese Nachricht is noch mal für den Ralf, und zwar jetze is Sonntag, 14 Uhr, selbe Stelle, und jetzt muss er aber unbedingt kommen. Das ist ganz wichtig. Soll vorher zu Uwes Mutter, dort Geld holen. Wir brauchen viel Geld und soll dort, äh einen Videorecorder holen und Klamotten und was weiß ich noch alles, ein Haufen Zeug. Und er muss unbedingt Sonntag, 14 Uhr dort sein.
Später stellen die Ermittler fest, dass es sich bei dem Anrufer um Enrico Lorentz* gehandelt hat, den Chef der Blood-and-Honour-Sektion Sachsen.

Die Mitteilungen aus den Telefongesprächen gibt Meise sofort an Wohlleben weiter. Was die beiden und Silvio Pölitz nicht wissen: Längst ist ihnen das Landeskriminalamt Sachsen auf die Schliche gekommen, hört Meises Telefonate mit einer sogenannten TKÜ-Maßnahme (Telekommunikationsüberwachung) seit jenem erwähnten 17. März mit. Sie wissen also, wo Meise, Pölitz und Wohlleben stecken. Und dass Letztgenannter Hilfe organisiert, den Kurier spielt und Böhnhardts Eltern als Geldgeber infrage kommen. Nun hofft das LfV Thüringen, über die Unterstützer an den Aufenthaltsort des Trios heranzukommen. Mehrmals überwacht die Behörde mit Unterstützung des BfV die drei mutmaßlichen Helfer (die Aktion wurde „Drilling" genannt), einmal beobachten die Spitzel sogar ein Treffen des Trios. Weiter aber kommen sie nicht, Pölitz, Meise und Wohlleben machen keinen Fehler und verraten weder durch Worte noch Taten das Versteck der Untergetauchten.

Es ist Zeit, andere Saiten aufzuziehen: Die Thüringer Verfassungsschützer versuchen offensiv, über Jürgen Meise an Informationen zu kommen, bieten ihm mehrmals zwischen 500 und 2000 D-Mark für Hinweise. Meise aber bleibt hart, lehnt dankend ab, schneidet das letzte Gespräch mit den Verfassungsschützern sogar mit – und erzählt Ralf Wohlleben davon. Spätestens jetzt ist den Helfern klar, dass sie unter besonderer Beobachtung stehen.

Oder trifft das etwa gar nicht zu? Ralf Wohlleben wird, so unwahrscheinlich das klingt, nur am 22. April observiert. Zwischen 14 und 19 Uhr. Das nächste Mal wird er im August 1999 beschattet. Trotz deutlichster Anzeichen, wie eng er mit Mundlos, Böhnhardt und Zschäpe kooperiert.

Mai Trotz der Einnahmequellen – dem Verkauf von „Pogromly" und der T-Shirts – geraten die Untergetauchten in Schwierigkeiten. Julia Böhmer, die erst 1997 nach ihrer Ausbildung in Johanngeorgenstadt nach Chemnitz zog, trennt sich im Frühsommer von Maximilian Lautenbach. Der braucht nun seine Wohnung wieder. Noch einige Wochen leben sie zu viert in der kleinen Wohnung, bis das Trio eine neue Bleibe findet.

Julia Böhmer scheint derweil von den dreien mit der nationalen Gesinnung fasziniert und bleibt mit ihnen in Kontakt. Vor allem unterstützt sie Beate Zschäpe. Da sich die beiden ähnlich sehen, überlässt sie der Untergetauchten ihren Personalausweis.

Juni Es kommt zu einer schweren Panne bei der Ermittlungsarbeit. Beteiligt sind die Thüringer Verfassungsschützer, das Landeskriminalamt Thüringen und das BfV. Dieses informiert seine Landesbehörde über ein „konspiratives Versteck im Großraum Dresden" für die drei Untergetauchten. Zwar leitet der Thüringer Verfassungsschutz die Information an das Thüringer LKA weiter, allerdings mit dem wenig sachdienlichen Hinweis, das „Objekt diene als Versteck für CD-Lager", weshalb „keine Exekutivmaßnahmen von Thüringen notwendig" seien. Was heißt, die Möglichkeit, dass die drei sich dort verstecken könnten, wird nicht einmal geprüft, sondern von Vornherein für ausgeschlossen erklärt.

23. Juli Drei Mal (am 11., 16. und 20. April) wurde der Anschluss des thüringischen Neonazis Jürgen Meise, des Freundes und Helfers von Ralf Wohlleben, in den vergangenen Monaten überwacht. Mit Erfolg. Die Zielfahndung vermerkt am 23. Juli, dass Wohlleben, Meise und die Eltern von Böhnhardt Kontakt zu dem Trio haben – direkt oder zumindest über Mittelsmänner. Diese Spur ist, soviel ist heute klar, die richtige und wichtigste. Die Folge hätten umfangreiche Ermittlungen sein müssen. Geschehen ist außer dem Niederschreiben des Vermerks aber quasi nichts – und damit wurde wohl die größte Chance verpasst, das Trio aufzuspüren und zu verhaften.

24. Juli Das Hauptaugenmerk der Untergetauchten dürfte derweil auf der Beschaffung anderer Identitäten liegen. Zuständig dafür ist, wie bereits erwähnt, Silvio Pölitz. Immer wieder berichten Verfassungsschutz-Quellen zwischen Juli und August über die aufwendige Suche des Helfers, Finanzmittel zu beschaffen. Er will die „drei Flüchtigen aus Jena endgültig wegbringen" und sie mit Pässen ausstatten. Drei Monate nachdem Pölitz die eventuellen Fluchtmöglichkeiten nach Südafrika gecheckt hat, fängt er an, Geld zu sammeln und um Kredite zu bitten. Beim Verleger der rechtsextremistischen Zeitschrift „Nation & Europa", Peter Dehoust, findet er Gehör. Der 1936 in Heidelberg geborene Publizist kann Pölitz helfen. Anderthalb Wochen nach dem „Betteln" erhält der in Dehousts Wohnort Coburg 1500 DM in bar.

Was vom Trio aber weiß der Alt-Nazi, der einst über Skinheads sagte: „Wir müssen uns dieser jungen Deutschen annehmen und froh sein, dass es nicht angepasste junge Deutsche gibt"? Ob er über den genauen Verwendungszweck des Geldes informiert ist, kann das LfV Thüringen nicht feststellen. Neben der Spende an

Pölitz gibt es aber eine mehr als deutliche Verbindung von Peter Dehoust zum Thüringer Heimatschutz: Dessen Gründer Tino Brandt arbeitet als kaufmännischer Leiter bei „Nation & Europa".

7. August Die Staatsanwaltschaft Gera ersucht das Bundeskriminalamt um die internationale Fahndung zur Festnahme zwecks Auslieferung.

August Seit mindestens August 1998 gibt es Hinweise auf Unterstützung der Flüchtigen über das Land Thüringen hinaus. Im Mittelpunkt stehen Mitglieder der Blood-and-Honour-Sektion Sachsen. Laut deren Mitglied Marina Gläser* wollen sich die Untergetauchten mit „geliehenen Pässen" nach Südafrika absetzen, um neue Identitäten anzunehmen. So viel wissen die Behörden auch schon, es zeigt aber, dass mehrere Leute über die Pläne der drei informiert sind. Heute ist klar, dass die Flucht nach Südafrika wohl am Veto von Beate Zschäpe scheiterte. In den Ermittlungsakten heißt es: „Während Böhnhardt und Mundlos mit dem Ziel einverstanden seien und dies auch als Daueraufenthaltsort anstrebten, beabsichtige Zschäpe, die nicht ins Ausland wolle, sich nach der Abreise der beiden den Behörden zu stellen." So weit kommt es nicht.

Zurück zu Silvio Pölitz. Geld hat er dank Peter Dehoust nun. Doch dann wird der Helfer nachlässig. Er übergibt einem Passfälscher 1500 D-Mark, eine Gegenleistung bekommt er aber nicht. Denn der Mann muss wegen illegaler Waffengeschäfte fliehen und nimmt Pölitz' Geld gleich mit. Aber er hat noch einen anderen Fälscher in petto – mit dem Unterschied, das der für neue Dokumente 1800 D-Mark verlangt. Ob sich Silvio Pölitz auf den Deal einlässt, ist fraglich. Angekommen sind Ausweise bei Mundlos, Böhnhardt und Zschäpe jedenfalls nie. Mit dem Misserfolg handelt sich der bemühte Pölitz die Wut von Ralf Wohlleben ein. Der bezichtigt seinen Kumpan der Unterschlagung von Spendengeldern. Pölitz wehrt sich. Er könne doch nichts dafür, rechtfertigt er sich immer wieder.

Es gibt Gerüchte, denen zufolge Pölitz es trotz der Überwachung schaffte, an Pässe heranzukommen und an die Flüchtigen weiterzuleiten. Und was machen Mundlos, Böhnhardt und Zschäpe dann mit den Pässen? Angeblich treffen sie auf dem Umsteigeflughafen Sofia-Vrazhdebna Pölitz und Karsten Harnisch, um mit ihnen nach Johannesburg zu Claus Nordbruch zu fliegen. Oder sind das zur damaligen Zeit nur gestreute Fehlinformationen, um die Fahnder auf eine falsche Fährte zu locken? Das Bundeskriminalamt jedenfalls soll eigens seinen Südafrika-Verbindungsbeamten zum Zielflughafen geschickt haben – erkannt hat der jedoch keinen der drei Gesuchten.

Dass Pölitz bei der Passbesorgung doch erfolgreich gewesen sei, behauptet auch Carsten S., vom Verfassungsschutz unter dem Decknamen „Piato" geführt. Der rechtsextreme Brandenburger aus Königs Wusterhausen (Dahme-Spreewald), der wegen Mordversuches an einem Nigerianer im Gefängnis landete und danach als V-Mann geführt wird, berichtet seinen Verbindungsmännern, dass sich die Untergetauchten mit gefälschten Pässen nach Südafrika absetzen wollen. Angeblich habe der damalige Blood-and-Honour-Sektionschef Enrico Lorentz persönlichen Kontakt zu Mundlos, Böhnhardt und Zschäpe und den Auftrag, „die Gesuchten mit Waffen zu versorgen". Bezahlt werden sollen diese mit Geldern aus rechten Konzerten und CD-Verkäufen. Die Ermittler nehmen die Hinweise durchaus ernst, sie observieren Lorentz – erfolglos. Es ergaben sich „keine Anhaltspunkte für Kontakte zu den Flüchtigen".

Und noch eine Auskunft liefert „Piato" an die Behörde: Das Trio plant „einen weiteren Überfall", um mit dem Geld Deutschland zu verlassen. Doch erst ziemlich genau ein Jahr später rauben die beiden Uwes zum ersten Mal eine Bank in Chemnitz aus.

14. September Nach dem Trio wird nun weltweit gefahndet. Ihrem V-Mann Tino Brandt bieten die Thüringer Verfassungsschützer sogar eine Kopfprämie auf das Trio in Höhe von 5000 bis 10 000 D-Mark, wenn er Hinweise liefert, die entscheidend zur Ergreifung beitragen. Einmal, im September 1998, stecken sie ihm 2000 DM zu, die er an Silvio Pölitz weitergeben soll, damit dieser ein weiteres Mal versuchen kann, für das Trio gefälschte Pässe zu besorgen. Mit dieser Aktion will das TLfV an die neuen Identitäten der Flüchtigen gelangen und sie dann bei Grenzkontrollen schnappen. Der Plan misslingt, weil Pölitz das Geld für „private Zwecke" braucht.

Ansonsten sind die Beamten ihrem Informanten gegenüber sehr zugänglich eingestellt. Schließlich liefert Brandt zu manchen Zeiten wöchentlich oder öfter Informationen. Oft geht es nicht direkt um die drei Flüchtigen, sondern um Einzelheiten zur Organisation und geplanten Veranstaltungen der rechten Szene. Dies wiederum kommt der Polizei zugute, da sie so die Möglichkeit hatte, in einer beliebigen Gaststätte anwesend zu sein, bevor die Rechtsradikalen überhaupt dort erschienen.

Nicht immer aber klappt das Zusammenspiel zwischen Landeskriminalamt und Verfassungsschutz so gut. Es kommt vor, dass das LKA auf der Lauer liegt und Tino Brandt überwacht, während dessen „Freunde" vom TLfV ihm eben jenes mitteilten. So beispielsweise stecken sie „Otto", dass er aus einer angemieteten Wohnung in der Nähe seines Hauses in Rudolstadt heraus überwacht werde. Es geht laut „Berliner Zeitung" sogar soweit, dass das LfV mit seinen Autos Überwachungsfahrzeuge der Polizisten verfolgt, die wiederum Tino „Otto" Brandt hinterherfahren. Heißt im Klartext: Behörde sabotiert Behörde. Gewonnen haben in diesem „Spiel" nur die Neonazis.

24. September Ein Gutachten des LKA Thüringen bestätigt, dass die verwendeten Farben (schwarz, weiß und rot) auf allen drei gefundenen Bombenattrappen-Kisten identisch sind.

30. September Abermals haben die Behörden die Hoffnung, der flüchtige Böhnhardt wolle sich ein Treffen mit seiner Familie nicht entgehen lassen. Beamte des Thüringer Landeskriminalamtes observieren gemeinsam mit dem LKA Niedersachsen die Eltern Böhnhardts bei deren Besuch der EXPO 2000 in Seelze bei Hannover. Die Beobachtungen bleiben ergebnislos.

19. Oktober Zu diesem Zeitpunkt bemühen sich die Behörden offensichtlich noch, Lösungen herbeizuführen. Selbst mit Straferlass probieren es die Beamten, unterbreiten am 19. Oktober ein „Ausstiegsangebot". Der Anwalt der Familie Böhnhardt, Gerd Thaut, bekommt in seiner Kanzlei Besuch von einem Mitarbeiter des

Thüringer Verfassungsschutzes. Man würde die drei nur wegen Sprengstoffbesitzes belangen, sie für zwei Wochen in Untersuchungshaft nehmen, um vollständige Geständnisse und Aussagen aufnehmen zu können, heißt es. Es wäre eine Möglichkeit für die drei gewesen, in die Legalität zurückzukehren. Thaut übermittelt das Angebot an Böhnhardts Mutter, die einverstanden ist, und verlangt die Aufhebung der Haftbefehle. Als er jedoch bei der Staatsanwaltschaft in Gera die Einzelheiten besprechen will, steht er vor verschlossenen Türen. Der zuständige Oberstaatsanwalt Arndt Peter Koeppen blockt und erklärt, die untergetauchten Extremisten würden bald gefasst. Das jedenfalls berichtet Thaut dem „Focus". Am 19. März 1999 schreibt das TLfV an den Rechtsanwalt und erklärt das sofortige Ende der Verhandlungen.

Den Behörden bleiben also nur die „herkömmlichen" Fahndungswege. Sie versuchen es vorrangig über die Kontaktmänner. Enrico Lorentz wird wie erwähnt observiert, ebenso die sächsische Blood-and-Honour-Aktivistin Marina Gläser. In sie setzen die Behörden offenbar die meiste Hoffnung. Vom 11. bis zum 13. September wird sie durch das LfV Sachsen und das LfV Thüringen beschattet, am 16. September wiederum durch die Thüringer, am 17. durch die Sachsen und mit Unterstützung des Bundesamtes für Verfassungsschutz bis zum 22. September und wieder vom 24. bis 28. September. Aller Aufwand nützt nichts, Gläser hat keinen Kontakt zum Trio. Noch während die Observationen laufen, treffen sich die Verfassungsschutz-Landesämter aus Brandenburg, Sachsen und Thüringen zu einer Besprechung über die Verwertung der Erkenntnisse. Das LKA Thüringen stellt zwischenzeitlich sogar einen schriftlichen Antrag an die Brandenburger Verfassungsschützer, um Telefonüberwachungen durchführen zu dürfen. Die Männer aus Potsdam lehnen die Bitte allerdings ab – mit Hinweis auf den erforderlichen Quellenschutz. Fangschaltungen oder das Mithören von Gesprächen finden also nicht statt.

Eine elementare Frage, die sich die Ermittler stellen dürften, ist, wie die drei nach ihrem Untertauchen so schnell Kontakt zu militanten Helfern in Sachsen bekommen konnten. Wieder spielt die in der lose organisierten Neonazi-Gruppe „Brigade Ost" beheimatete Julia Böhmer eine Rolle. Ihr neuer Freund Bastian Kowalski* ist in der „Weißen Bruderschaft Erzgebirge" (WBE) engagiert. Die WBE pflegt enge Kontakte zu Thüringer Aktivisten von Blood and Honour, also jener Szene, zu deren „hartem Kern" das LKA Thüringen Böhnhardt, Mundlos und Zschäpe zählt. Auch die späteren mutmaßlichen NSU-Helfer Lars Reger, der der beste Freund von Bastian Kowalskis Freund Martin Frieling sein soll, und Bernhard Schreiber* waren Mitglieder der Weißen Bruderschaft. Ein weiterer im Bunde: Enrico Lorentz. Die WBE selbst bezeichnet sich als „Die Pro Weiße Organisation im Erzgebirge" und veröffentlicht unter dem Titel „The Aryan Law & Order" zwei Ausgaben eines Rundbriefes mit rassistischen und neonazistischen Grundeinstellungen. Immer wieder fallen die Worte „White Pride", also „Weißer Stolz", und „14 Words". Der harte Kern der Bruderschaft setzte sich nach Erkenntnissen von Sicherheitsbehörden aus sieben Personen zusammen, zu deren engerem Umfeld noch einmal sieben Neonazis zählen – über die Anzahl der Sympathisanten können keine genauen Aussagen getroffen werden.

Dezember Ende 1998 findet ein Solidaritätskonzert in Coburg (Bayern) statt. Laut Bayrischem Rundfunk sollen bei diesem bis zu 4000 DM für die Untergetauchten gesammelt und über einen Mittelsmann aus Jena übergeben worden sein.

18. Dezember Doch auch Mundlos und Böhnhardt sind nicht untätig in der Besorgung entsprechender Finanzmittel. Mitte Dezember überfallen sie einen Edeka-Supermarkt in Chemnitz, bedrohen eine Kassiererin mit einer Waffe und erbeuten knapp 30 000 D-Mark. Als sie flüchten, werden sie von einem mutigen 16-Jährigen verfolgt, der versucht, die beiden Gangster zu stoppen. Skrupellos: Die beiden Neonazis schießen zwei Mal auf den Jugendlichen, die Kugeln verfehlen diesen knapp.

1999
Aktionen aus dem Untergrund

24. Januar Ralf Wohlleben bemüht sich nach wie vor um das „Wohlbefinden" der Untergetauchten. Ende Januar 1999 will er aber nicht nur in der Illegalität etwas bewegen, sondern offenbar auch politisch Karriere machen – Wohlleben tritt in die NPD ein. Nur zwei Monate braucht er, um im Landesvorstand der rechten Partei zu sitzen. In der rechten Szene selbst sorgt er für Stillschweigen über die drei Untergetauchten. Mit welchen Methoden, ist unklar. Er gibt seinen braunen Kameraden auf den Weg: „Keiner wisse was, keine sage was." Und die Neonazis halten sich daran.

30. Januar Während Wohlleben neue Wege beschreitet, scheint dem Verfassungsschutz endlich der Durchbruch gelungen. Er platziert seinen V-Mann im Unterstützerkreis: Tino „Otto" Brandt, der Leitwolf der rechten Szene Thüringens, hat das Vertrauen des politisch neu-interessierten Wohlleben gewonnen. Es funktioniert, der Kontakt „liefert". Am 30. Januar jammert Wohlleben gegenüber Brandt, dass „schnellstmöglich was geschehen" müsse, weil dem Trio das Geld ausgehe.

Dann plötzlich ist Brandt nicht nur Zuhörer, sondern selbst im Spiel. Es wird ihm ein Telefonat mit den Untergetauchten angekündigt – quasi im selben Atemzug informiert er seinen V-Mann-Führer auf Staatsseite. Es soll in Coburg, wo Brandt arbeitet, stattfinden. Deshalb müsse er Telefonzellen ausfindig machen, so Wohlleben. Die Verfassungsschützer hören folgerichtig vom 5. Februar bis zum 1. März, also fast einen ganzen Monat lang, verschiedene Telefonzellen in Coburg ab. Gleichzeitig werden in Chemnitz vier Telefonzellen observiert.

Das entscheidende Telefonat allerdings findet ein paar Tage später statt. Am 8. März gegen 18 Uhr klingelt ein Telefon am

Bahnhof der oberfränkischen Stadt. Als Böhnhardt anruft, gibt es weder einen Mitschnitt noch eine Fangschaltung. Brandt hebt ab, am anderen Ende ist ein missgelaunter Uwe Böhnhardt. Wütend schimpft er über Silvio Pölitz, dieses „Kameradenschwein", das Geld veruntreut hat. Als er sich beruhigt hat, will Böhnhardt über einen neuen Unterschlupf reden, der gebraucht wird. Brandt empfiehlt den niedersächsischen Neonazi Harald Meissner* und fragt, ob Pässe benötigt werden. Nein, die bräuchten sie nicht, es gäbe schon welche, antwortet Böhnhardt. Eine weitere Bitte hat er aber noch: Wenn der Anwalt und NPD-Funktionär Hans Günter Eisenecker (*Anmerk. d. Autoren*: der ehemalige NPD-Landesvorsitzende in Mecklenburg-Vorpommern verstarb 2003) aus Goldenbow anrufe und von „19 Uhr" spreche, müsse Brandt sofort Wohlleben unterrichten.

Die Einbindung des promovierten Juristen Hans Günter Eisenecker zeigt die enge Verbindung der Untergetauchten zu den Top-Leuten der NPD. Eisenecker (später auch Bundesvize der Partei) galt als Haus- und Hof-Anwalt der Partei. Unter anderem vertrat er zusammen mit Horst Mahler die NPD erfolgreich im Verbotsverfahren vor dem Bundesverfassungsgericht.

Im Februar 1999 trifft der Anwalt, das ist von Verfassungsschützern notiert, Ralf Wohlleben und Dietrich Landner*. Der scheint wie aus dem Nichts im Umfeld der Flüchtigen aufgetaucht zu sein. Was weiß man über den 1980 im indischen Neu-Delhi geborenen Landner? Zu diesem Zeitpunkt steht er laut „Süddeutscher Zeitung" an der Spitze des NPD-Kreisverbandes Jena, soll dem Thüringer Landesvorstand der Partei angehören und das Land im Bundesvorstand der NPD-Jugendorganisation Junge Nationaldemokraten vertreten.

Nun also sitzt er mit Wohlleben und dem Rechtsanwalt Eisenecker in Mecklenburg-Vorpommern zusammen. Sie sprechen über „die mögliche rechtliche Vertretung der Beate Zschäpe". Will sie etwa aussteigen? Anfang März meldet sich Eisenecker laut „Focus" bei der Staatsanwaltschaft Gera und teilt mit, er würde Beate Zschäpe juristisch vertreten und legt gleichzeitig eine von seiner Mandantin unterschriebene Vollmacht bei. Diese erhielt er von Tino Brandt, der sie von Ralf Wohlleben bekommen hatte, der sie wiederum wahrscheinlich direkt von der Untergetauchten erhielt.

Die Staatsanwaltschaft stellt sich wie bei der Anfrage von Gerd Thaut quer, eine Einsicht der Akten sei „erst nach Abschluss des Verfahrens" möglich. Eisenecker meldet sich nach dieser Antwort nie wieder.

März Ende März 1999 gibt es von Tino Brandt eine kleine Finanzspritze. 500 D-Mark steckt der V-Mann Ralf Wohlleben zu. Woher das Geld kommt (ist es vielleicht Honorar für seine Informantendienste?) und wo es blieb, ist unklar.

16. April Mundlos, Böhnhardt und Zschäpe beziehen ihre erste eigene konspirative Wohnung in der Chemnitzer Wolgograder Straße 26. Die Zweiraum-Plattenbauwohnung mietet ein gewisser Lars Reger, ein Neonazi aus Johanngeorgenstadt und Mitglied der Weißen Bruderschaft. Die Miete zahlt er in bar.

Auch auf einen anderen Kameraden kann sich das Trio verlassen. Im April berichtet Dietrich Landner Ralf Wohlleben, dass er „Spendengelder für die drei nach Sachsen überwiesen" habe. Wohlleben lobt Landner daraufhin als „guten und korrekten" Kameraden.

Der hält sich offenbar selbst schon für wichtig und unverzichtbar. Während eines JN-Kongresses in Bayern erklärte er, „dass nicht mehr Ralf Wohlleben, sondern er selbst jetzt den telefonischen Kontakt zu den dreien halte". Wohlleben aber weiß über jeden Anruf Bescheid und steuert diese – immer wieder sonntags. Da nimmt „Wolle", so heißt Wohlleben im Freundeskreis, seinen Schützling mit zu einer Telefonzelle und lässt ihn die Handy-Nummer des Trios wählen. Am anderen Ende nimmt jemand ab, meist hinterlassen Mundlos und Böhnhardt Ansagen auf der Mailbox. Statt „Sie sprechen mit dem Anrufbeantworter von soundso" heißt es etwa, dass „alles in Ordnung" sei. Nur manchmal drücken sie auf ihrem Mobiltelefon den grünen Telefonhörer und lassen ein Gespräch zustande kommen – wenn sie etwas wollen. Wie zum Beispiel ein Motorrad. Wohlleben und Landner kommen auf die Idee, ein Zweirad zu klauen. Wirklich clever stellen sie sich nicht an. Mit einem Bolzenschneider bewaffnet ziehen sie durch das Neubaugebiet Lobeda-West und finden eine rote MZ. Da die alte DDR-Maschine nicht anspringt, verstecken sie das

Moped in einem Busch. Als sie zurückkommen ist die MZ weg – und Mundlos und Böhnhardt, denen die beiden Möchtegern-Diebe von ihrem Missgeschick erzählen, sind mächtig „sauer" auf ihre Helfer.

Mai Silvio Pölitz hat von der Geheimniskrämerei offenbar die Nase voll. Im Kameradschaftskreis regt er sich auf, will „für die drei keinen Finger mehr krumm machen" und „keinen Pfennig Geld mehr sammeln". Er ist der Ansicht, dass die Untergetauchten, abgesehen von „Böni" wegen seiner Reststrafe, längst wieder in Freiheit wären, wenn sie sich zwischenzeitlich gestellt hätten. Andere halten weiterhin zu ihren Freunden. Da sich Wohlleben ständig „beschattet und verwanzt" fühlt, muss Dietrich Landner Aufträge übernehmen. Im Mai steigt er in die alte Wohnung von Beate Zschäpe ein, vermutlich um persönliche Sachen für die Untergetauchte zu besorgen.

27. Mai Noch einmal versuchen die Behörden die Kontaktaufnahme mit Jürgen Meise. Als ein Komplize Wohllebens könnte er durchaus wissen, wo sich Böhnhardt, Mundlos und Zschäpe aufhalten. Und im Gegensatz zu den ersten Werbegesprächen fängt Meise in seiner Wehrdienst-Kaserne in Mellrichstadt (Bayern) plötzlich an zu plaudern. Er gibt zu, von Böhnhardt am Telefon Anweisungen erhalten zu haben, beispielsweise wie viel Geld und Kleider sie bräuchten. Diese soll Wohlleben dann besorgt und Meise sie mit seinem Wagen von Jena nach Zwickau gebracht haben. Dort soll ein ihm angeblich unbekannter Kurier das Gewünschte in Empfang genommen haben.

August Was weiß die Neonazi-Szene von den drei Untergetauchten? Hier jedenfalls werden Mundlos, Böhnhardt und Zschäpe gesehen wie Märtyrer. 1999 erscheint die CD „Jötunheim" der rechtsextremen Balladengruppe „Eichenlaub" aus Jena. Das Duo aus Thüringen thematisiert das Verschwinden der drei im Lied „Warum": „Ihr hattet wohl keine andere Wahl", heißt es da. Und: „Der Kampf geht weiter, für unser deutsches Vaterland".

Die Verbindung vom Song zu den Untergetauchten ist so einfach wie erschreckend. Den Liedtext schrieb Ronnie Pölitz, Bruder von Silvio Pölitz, einem der Unterstützer des Trios. In einem Interview mit dem Magazin „Blood and Honour Division Deutschland", Ausgabe Nr. 8/1999, sagt Ronnie Pölitz auf die Frage, wie das Lied „Warum" entstand und wem es gewidmet sei: „Unmittelbar nachdem bekannt wurde, dass drei Kameraden von uns beim ‚Bombenbasteln' aufgeflogen sind und noch vor einer Festnahme durch die Polizei fliehen konnten und immer noch auf der Flucht sind. Er drückt in diesem Lied seine ersten Gedanken, die er damals hatte, aus. Gleichzeitig will er alle Leser aufrufen, so etwas nicht nachzuahmen. Denn es bringt der ganzen Sache nicht viel mehr als Presserummel. Trotzdem stehen wir zu dem, was unsere drei Kameraden da getan haben. Wir, die sie wohl am besten kannten, können uns mittlerweile ganz gut vorstellen, warum sie diesen zweifelhaften Weg gegangen sind. Aber wir verurteilen sie deswegen nicht, eben weil wir sie auch irgendwie verstehen können. Aber allen, die nicht die genauen Hintergründe kennen, die dazu geführt haben, dass sie diesen Weg eingeschlagen haben, sollte es auf jeden Fall unterlassen, über die drei zu urteilen."

„Eichenlaub" tritt wenig später in einem Konzert von Blood and Honour in Hildesheim auf. Neben dem Duo spielt hier auch „Stigger" aus Großbritannien, der ehemalige Gitarrist der Band „Screwdriver" des B&H-Gründers Ian Stuart Donaldson – jener Band, deren Schriftzug Uwe Mundlos lange Zeit auf seiner Bomberjacke trug.

15. September Rund einen Monat bevor Mundlos und Böhnhardt sich zum ersten Mal aufmachen, eine Bank auszurauben, kommt es zu einer erneuten Befragung von Jürgen Meise. Nicht das „Warum", sondern „Wer" dieses Mal die Fragen stellte, ist mysteriös. Mitarbeiter des Militärischen Abschirmdienst (MAD) vernehmen Meise, der dabei auch „seine Kuriertätigkeit für die Flüchtigen" einräumt. Außerdem berichtet er davon, „von Beamten des LKA *(Anmerk. d. Autoren:* vermutlich Thüringen) befragt worden zu sein, wobei er lediglich bestätigt habe, was die Beamten ohnehin schon gewusst hätten". Meise lässt sich in dem Gespräch auch zu Mutmaßungen hinreißen. Er meint, dass die drei ihr Leben im Untergrund noch länger fristen würden und es für sie nicht infrage käme, sich zu stellen. Szeneintern ginge man schließlich von einem Strafmaß von zehn Jahren aus, um ein Exempel gegen Rechts zu statuieren, fabuliert das NPD-Mitglied. Seiner Meinung nach hätten sich die drei „Bombenbastler" schon in ihrer Jenaer Zeit „auf der Stufe von Rechtsterroristen" bewegt. Ihr Ziel, so Meise, sei „die Veränderung des Staates gewesen". Auch die Behörden stufen zumindest Mundlos und Böhnhardt als Rechtsterroristen ein – allerdings erst zwölf Jahre später.

Was aber will der MAD von Meise? Schließlich beschränken sich die Aufgaben ausschließlich auf den Geschäftsbereich des Bundesministeriums der Verteidigung, dem der Abschirmdienst direkt unterstellt ist. Wie passt das zusammen mit thüringischer und sächsischer Neonaziszene? Es wurde und wird spekuliert, ob der Sprengstoff der von Mundlos und Böhnhardt gebastelten Rohrbomben möglicherweise aus einem 1991 ausgeraubten Bundeswehrdepot bei Kahla (südlich von Jena) stammte.

Eine andere denkbare Erklärung ergeben Erkenntnisse aus dem November 2011. Hier war bekannt geworden, dass ein V-Mann des MAD kurz nach dem Abtauchen des Neonazi-Trios 1998 dessen neuen Aufenthaltsort an die MAD-Stelle 71 in der Leipziger General-Olbricht-Kaserne gemeldet hat. War Jürgen Meise dieser V-Mann? War er vielleicht doch nicht so vertrauensvoll, wie Pölitz und Wohlleben ihn eingeschätzt hatten? Lehnte er das V-Mann-Angebot des LfV Thüringen ab, weil er längst für eine andere Behörde arbeitete? Der MAD will sich heute nicht mehr zu den Vorgängen äußern. Verwunderlich ist das nicht: Denn die Information, wo Mundlos, Böhnhardt und Zschäpe zu finden seien, wurde zwar von der MAD-Stelle 71 an die Zentrale nach Köln weitergeleitet, blieb dort aber liegen und wurde weder bearbeitet noch an andere Behörden weitergereicht.

6. Oktober Banküberfall Chemnitz: Seit anderthalb Jahren ist das Trio auf der Flucht und lebt im Untergrund. Die finanziellen Mittel sind eng begrenzt, die Unterstützer können nicht ständig helfen und Geldquellen versiegen. Mundlos und Böhnhardt hecken einen Plan aus und schlagen zum ersten Mal zu. Bei dem Raub in der Postfiliale in der Chemnitzer Barbarossastraße erbeuten sie lediglich 5787,59 D-Mark. Die beiden gehen brutal und konsequent vor. Einer feuert einen Schuss aus einer Schreckschusspistole ab, der andere droht einer Angestellten, schreit sie an, dass er sie umbringen werde, wenn bei dem herausgegebenen Geld eine Farbbombe versteckt wäre. Mundlos und Böhnhardt können unerkannt flüchten.

Unterdessen geschieht in ihrer ehemaligen Heimat Seltsames. Ihr einstiges Nest, der Thüringer Heimatschutz, behauptet in einer Presseerklärung, die drei Flüchtigen seien „nie Mitglieder des THS" gewesen. Verfasser der Nachricht ist Tino Brandt.

27. Oktober Zweiter Banküberfall Chemnitz: Drei Wochen nach dem ersten Überfall folgt der „zweite Versuch". Wieder wählen sie eine Postfiliale, dieses Mal in der Limbacher Straße. Nach dem Betreten verriegeln die beiden die Eingangstür mit einem Holzpfahl, drohen mit zwei Waffen. Beute: 62 822,70 D-Mark. Mundlos und Böhnhardt flüchten mit einem gestohlenen Motorrad ETZ 150, das sie vor der Tat von blau auf grün umspritzten.

Offenbar schmieden Mundlos und Böhnhardt schon zu dieser Zeit Mordpläne. Was fehlt, ist eine geeignete Waffe. In den folgenden sieben Jahren werden sie mit einer Česká 83, Kaliber 7,65 mm Browning neun Menschen erschießen. In die Hände der Neonazis gelangt die Waffe Ende 1999. Woher stammt die Česká, und auf welchem Weg gelangt sie zu Mundlos und Böhnhardt?

Die Waffe mit Schalldämpfer kommt aus der Schweiz. Der Importeur Jan L. aus Derendingen nahe der Stadt Solothurn hat das Fabrikat, das in den 80ern am Sitz der Firma in Uhersky Brod nur in einer Miniserie von 55 Stück (Schalldämpfer wurden zu keiner Zeit produziert; 25 gingen an die DDR-Staatssicherheit) hergestellt worden war, im Jahr 1993 mit 26 weiteren aus Tschechien eingeführt. In Fachzeitschriften, unter anderem dem „Internationalen Waffenmagazin", bietet er sie zum Verkauf an, will 1250 Schweizer Franken (rund 1000 Euro) dafür haben. Der Schweizer Anton Emil Statz* schlägt zu, bezahlt und bekommt die Česká per Post an einen Stammtischbekannten.

In der Zwischenzeit geben Mundlos und Böhnhardt aus dem „Untergrund" bei ihren Unterstützern Wohlleben und Dietrich

Landner eine präzise Bestellung ab: Sie wollen eine schussbereite Faustfeuerwaffe, „möglichst ein deutsches Fabrikat". Wohlleben weiß sofort, wer weiterhelfen kann: Michael Tanner*, Mitinhaber des Jenaer Neonazi-Ladens „Madley". Er hört sich um und kann nur zwei Wochen später Erfolg vermelden – die Česká ist für ihn reserviert. Wie die Waffe von dem Schweizer Stammtischfreund zu ihm gelangt, ist noch nicht geklärt.

Ende 1999 kommt es zur Übergabe der Pistole samt 50 Schuss Munition im Auto von Dietrich Landner, einem roten Renault Clio. Für 2500 D-Mark kauft er von Michael Tanner die in ein Tuch gewickelte Česká. Das Geld stammt angeblich von Ralf Wohlleben, den der gelernte Kfz-Lackierer Tanner als Kontaktmann zwischen Trio und Thüringer Heimatschutz ablöst. Zeitweise, bis August 2000, soll er sogar der einzige Unterstützer gewesen sein, der direkten Kontakt zum Trio hält. Verwunderlich ist das nicht: Regional bekannte Rechtsradikale und Neonazi-Größen sind umschwirrt von Verfassungsschützern und Agenten anderer Behörden.

Mit der Waffe im Gepäck trifft sich der 19-jährige Tanner mit Uwe Böhnhardt in einer McDonald's-Filiale. Sie verabreden sich zwischen Burgern und Pommes in der Ruine eines Hauses, in der es zur Übergabe kommt. Die untergetauchten Neonazis sind nun im Besitz der Waffe, die neun Menschen das Leben kosten wird – dank Dietrich Landner und unter gütiger Blindheit des Verfassungsschutzes, der von dessen und Wohllebens Machenschaften nichts mitbekommt.

Ob Mundlos und Böhnhardt die Seriennummer 034678 auf dem Lauf und dem Verschluss selbst herausschleifen oder dies bereits vorher geschah, ist unklar.

Keine Unklarheiten hingegen bestehen über die schwere Fehleinschätzung des niedersächsischen Verfassungsschutzes. Auf Bitten der Thüringer Kollegen observiert die Behörde im Herbst Gerald Kluge drei volle Tage lang. Die Thüringer hegen den Verdacht, dass Kluge den Untergetauchten bei der Suche nach einem neuen Quartier helfen könnte. Da bei der Überwachung aber keine Auffälligkeiten festgestellt werden, steckt ihn das LfV Niedersachen in die Schublade „Mitläufer" – ein Fehler, wie sich noch herausstellen wird.

10. Dezember Sind Uwe Mundlos, Uwe Böhnhardt und Beate Zschäpe überhaupt noch am Leben? Nein, behauptet ein Beamter des LKA Thüringen. Am Rande einer Schulabschlussfeier in Bad Blankenburg erzählt er großspurig, die drei seien tot auf der griechischen Insel Kreta gefunden worden. Ein V-Mann des Bundeswehrgeheimdienstes MAD „belauscht" die Erzählungen und leitet das „Märchen" weiter.

2000
Das erste Mordopfer

Anfang 2000 Der zum Jahresanfang 2000 veröffentlichte Verfassungsschutzbericht Thüringen 1999 bezeichnet den „Thüringer Heimatschutz" als „unstrukturierten Personenzusammenschluss", obwohl er in vorherigen Berichten als wichtige Organisationsstruktur beschrieben wurde. Jetzt heißt es, der THS stehe „unter der Führung Tino Brandts", gliedere sich in vier Sektionen und habe in der NPD einen erheblichen Einfluss.

29. Januar Bei einer NPD-Schulungsveranstaltung gerät ein Chemnitzer B&H-Mitglied ins Plaudern und erzählt in der Runde, dass es dem Trio gut gehe. Geschwätz, das Ralf Wohlleben nicht passt. Er unterbricht den allzu Gesprächigen verärgert und macht ihm klar, dass dieses keinen etwas angehe und er mit seinen Äußerungen noch „Zoff" bekommen werde.

30. und 31. März Zielfahnder suchen alle Chemnitzer Gynäkologen auf und legen diesen ein Foto von Beate Zschäpe vor. Keiner der befragten Ärzte erkennt die Frau als Patientin.

5. Mai Die Hinweise in Verfassungsschutzkreisen, dass das Trio sich im Großraum Chemnitz aufhalte, verdichten sich mehr und mehr. Im April 2000 verständigen sich die Geheimdienste auf eine Einsatzleitung der Sachsen. Unter Hochdruck wird nach Hintermännern gefahndet, die die Ermittler zu den Gesuchten führen sollen. Eine Verdächtige ist Julia Böhmer, die, wie schon berichtet, nach eigenen Angaben nur drei- oder viermal Kontakt zu den Verdächtigten hatte. Ihr Telefon wird vom 5. bis 15. Mai 2000 abgehört – wenig später haben die Fahnder offenbar genug Beweise zusammen, um Böhmer zum Verhör zu laden. Die Kripo zeigt ihr Fotos, auf denen sie einen Bekannten identifiziert: Böhnhardt. Als die Polizei kurz darauf eben jenen Verdächtigen festnimmt, fliegt der Irrtum auf – eine Verwechslung. Julia Böhmer hört anschließend nie wieder etwas von der Polizei. 2012 wird sie behaupten, die Fahnder hätten ihr bei der Vernehmung zwar Fotos aus Überwachungskameras gezeigt, nicht aber die Fahndungsfotos von Böhnhardt, Mundlos und Zschäpe. Ein Fehler der Ermittler? Schließlich kannte Julia Böhmer die erste Chemnitzer Wohnung des Trios. So aber ließ die Polizei offenbar eine Spur im Sand verlaufen und kappte eine Verbindungslinie in die Welt der Untergetauchten.

10. Mai Die Zielfahnder versuchen mit Hilfe der Öffentlichkeit Hinweise zum Aufenthaltsort des Trios zu bekommen. In der MDR-Fernsehsendung „Kripo live" wird ein Fahndungsaufruf gestartet, aus dem sich genau eine Rückmeldung ergibt. Ein Polizist aus Berlin behauptet, Mundlos und Zschäpe am 7. Mai in einem Biergarten der Hauptstadt gesehen zu haben, und zwar in einer Personengruppe von vier Erwachsenen und zwei Kindern. Einige Indizien sprechen dafür. Laut dem LfV Sachsen hat sich auch Enrico Lorentz zur dieser Zeit in Berlin aufgehalten. Dieser soll an der Spree eine Bekannte haben, die zwei Kinder hat und der rechten Szene angehört. Zudem telefonierte Lorentz am 7. Mai mehrfach mit der Frau. Ob und wie das ermittelnde LKA dem Hinweis nachgegangen ist, bleibt unklar. Ebenso, ob sich das Trio nach Berlin wagte.

Als die Mutter von Uwe Mundlos ihren 50. Geburtstag feiert, will ihr Sohn ihr gratulieren. Wie schon beim Besorgen der Česká hilft ihm Dietrich Landner, der engste Kontakt des Trios zur „Außenwelt". Während eines Konzertes des rechtsextremistischen Liedermachers Frank Rennicke in Bayern bittet Landner Tino Brandt, „innerhalb der nächsten drei Wochen" ein Handy zu einem Familienmitglied des untergetauchten Trios zu bringen. Er selbst könne es aus Sicherheitsgründen nicht tun. Brandt ist stets bei den Konzerten Rennickes in einer rammelvollen Kneipe in der Coburger Judengasse anwesend und sammelt dort insgesamt 3000 bis 4000 D-Mark. Das Geld wird dem Terrortrio übergeben. Ob es auch zur Übergabe des Handys kommt, ist nicht bekannt.

Mai Fast hätten Böhnhardts Eltern ihn im Gefängnis besuchen können. Wenn, ja, wenn die Behörden am 6. Mai richtig hingeschaut hätten. An diesem Samstag macht der Verfassungsschutz aus Thüringen ein Foto in der Chemnitzer Bernardstraße 11, jenem Eckhaus im Zentrum der Stadt, in dem Julia Böhmer wohnt. Doch nicht die Eingangstür ist hochinteressant, sondern der Mann, der um 18.52 Uhr vor selbiger wartet – ein 1,80-Meter-Hüne in schwarzem T-Shirt und Jeans. Die Seitenhaare trägt er kurzgeschoren, die oberen Haupthaare einen Millimeter länger. Es könnte Uwe Böhnhardt sein. Sicher sind sich die Beamten nicht. Zwei Stunden sind sie ihm und einigen anderen Neonazis von Einkaufscenter zu Einkaufscenter hinterhergefahren. Dieses Bild des Mannes im Profil ist anscheinend das einzige, das halbwegs scharf ist und somit in die Akten wandert. Die Frage drängt sich auf: Warum nehmen die Beamten den Mann nicht einfach vorübergehend fest, warum lassen sie ihn gewähren?

Weil sich die Thüringer Verfassungsschützer eben nicht sicher sind, bitten sie das Thüringer LKA um Hilfe. Allerdings erst am 15. Mai, neun Tage nach der Observation. Das Landeskriminalamt weiß auch nicht so recht und fragt die Kollegen vom Bundeskriminalamt: Am 30. Mai, nun schon 24 Tage nachdem das Foto entstanden ist. Warum so lange Zeitspannen zwischen dem Weiterreichen liegen, kann nicht geklärt werden. Doch das BKA in Wiesbaden kommt wenigstens zu einer Entscheidung – und will Uwe Böhnhardt erkannt haben. Nur: Diese Erkenntnis wandert den Behördenweg nicht zurück und kommt nie beim LfV Thüringen an.

10. Juni Verfassungsschutz-Präsident warnt vor Rechtsterroristen: Wie viel wissen die Behörden wirklich über die drei Untergetauchten? Während Mundlos und Böhnhardt bereits zwei Banküberfälle auf dem Kerbholz haben und eventuell schon mitten in den Vorbereitungen zum ersten Mord stecken, wendet sich der Präsident des Bundesverfassungsschutzes, Heinz Fromm, an Politik und Öffentlichkeit. Am 10. Juni warnt der gebürtige Hesse, damals erst wenige Tage im Amt, vor Terroranschlägen von Rechtsextremisten in Deutschland. Er sehe „Ansätze für das Entstehen terroristischer Strukturen", sagt er. Doch damit nicht genug. Der Verfassungsschutz wisse von „Neonazis, die sich auf den bewaffneten Kampf vorbereiten". Kaum vorstellbar, dass diese Äußerungen ein Schuss ins Dunkle sind. Meinte Fromm Mundlos, Böhnhardt und Zschäpe? Der BfV-Leiter weist in diesem Zusammenhang auf Waffen- und Sprengstofffunde in der rechten Szene hin. Sogar der damalige Berliner Innensenator Eckhardt Werthebach erklärt nach dem Fund einer Rohrbombe und eines Gewehrs, er sähe „Ansätze für rechtsterroristische Aktivitäten" in der Region Berlin-Brandenburg. Er betont, dass „gewalttätige Einzeltäter, Klein- und Kleinstgruppen" aus dem rechtsextremistischen Spektrum eine „große Gefahr" darstellen. Werthebach muss es wissen, er führte das Bundesamt für Verfassungsschutz von 1991 bis 1995.

Juni Zunächst muss die rechte Szene einen Schlag wegstecken. Im Sommer 2000 wird Rüdiger Vollmer* als V-Mann des Verfassungsschutzes enttarnt. Seit 1996 wird er beim Thüringer Landesamt unter dem Decknamen „Küche" geführt und hat zudem Kontakte zum LKA. Mit fast 100-prozentiger Wahrscheinlichkeit kennt er das Trio und umgekehrt. Schließlich ist auch Vollmer ein langjähriger Aktivist des Thüringer Heimatschutzes und vor allem über den militanten Teil der Szene bestens im Bilde.

Der Neonazi hat 2000 ein bewegtes Leben am rechten Rand der Gesellschaft hinter sich. Nach der Wende bringt es Vollmer laut „Spiegel" zum Geschäftsführer der dubiosen „Deutschen Sexliga" in Weimar und zum Landesvorsitzenden der NPD. Vor laufenden Fernsehkameras lässt er Wehrsportübungen organisieren. 1992 schleudert er Schweinsköpfe in den Hof der Erfurter Synagoge. Im selben Jahr gründet Vollmer die „Deutsch Nationale Partei" und ernennt sich zum Vorsitzenden. Seine brutalen Hetzreden („Mit diesen Händen werde ich die Gashähne wieder aufdrehen") bringen ihm 1992 zwei Jahre und acht Monate Haft ein.

Wie schon bei Tino Brandt zeigt sich, dass der Thüringer Verfassungsschutz bei der Wahl seiner Informanten nicht wählerisch ist. Um den „Ex-Knacki" nicht formal zum V-Mann zu machen, greifen LfV-Chef Helmut Roewer und seine Leute tief in die Trickkiste. Vollmer wird „entgeltlich abgeschöpft", was zwar nichts anderes als eine Informantentätigkeit ist, aber eben besser klingt. Obwohl der ehemalige Koch mit dem originellen Decknamen „Küche" bereits 1997 abgeschaltet wird, offeriert er weiter heiße Informationen – auch über Mundlos, Böhnhardt und Zschäpe? Als er enttarnt wird, hat dies weitreichende Konsequenzen. Der Einsatz des vorbestraften Vollmer als V-Mann kostet Helmut Roewer den Job. Zwei Monate nach dem Auffliegen wird er als Chef des thüringischen Verfassungsschutzes abgesetzt.

1. Juli Offenbar wollen Zschäpe, Mundlos und Böhnhardt im Hochsommer 2000 aus Chemnitz wegziehen, es wird eine Wohnung in der Zwickauer Heisenbergstraße 6 gemietet. Als Mieter ist Maximilian Lautenbach eingetragen. Dem Mietvertrag liegen zwei Gehaltsabrechnungen der Steinmetz-Firma, Lautenbachs Arbeitgeber, bei.

7. Juli Wie schon am LfV Thüringen geht auch an den sächsischen Verfassungsschützern der Informationsfluss vorbei. Erst am 7. Juli, mittlerweile sind zwei Monate seit der Fotoaufnahme vor dem Eckhaus von Julia Böhmer vergangen, erfährt das LfV Sachsen überhaupt von dem Bild. Daraufhin observieren sie drei Tage lang Bastian Kowalski, den Freund von Julia Böhmer. Ohne Erfolg. Ob das Foto wirklich Böhnhardt oder einen unbeteiligten Zwickauer zeigt, ist nach wie vor unklar. Nur eins ist sicher: Die Wohnung von Julia und Bernd scheint ein regelrechtes Neonazi-Nest zu sein, ständig trifft sich hier die rechte Szene.

29. Juli Das Thüringer Landesamt für Verfassungsschutz observiert an diesem Tag ein Treffen der Kameradschaft „Weiße Bruderschaft Erzgebirge" in Lößnitz und Johanngeorgenstadt. Neben Lars und Sven Reger* erkennen die Fahnder Bernhard Schreiber, einen Neonazi, der später noch eine große Rolle spielen wird – und dessen Auto. Der Proton Mal mit dem ASZ-Kennzeichen wird bei einer Fahrzeugkolonne von einer unbekannten Person mit Armbinde mit der Aufschrift „Weiße Bruderschaft" gelenkt.

Wie vernetzt die Szene ist, zeigt Folgendes: Im Juli 2000 hat Bernhard Schreiber Kontakte zu einem Jörn Berger* aus Chemnitz. Der 1981 geborene Berger gilt als langjähriger Neonazi und Führungsperson aus Chemnitz. Mindestens seit 2011 telefoniert der polizeilich bislang nicht in Erscheinung getretene Jörn Berger mehrmals mit Ralf Wohlleben.

August Der Verbindungsmann des Trios, Dietrich Landner, wird festgenommen und kommt für einige Tage in Haft. Die Polizei beschuldigt ihn, eine Gedenkaktion für den Hitler-Stellvertreter Rudolf Heß zu planen. Um Beweise zu finden, durchsuchen sie seine Wohnung. Ein wichtiges Detail aber übersehen die Fahnder. Hinter einem braunen Holzsetzkasten klemmt eine Prepaid-SIM-Karte, welche Landner ausschließlich für Gespräche mit dem Trio benutzt. 2012 erklärt er den Ermittlern: „Das Handy war immer aus, und die Karte war versteckt. Zum Telefonieren bin ich aus der Wohnung gegangen und einmal um den Block gelaufen." Das Handy hat angeblich Ralf Wohlleben bezahlt.

Wenige Tage später verlieren die Untergetauchten und Wohlleben den engen Verbündeten Dietrich Landner. Verfassungsschützer notieren, er habe in der Szene „überraschend geäußert, sich an keinen politischen Aktivitäten mehr beteiligen zu wollen und sei von seinen Funktionen zurückgetreten". Er habe Angst vor der weiteren polizeilichen Verfolgung und wolle „weg aus Jena" und versuchen, „sich einen neuen Freundeskreis aus der Techno-Musik-Szene aufzubauen".

9. September Seit 14 Jahren lebt der Türke Enver Şimşek, geboren 1961 in einer Kleinstadt in Zentralanatolien, in Deutschland. Nach seiner Ankunft mit seiner Frau im Oktober 1985 arbeitet er als Fabrikarbeiter bei einer Firma für Autoteile, beginnt dann, Blumen zu verkaufen. Er schuftet und schuftet. Mit Erfolg. Aus einem kleinen Geschäft wird im Laufe der Jahre ein Großhandel, Geschäftsmittelpunkt in Schlüchtern bei Fulda, mit angeschlossenen Läden und mehreren Verkaufsständen. Die Karriere eines ehrgeizigen Einwanderers, der im Privatleben seit seiner Fahrt nach Mekka als strenggläubiger Moslem gilt. Er engagiert sich im islamischen Kulturverein seines Heimatortes. Şimşek fährt einmal in der Woche mit seinem weißen Mercedes-Sprinter nach Amsterdam zur Blumenbörse und kauft dort die Blumen, die er anschließend an seine Läden und Verkaufsstände verteilt. Auch in diesem Jahr. Doch vorher gönnt er sich eine sechs Wochen lange

Pause, fährt mit seiner Tochter Semiya, damals 14 Jahre alt, quer durch die Republik. Die Jugendliche soll das Land kennenlernen. „Das war die schönste Zeit für mich", wird Semiya später dem ARD-Radio erzählen. „Wir hatten viel Spaß zusammen." Semiya ist in Deutschland geboren, Hessen ist ihre Heimat. Mal besucht sie mit ihrem liebevollen und hilfsbereiten Vater die weit verstreut wohnenden Verwandten, mal gehen nur sie beide Angeln am See – erst am Ende der Ferien trennen sich ihre Wege. Denn Semiya muss zurück ins islamische Internat nach Aschaffenburg, ihr Papa zurück in die Firma.

Der 39-jährige Türke hat es durch harte Arbeit zum wohlhabenden Kleinunternehmer geschafft, beschäftigt in seiner Firma mehrere Angestellte. Dennoch spielte er offenbar mit dem Gedanken, seinen Schlüchtener Großhandel zu verkaufen, um mehr Zeit mit der Familie zu verbringen und sich noch stärker in der islamischen Gemeinde zu engagieren. Seine Frau merkt, dass er „müde von der vielen Arbeit" ist und immer öfter nachdenklich und nicht mehr so energiegeladen nach Hause kommt.

Anfang September kann sich Enver Şimşek kaum vor Arbeit retten. Einer seiner Angestellten weilt im Urlaub, der Chef persönlich muss seinen Mitarbeiter an der Einbuchtung im Wald an der Nürnberger Liegnitzer Straße vertreten. Normalerweise lief das Geschäft so: Şimşek bringt seinem Angestellten Samstag morgens 30 bis 40 Sträuße mit seinem Lieferwagen (Aufschrift „Blumen – Şimşek") und holt am Sonntagabend die Einnahmen ab. Heute nicht, heute verkauft er selbst.

In der kleinen, von Wald umgebenen Parkbucht ist genug Platz für den mobilen Blumenstand. Şimşek dekoriert ihn ab etwa 8.30 Uhr, spannt einen Sonnenschirm, stellt Klapptische auf und postiert seine holländischen Schnittblumen darauf.

Gegen 14.30 Uhr tauchen Mundlos und Böhnhardt auf. Sie treten an Şimşek heran – er ist gerade mit dem Binden von Blumensträußen auf der Ladefläche seines Transporters beschäftigt – und drücken eiskalt ab. Nach Ansicht der Ermittler erschießen die Mörder ihr erstes Opfer auf eine Art und Weise, die sie als „regelrecht stümperhaft" bezeichnen. Mit acht Kugeln aus zwei unterschiedlichen Waffen wird der Mann getroffen. Drei Kugeln treffen seine Wangen, eine geht in den Mund, eine in die rechte

Brust, eine in die Unterlippe, eine trifft den linken Unterarm und eine am linken Ellenbogen. Eine Patrone verfehlt den Körper und schlägt im Wagendach ein. Mundlos und Böhnhardt feuern noch, als Şimşek längst zu Boden gegangen ist. Eine der Pistolen ist die Česká, Mod. 83, Kaliber 7,65 Millimeter mit montiertem Schalldämpfer, die andere eine Bruni 315 Automatik. Ein heimtückischer, brutaler Mord. Die Täter haben aber längst nicht genug. Sie zücken einen Fotoapparat und machen Bilder von dem vor ihnen liegenden Schwerverletzten.

Erst eine dreiviertel Stunde später geht bei der Polizeiinspektion Nürnberg-Süd ein Anruf ein. Ein Zeuge hat beobachtet, dass der Blumenstand schon seit längerer Zeit nicht besetzt und unbeaufsichtigt ist. Noch dazu stände der Sprinter offen. Ein Streifenwagen soll nach dem Rechten schauen – und entdeckt den trotz der acht Treffer noch lebenden Şimşek blutüberströmt in seinem Auto. Der Nürnberger Polizist Manfred Hänßler: „Er hatte sowohl Körperverletzungen als auch Gesichtsverletzungen. Er war eigentlich am ganzen Körper getroffen. ... Er war nicht mehr ansprechbar." Ein Rettungswagen bringt Enver Şimşek ins Klinikum Nürnberg-Süd. Einen Raubüberfall schließen die Ermittler vor Ort relativ schnell aus. Enver Şimşek trug 740 D-Mark in der Hosentasche bei sich, im Mercedes lagen in einer Herrenhandtasche weitere 6860 D-Mark.

200 Kilometer nordwestlich, in Schlüchtern, hat Envers Familie schon lange Stunden nichts vom Vater gehört. Mitten in der Nacht schreckt Tochter Semiya von einem Handyklingeln hoch, ihr Onkel ist am Apparat. Mit schlechten Nachrichten. Ihrem Vater „gehe es nicht gut". Sie eilt noch in der Nacht nach Nürnberg zu ihm, bricht dort tief erschüttert an seinem Krankenbett zusammen. Furchterregend ist der Anblick des geschwollenen, bandagierten Gesichts des Vaters, dem zudem ein Auge fehlt. Zwei Tage später sehen die Ärzte keine Chance mehr, noch irgendetwas für Enver Şimşek zu tun. Nach der Attacke wacht er nicht mehr auf, die Mediziner stellen 11 Uhr vormittags die Maschinen ab.

Unmittelbare Zeugen des Mordes mit brauchbaren Hinweisen und heißen Spuren gibt es nicht, obwohl auf der Ausfallstraße zwischen den Nürnberger Stadtteilen Altenfurt und Langwasser an diesem Samstagnachmittag viele Fahrzeuge unterwegs gewesen sein dürften. In einem davon sitzen Herr B. und sein Sohn. Dem Jungen fallen zwei Männer vor dem Transporter auf, einer davon in einer schwarzen Radlerhose mit Baseballmütze. Sie vollführen auffällige Handbewegungen an Şimşeks Transporter. Beide zwischen 20 und 30 Jahren, beide über 1,80 Meter groß. Außerdem hört er blecherne Geräusche. Sieht B. die mordenden Neonazis?

Enver Şimşeks Tochter Semiya, mittlerweile studierte Sozialpädagogin, lebt elf Jahre nach dem Mord im hessischen Friedberg, knapp 160 Kilometer vom damaligen Tatort entfernt. Aus der Jugendlichen ist eine Frau mit eigener Familie geworden. Mit dieser sitzt sie an einem Freitag im November 2011 gemütlich vor dem Fernseher, voller Vorfreude auf das Fußball-EM-Qualifikationsspiel Türkei gegen Kroatien – bis ihr Bruder hereinstürmt und Semiya auffordert, die Nachrichten anzuschalten. Ein Nachrichtensprecher berichtet mit ernstem Gesicht, wer ihren Vater am 9. September 2000 hingerichtet haben soll.

All die schreckliche Erinnerungen sind sofort wieder da. Die Gedanken schweifen zurück in die dunkle Zeit nach dem Mord. Denn: Zeit zu trauern und den Verlust zu verarbeiten, bekommen die Angehörigen nicht. Es folgen Verhöre und Verdächtigungen auf der Polizeiwache durch die bei der Kriminaldirektion gegründete Soko „SIMSEK". Die Polizei steigert sich in eine Rauschgift-Theorie hinein. Da Enver Şimşek seine Blumen in den Niederlanden holte, vermuten die Beamten, könne er Drogenkurier oder sogar -händler gewesen sein, den jemand aus dem kriminellen Milieu auf dem Gewissen hat, vielleicht eine Art Racheakt.

Als Hauptverdächtige gelten zeitweise sogar die Mutter und Envers Bruder, der bis heute zu den Geschehnissen schweigt. Die Polizei vermutet zudem eine Familientragödie und ist über Wochen Dauergast im Haus. Semiya Şimşek und ihre Liebsten gehen durch ein Stahlbad aus falschen Verdächtigungen und Anschuldigungen. „Wir waren eh schon Opfer, meine Mama hat ihren Ehemann verloren, wir haben unseren Vater verloren, dann wirst du noch so misstrauisch betrachtet, das war echt nicht schön", sagt sie später dem „Deutschlandradio". Envers Frau ist bist heute nicht über den Tod ihres Ehemannes hinweg, leidet an Depressionen und nimmt Medikamente. „Sie ist dadurch krank geworden, natürlich, sie hat psychische Störungen, wir können nicht mir ihr im selben Haushalt leben, deshalb leben wir alle getrennt, natürlich besuchen wir sie, sie ist meistens bei ihren Eltern in der Türkei", so Semiya.

Dr. Günther Beckstein, zur Zeit des Mordes bayrischer Innenminister, lebte und lebt mit seiner Frau Marga nur gut einen Kilometer vom Tatort entfernt. Gegenüber den Buchautoren erinnert er sich: „Ich kannte den Blumenhändler, der dort immer stand. Also den Mann, den das spätere Opfer vertreten hat. Ich habe alles hautnah mitbekommen. In meiner Nachbarschaft wurde kurz darauf an einem Trafohäuschen ein klitzekleines Hakenkreuz entdeckt. Sogar das wurde geprüft, bis herausgefunden wurde, dass ein elfjähriges Kind es dort hinkritzelte."

Und die Mörder, suchten sie ihr erstes Opfer willkürlich aus?

Beckstein: „Ein ganz klares Nein. Die müssen Helfer und Helfershelfer gehabt haben, die Tipps gegeben haben. Ich habe sogar Leute aus der Nürnberger Neonazi-Szene einzeln angegeben, damit die mal überprüft werden. Da gibt es einige, die ich für brutal und gefährlich genug halte, um eine Organisation wie den NSU zu unterstützen. Ich kenne die drei Tatstellen meines Wohnortes Nürnberg sehr gut. Für Ortsfremde zum Beispiel wäre das erste Opfer fast nicht zu finden gewesen. Man muss vom Autobahnzubringer abbiegen in eine wenig befahrene Straße und von dieser ist er kaum zu sehen gewesen, weil er auf der Sportplatzeinfahrt stand. Und dazwischen sind Lärmschutzwände. Den Stand muss also jemand aus Nürnberg gekannt haben, sonst weiß der auch nicht, dass dort ein Türke und nicht ein Bauer aus der Nachbarschaft verkauft."

12. September Warum also suchten sich Böhnhardt und Mundlos gerade Enver Şimşek aus? Spielt auch die Wahl des Morddatums eine Rolle? Möglich. Denn in jener Zeit setzt das Bundesinnenministerium die Blood-and-Honour-Szene unter Druck. Hausdurchsuchungen und Observationen bei den Beteiligten sind nahezu an der Tagesordnung und ein bundesweites Verbot der Organisation droht. Es erfolgt am 12. September, drei Tage nach dem Mord.

29. September Offenbar kommt für Böhnhardt und Mundlos nicht infrage, sich nach dem ersten Mord zu verstecken oder im Ausland unterzutauchen. Zu sicher scheinen sie sich in Chemnitz beziehungsweise Zwickau zu fühlen. Können sie sich vorstellen, dass sie von gleich mehreren Behörden gejagt werden? Die Einsatzleitung in Sachsen entscheidet sich im Spätsommer des Jahres zur Durchführung weiterer Observationen. Unter anderem wird, mal wieder, das Haus in der Chemnitzer Bernhardstraße überwacht. Die Behörde hat einen Hinweis erhalten, dass hier eine Party stattfinden soll – Uwe Böhnhardt will angeblich seinen Geburtstag bei Julia Böhmer und Bastian Kowalski feiern. Eine automatische Videoanlage wird in einer Wohnung schräg gegenüber installiert und filmt den Eingang der Nummer 11 rund um die Uhr, 24 Stunden lang. Am 29. September scheint der Plan aufzugehen. Zwei Personen werden auf dem Film festgehalten, für drei Sekunden huschen sie durchs Bild. Böhnhardt und Zschäpe? Da die Beamten es nicht für nötig halten, selbst vor Ort zu sein und nur ihre Anlage laufen lassen, passiert außer der Aufnahme nichts.

Dafür schrillen einen Tag später alle Alarmglocken, als aus dem Thüringer LKA der Hinweis kommt, dass sich am 30. September oder 1. Oktober die Gesuchten in eben jenem Haus treffen und feiern wollen. Das Videoband vom 29. hat sich da noch niemand angeschaut. Einen Tag später wird also alles akribisch vorbereitet, Zugriffsbeamte stehen bereit. Selbst die Verfassungsschützer sind im Gegensatz zum Vortag, dem tatsächlichen Datum der Feier, vor Ort und sitzen im Haus gegenüber auf der Lauer. Weder Böhnhardt noch Mundlos, noch Zschäpe, noch sonst ein Krimineller taucht auf – warum auch, die Party fand ja einen Tag zuvor statt. Nach dem Misserfolg widmen sich die Fahnder, endlich, ihrer Videoanlage und sichten stundenlang Material. Auf dem Film erkennen sie zwei Personen, die ihnen eigentlich bei ihrem groß angelegten Festnahmeversuch ins Netz gehen sollten: Uwe Böhnhardt und Beate Zschäpe.

Während die Verfassungsschützer auf der Jagd nach den Untergetauchten eine eher unglückliche Figur abgeben, klappern die Ermittler in Nürnberg nach dem Mord an Enver Şimşek Spur für Spur ab. Vor allem ein Geschäftskonkurrent des Blumenhändlers gerät dabei ins Visier. Der Mann mit zweifelhaften Kontakten zu Mitgliedern des Organisierten Verbrechens betreibt einen ähnlichen Blumengroßhandel wie Şimşek und konkurriert mit diesem um die Gunst der türkischen Einzelhändler. Laut einer Vertrauensperson soll er im Frühjahr 2000 nach Leuten gesucht haben, die Şimşek „umbringen sollten". Verständlich, dass in diese Richtung intensiv ermittelt wird und der Mann zunächst als Hauptverdächtiger gilt. Durch die Ermittlungen kann zwar eine räuberische Erpressung in Berlin geklärt und der Geschäftsmann verhaftet werden – der Mordverdacht erhärtet sich aber nicht.

Gleichzeitig durchleuchten die Polizisten ein weiteres Mal die Familie Şimşek. Vor allem, weil bei den in Deutschland lebenden Brüdern und seiner Ehefrau finanzielle Ungereimtheiten aufgetaucht sein sollen. Den Ermittlern kam verdächtig vor, dass diese ohne das Wissen ihres Gatten 25 000 D-Mark bei einer Bank angelegt, das Geld im Juli 2000 abgehoben und in eine türkischen Holding reinvestiert hatte.

15. September Das Trio muss nun auch auf die weitere Hilfe von Ralf Wohlleben verzichten. Der fürchtet, von Spitzeln beschattet und überwacht zu werden und schreibt dem Trio auf deren blau-gelbes Philips-Handy eine SMS: „Mir ist es zur Zeit nicht moeglich mit euch zu sprechen wegen NPD-, gestern B+H-, und Bald ThsVerbot! Ich gehe davon aus das ich überwacht werde! Meld mich! Ralf." Eine Handymitteilung von großer Brisanz, denn sie erreicht Mundlos und Böhnhardt nur sechs Tage nach dem Mord an Enver Şimşek. Weiß Wohlleben, wer den Blumenhändler erschossen hat?

Was aber denken eigentlich die alten Kameraden im Thüringer Heimatschutz über die ehemaligen Weggefährten? Die Buchautoren sprachen mit Stefan Günther*. Er war Ende der 1990er und Anfang der 2000er Jahre Aktivist im THS. „Ich habe das Trio nicht mehr persönlich kennengelernt, da ich erst kurze Zeit nach deren Abtauchen politisch aktiv geworden bin in der Neonazi-Szene. Aber das Trio war ein Thema für uns. Die Führungskader haben es zwar gemieden, aber an der Basis waren die drei Helden beziehungsweise Idole. Sie sind für die ‚Sache' bis zum Äußersten gegangen, das hat natürlich vor allem uns Jüngeren imponiert. Aber es war auch klar: Man fragt nicht, wo die drei sind oder was sie machen. So wie sich uns die Sache darstellte, war klar, dass sie nicht einfach so irgendwo ihren Lebensabend verbringen, sondern, wo auch immer, noch politisch aktiv sind. Dieses Bild hat sich jedenfalls bei mir gefestigt anhand der Informationen, die ich über die drei und deren politisches Engagement hatte."

29. September Wieder versuchen es die Behörden mit einer Observation von Julia Böhmers und Bastian Kowalskis Wohnung in der Chemnitzer Bernhardstraße 11, mittlerweile die dritte Überwachung. Statt des Thüringer Verfassungsschutzes dürfen dieses Mal die Landeskriminalämter von Thüringen und Sachsen ran, um Böhnhardt aufzuspüren. Warum gerade jetzt und worauf sich deren Erwartung stützt, ist nicht mehr ersichtlich. Deshalb scheint es nicht verwunderlich, dass bei der Operation trotz aufwändigster Videotechnik Böhnhardt nicht gefunden wird. Übrigens: Zur gleichen Zeit der Überwachung lauert unabhängig von dieser auch das Landesamt für Verfassungsschutz Sachsen gegenüber der Neonazi-Wohnung – eine „Maßnahme zur Strukturermittlung im rechtsradikalen Milieu". Die LKAs wissen davon nichts.

Wen die Zielfahnder des LKA mit ihrer Videoüberwachung aber finden, ist Beate Zschäpe. Denken sie jedenfalls. Allerdings schicken sie nicht – wie schon im Mai – die Fotos zur sicheren Identifikation an das BKA. Auch wenn Überprüfungen der Observationsfotos im Jahr 2012 ergeben, dass es sich nicht um Zschäpe handelte, bleibt rätselhaft, warum die Beamten die damals Gefilmte nicht sofort festnahmen, wenn sie doch der Überzeugung waren, die Untergetauchte vor sich zu haben.

12. Oktober 37 Anschlüsse haben die Ermittler bisher überwacht, Dutzende Telefonate mitgehört und SMS gelesen. Gebracht hat es nichts. Und auch den Richtern reißt so langsam der Geduldsfaden. Sie sind es leid, immer wieder neue Telekommunikations-Überwachungen zu genehmigen. Am 13. Oktober ist jedenfalls Schluss mit der Spionage in der rechten Szene. In einem Vermerk der Zielfahndung heißt es:

„Für die Zielfahndung gibt es derzeit keine weiteren Fahndungsansätze. Am 12.10.2000 gab es ein Gespräch zwischen der Zielfahndung und dem zuständigen Staatsanwalt (...), sowie dem zuständigen Richter (...). Durch den zuständigen Richter (...) wurde mitgeteilt, dass er keine weiteren TKÜ-Maßnahmen in diesem Fahndungsvorgang anordnen wird, wenn sich keine weiteren konkreten Fahndungsansätze begründen lassen. Durch den zuständigen Staatsanwalt (...) wurde darauf verwiesen, dass die Beweislage in diesem Strafverfahren sehr vage ist und somit der Ausgang des Verfahrens offen. Es wurde durch den Staatsanwalt und Richter auf die Verhältnismäßigkeit der Fahndungsmaßnahmen hingewiesen."

27. Oktober Ein Journalist, der laut Wohlleben für das Magazin „Stern" arbeitet, spricht den Neonazi im Oktober auf die drei Flüchtigen aus Jena an. Für die Vermittlung eines Kontaktes oder Interviewtermins ist der Reporter bereit, 50 000 bis 60 000 DM zu zahlen. Wohlleben bittet um Bedenkzeit, lehnt das Angebot dann jedoch ab. Er stuft die Sache als zu gefährlich für das Trio ein.

2. November Hier endet die letzte Telefon-Überwachung bei Bastian Kowalski. Aufzeichnungen über Inhalt und Ergebnisse der abgehörten Telefonate sind nicht erhalten. Keine der durchgeführten TKÜ-Maßnahmen, bei wem auch immer, bringt konkrete Hinweise auf den Aufenthaltsort des Trios. Das Fazit eines Gutachtens, das die Ermittlungserfolge im Jahr 2012 analysieren soll, fällt dementsprechend ernüchternd aus: „Die Zielfahndung suchte nach dem Trio mit großem Aufwand und Engagement, allerdings, soweit ersichtlich, ohne Auswertung gefundener Ergebnisse und nachvollziehbarer Folgemaßnahmen. Außerdem sind die großen zeitlichen Abstände zwischen den Fahndungsmaßnahmen unverständlich und bestenfalls durch anderweitige Aufträge zu erklären. Eine stringente Entwicklung ist nicht feststellbar."

30. November Der dritte Banküberfall Chemnitz: Die Neonazis gehen erneut auf Raubzug. Ihr Ziel ist wieder eine Postfiliale, dieses Mal in der Johannes-Dick-Straße. 38 902,94 DM können Mundlos und Böhnhardt mit ihren vorgehaltenen Waffen erbeuten.

2001
Der braune Kreuzzug

19. Januar Mit einer perfiden Methode lässt es der neu „gegründete" NSU in einem Getränke- und Lebensmittelmarkt in der Kölner Probsteigasse 44 nahe des belebten Hansarings zu einer folgenschweren Verpuffung kommen. Kurz vor Weihnachten, so erinnern sich Zeugen, betritt ein etwa 25 Jahre alter Mann das Geschäft mit einem Einkaufskorb. Darin: Eine bordeauxrot lackierte Weihnachtsdose mit weißem Sternenmuster. Im Geschäft selbst schaut sich der hellblond gelockte Mann interessiert um, greift wahllos nach einigen Lebensmitteln. An der Kasse angekommen, behauptet er, seinen Geldbeutel vergessen zu haben – und geht, um diesen zu holen, taucht aber nicht wieder auf. Also stellt Geschäftsinhaber Djavad M. den Korb in einen Nebenraum, der als Büro dient. Drei Wochen steht er dort herum, scheint in Vergessenheit geraten. Die 19-jährige Tochter des Chefs, Masliya M., schmiert am frühen Morgen des 19. Januars gerade Brötchen für den Verkauf, als die Dose in dem Korb knackt. Neugierig auf den Inhalt des weihnachtlichen Behälters schaut sich die Deutsch-Iranerin den abgestellten Weidenkorb genauer an. Sie kann gerade noch kurz die blaue Gasflasche darin erkennen, schon löst sich beim Durchwühlen der Zündmechanismus aus. Eine gewaltige Verpuffung erschüttert den Laden, der Innenhof hinter dem Geschäft füllt sich in Sekundenschnelle mit schwarzem Ruß, Fenster der Nachbarn zerspringen, und der Rollladen des Laden-Schaufensters wird aus seiner Verankerung gerissen. Während ihre Eltern im Vorderraum nahezu unverletzt bleiben, erleidet die junge Frau schwere Brandverletzungen zweiten Grades im Gesicht und an der rechten Hand, der Augenhöhlenboden bricht. Apathisch und das Gesicht voller Ruß taumelt sie nach dem Anschlag auf die Straße vor dem Laden und lehnt sich kurz vor der Bewusstlosigkeit an eine Wand. Masliya hat dennoch Glück im Unglück. Hätte sich die angehende Abiturientin nicht gebückt, um in ihrer Tasche zu kramen, hätte sie die Explosion der umgebauten rechteckigen Stollenbox womöglich nicht überlebt.

Die Familie M., die den Laden seit 1996 betreibt, ist in der Nachbarschaft beliebt. „Beim Einkauf gab's für die Kinder immer gratis was dazu, beispielsweise einen Mohrenkopf oder eine Möhre", berichtet eine Stammkundin dem „Kölner Stadtanzeiger".

Nach dem Anschlag muss Masliya auf der Intensivstation in einer Spezialklinik für Brandverletzungen behandelt werden. Ihre Eltern sowie die kleine Schwester erleiden einen schweren Schock. Die Familie M. kommt nicht mehr auf die Beine. Der Schaden am Laden von 200 000 D-Mark zerstört trotz Spenden der Nachbarn ihre Existenzgrundlage, drei Monate nach der Attacke muss der Lebensmittelmarkt geschlossen werden. Masliya muss mehr als anderthalb Monate künstlich beamtet werden und kann erst nach mehreren Hauttransplantationen aus dem Krankenhaus Merheim entlassen werden.

Und die Behörden? Die Fahnder der gegründeten 20-köpfigen Ermittlungskommission EK Probst treten schon bald auf der Stelle. Die Untersuchung der Überreste des Sprengsatzes bringt nicht wirklich viel. Die Ermittler kommen zu dem Ergebnis, dass der Sprengstoff eine sehr spezielle, bisher unbekannte Zusammensetzung hat. Die Bombe war ein primitiver Eigenbau. Im März verkünden sie, dass nichts für einen fremdenfeindlichen Anschlag spreche.

Dass der Anschlag auf Rechtsextremisten zurückzuführen ist, spielt in den Überlegungen der Ermittler zwar eine Rolle, doch werden sie womöglich durch Zeugenaussagen auf eine falsche Fährte gelockt. Masliyas Eltern vermuten hinter der Bombe einen Bauunternehmer, mit dem sie wegen des Baus ihres Eigenheimes in finanziellen Streit geraten sind. Masliyas Bruder mutmaßt, dass Zuhälter etwas mit der Attacke zu tun haben könnten. Schließlich war er gerade dabei, seine Freundin aus der Rotlichtszene herauszukaufen. Zwischenzeitlich gab es sogar Ermittlungen in Richtung Iran. Dort war Masliyas Mutter früher politisch aktiv.

Ins Rheinland sind die Neonazis wahrscheinlich mit dem Wohnmobil gekommen. Den Fiat Ducato H590 Cristall hat Lars Reger am 19.12.2000 in Chemnitz gemietet, zwei Tage später zurückgegeben. In diesen 48 Stunden hat einer der beiden Uwes die Bombe im Geschäft abgelegt. Neue Erkenntnisse über den Anschlag können heute nicht mehr ermittelt werden. Ende Januar 2006, fünf Jahre nach der Tat, beantragt die Staatsanwaltschaft Köln die Vernichtung aller Asservaten und Tatortspuren.

14. Februar Seit nunmehr drei Jahren jagt die Zielfahndung Thüringen dem Trio wie einem Phantom hinterher, der Stachel der Erfolglosigkeit sitzt tief. Voller Frust notiert ein Mitarbeiter, der seit 1994 dabei ist, in einem Vermerk, dass einer der drei Untergetauchten anscheinend ein V-Mann des Verfassungsschutzes sei und von diesem gedeckt werde. Diese These begründet er mit einer Behauptung von Vater Mundlos, der das wiederum aus einem anonymen Brief erfahren haben will. So weit, so gut. Doch statt den Vermerk seinem Vorgesetztem vorzulegen, überspringt der Zielfahnder diese Hierarchiestufe und leitet ihn gleich an den zuständigen Staatsanwalt weiter. Der heftet das Papier in der Ermittlungsakte ab – und die Spur verschwindet zwischen tausenden Papierseiten. Ein Umstand, der den Zielfahnder 2012 den Job kostet. Nach Informationen von MDR Thüringen fürchtet man um die Glaubwürdigkeit des Beamten. Noch 2009 wurde er zum Kriminalhauptkommissar befördert. Jetzt gilt er als „beschädigt" und „angreifbar".

Richtig skurril wird es im Jahresbericht des Zielfahndungskommandos von 2001. Dort heißt es: „Die Spezialität der Ermittlungstätigkeit hat gezeigt, dass die Zielfahndung personell nicht in der Lage ist, ein derart verzweigtes Beziehungsgeflecht, wie es sich in der rechten Szene darstellt, aufzuarbeiten. Aus Sicht der Zielfahndung ist die Lokalisierung der gesuchten Personen nur durch eine SOKO für diesen Fahndungsteil realisierbar". Die Einsicht kommt drei Jahre zu spät, denn schon 1998 ist die Unterbesetzung offensichtlich. Auf die Idee, die personell schwache Zielfahndung zu ersetzen und die nun drei Jahre alte Fehlentscheidung zu korrigieren, kommt die Führung des Thüringer Landeskriminalamtes nicht.

26. Februar Im Gegensatz zum Präsidenten des Verfassungsschutzes, Heinz Fromm, und dem Berliner Innensenator Eckhart Werthebach, die 2000 beide zumindest Ansätze für das Entstehen terroristischer Strukturen sehen, macht man sich ein Jahr später in Thüringen weniger Gedanken – oder ist schlichtweg schlechter informiert. Auf eine Kleine Anfrage des PDS-Abgeordneten Steffen Dittes antwortet das Thüringer Innenministerium am 26. Februar: „Der Landesregierung liegen keine Erkenntnisse vor, dass Thüringer Rechtsextremisten an rechtsterroristischen Aktivitäten beteiligt sind." Außerdem sieht der Freistaat „keine Ansätze für das Entstehen derartiger Strukturen". Zu einer anderen – und treffenderen – Einschätzung kam der Brandenburger Verfassungsschutzchef Hans-Jürgen Förster bereits im Jahr 1998. In einem Gespräch mit dem „Spiegel" warnte er: „Allerdings besteht unabhängig von der Verbotsproblematik die Gefahr, dass sich wie früher bei den in der Legalität operierenden linksextremistischen Revolutionären Zellen eine Art Feierabendterrorismus im rechten Bereich entwickelt. Diese Sorge gründet sich vor allem darauf, dass sich in letzter Zeit bundesweit Waffenfunde bei bürgerlichen Neonazis häufen."

9. März Erst ein paar Monate schwirrt den Neonazis ihr neues Label „Nationalsozialistischer Untergrund" durch die Köpfe. Jetzt wollen sie das Bestehen des NSU zumindest für sich in Bildern und Farben festigen. Sie stellen einen Videoclip mit rassistischen Bildern und Logos sowie Rechtsrock-Untermalung fertig.

April V-Mann Tino Brandt berichtet, Ralf Wohlleben habe eine Geldspende abgelehnt, weil das Trio mittlerweile „schon so viele Sachen/Aktionen gemacht hätte". Offenbar läuft beim LfV Thüringen eine ganze Menge falsch. Wie ist es sonst zu erklären, dass die Verfassungsschützer bei der Auswertung der Aussagen ihrer Quellen zu keinen Schlüssen kommen? Allein von Mai 1998 bis Mai 1999 erhalten sie zwölf Quellenhinweise zu finanziellen Problemen der Flüchtigen. Die Behörde weiß, dass Mundlos, Böhnhardt und Zschäpe dringend Geld brauchen. Ebenso ist bekannt, dass sie sich wahrscheinlich im Großraum Chemnitz befinden und Helfer Waffen für sie suchen. Alle Glocken hätten läuten müssen, als das LfV Thüringen das von Brandt berichtete Spendenablehnen erfährt. Doch der Groschen fällt nicht. Es wäre so einfach gewesen, über zuständige Polizeibehörden und das LfV Sachsen unaufgeklärte Straftaten in Sachsen mit den Punkten „Waffen" und „Geld" prüfen zu lassen. Zwangsläufig wären sie auf die in Chemnitz begangenen Banküberfälle vom Oktober 1999 und November 2000 gestoßen – doch die Quellenauswerter haben bei der Betrachtung der Hinweise die nicht schwer erkennbaren Zusammenhänge übersehen. Auch wollen sich die Verfassungsschützer offensichtlich nicht helfen lassen. Von knapp 50 beim TLfV eingegangenen Mitteilungen von V-Leuten und Informanten zum Trio ist nur in fünf Fällen eine Weiterleitung an das ermittelnde LKA dokumentiert.

Mai 2001 Umzug in die Polenzstraße: Knapp ein Jahr nach dem Bezug der Wohnung in der Heisenbergstraße wird diese nicht mehr gebraucht und gekündigt. Ein Umstand, der Maximilian Lautenbach der Unterstützung belastet. Denn es kommt zu einer Nachforderung durch die Gebäude- und Grundstücksgesellschaft Zwickau in Höhe von 200 Euro. Da keine Nachfolgeadresse hinterlassen worden ist, muss das firmeneigene Inkassounternehmen ermitteln. Und wird fündig über das Einwohnermeldeamt Dresden, wenn auch erst im April 2003. Dort wohnt Lautenbach mittlerweile, an den die Aufforderung zum Ausgleich geschickt und der nachgekommen wird. Lautenbach muss mit Mundlos in Kontakt getreten sein, der den Fehlbetrag von seinem konspirativen Konto bei der Commerzbank begleicht. Dieses hat er mit einem Personalausweis von Lautenbach, aber seinem abgebildeten Foto eröffnet.

Das Trio zieht derweil in die Zwickauer Polenzstraße 2 im Ortsteil Marienthal. Die Wahl fällt auf eine Erdgeschosswohnung in einem gelblich-schmuddelig verputzten Altbau. Vermutlich ist das Chemnitzer Pflaster den dreien zu heiß geworden, denn noch immer gehen Polizei und Staatsschutz gegen Blood-and-Honour-Strukturen vor. Ziemlich genau sieben Jahren werden Mundlos, Böhnhardt und Zschäpe in Zwickau wohnen bleiben.
Für Naturliebhaber ist die triste Gegend rund um die Polenzstraße nichts. Zwischen Güterbahnhof und dem alten Kasernen-

gelände liegen ungepflegte Brachen, zwei eilig hochgezogene Supermärkte und bröckelnde Bürgersteige. Durch die Marienthaler Straße schiebt sich täglich eine stinkende Blechlawine.

In dieser Umgebung, auf gut 77 Quadratmetern mit vier kleinen Zimmern (Küche, Duschbad und Flur) leben nun die Neonazis, die bereits einen Menschen ermordet und drei Banken geplündert haben. Die Miete zahlt eine gewisse Lisa Pohl, jeweils bar, bei der Bank ein. Später wird herauskommen, dass Lisa Pohl einer von mindestens neun Decknamen ist, die Beate Zschäpe benutzt. Den Mietvertrag unterschrieben hat ein gewisser Bernhard Schreiber. In seiner Vernehmung behauptet er, mit einem gewissen Maximilian Lautenbach – den Decknamen benutzte Mundlos – ein Untermieterverhältnis eingegangen zu sein. Kennengelernt hat Bernhard Schreiber Mundlos alias Maximilian Lautenbach über den gemeinsamen Kumpel Lars Reger. Der in Johanngeorgenstadt lebende Schreiber suchte angeblich nach einem Zimmer, um dort nach seinem Fernfahrer-Job ab und an übernachten zu können. Da Mundlos ihm erzählt, er könne aufgrund von Schufa-Einträgen derzeit keine Wohnung mieten, einigen die beiden sich schnell – Schreiber mietet die Räume, das Trio kann einziehen. Angeblich hat Schreiber außer den Gesprächen über die Wohnung und ein paar gemeinsam getrunkenen Tassen Kaffees nichts mit dem Trio zu tun. Für ein paar Übernachtungen im Monat zahlt er Mundlos alias Maximilian Lautenbach angeblich zwischen 50 und 70 Euro.

Der Vermieter, Volker Volquardsen, denkt, er habe es bei Zschäpe mit Doreen Schreiber* und ihrem Mann Bernhard zu tun. Gegenüber dem MDR-Magazin „exakt" beschreibt er seine Mieter so: „Die waren sehr angenehm. Sie haben die Hausordnung befolgt, ausgeführt. Pünktlich bezahlt. Waren freundlich. Keine laute Musik. Keine Störung, gar nichts." Ein Vorzeigepaar. Die im ganzen Haus beliebte Beate Zschäpe hängt die Wäsche der drei im Hof auf, besucht die Nachbarn auf einen Kaffee oder verabredet sich mit ihnen zum Weintrinken. Den Alkohol spendiert meistens sie. Wenn das Trio mal wochenlang unterwegs ist – auf Mord-Tour oder im Urlaub auf Fehmarn – bringt Zschäpe hinterher Blumen mit: Als „Dankeschön" für den übernommenen Hausdienst.

Ganz selbstlos war Zschäpes Einsatz für die „gute Nachbarschaft" nicht, eher wohl Kalkül. Einmal trifft sie eine Mitbewohnerin aus dem Haus in der Zwickauer Fußgängerzone. Sie habe ihren Ausweis vergessen, behauptet Zschäpe, müsse sich aber dringend ein Handy samt Prepaidkarte besorgen. Die angesprochene Siegrid Peine* vertraut der lieben „Liese". Für ein Dankeschön von 50 Euro registriert sie das Mobiltelefon auf ihren Namen. Mit ebenjener 0162-Nummer soll Zschäpe später mit mutmaßlichen Terrorhelfern gesprochen haben, unter anderem mit Gerald Kluge und Ralf Wohlleben.

Vor allem Gerald Kluge ist 2001 eine wichtige Stütze für das Trio. Am Zwickauer Bahnhof übergibt er einen Reisepass für Uwe Böhnhardt. Für das Passfoto, für das er mit Beate Zschäpe gemeinsam auf dem Passamt war, ließ er sich einen Schnauzbart wachsen und setzte eine Brille auf. Als er das begehrte Stück in den Händen hält, drückt ihm Zschäpe 3000 D-Mark in die Hand. Es ist die Rückzahlung einer Spende Kluges von 1998 an das Trio.

Im selben Jahr muss Kluge im Auftrag von Wohlleben eine Waffe nach Zwickau bringen – in einer Reisetasche. Wohlleben gibt sie ihm mit den Worten: „Es ist besser, wenn du nicht weißt, was sie damit vorhaben." Er ertastet einen Stoffbeutel – samt Pistole. Angekommen am Bahnhof, wird Kluge von Zschäpe in Empfang genommen und in die Polenzstraße geführt. Hier warten Mundlos und Böhnhardt schon ungeduldig. Einer der Männer holt die Pistole aus der Tasche und lädt sie vor den Augen der anderen durch – samt Munition in der Waffe. Der Schock über die Aktion sitzt bei Kluge angeblich tief. Laut eigener Aussage will er sich fortan geweigert haben, Kurierdienste für das Trio zu übernehmen; die Sache sei ihm zu heiß geworden. Und überhaupt, mit Waffen wolle er nichts zu tun haben. Es kommt zur Diskussion, und Kluge wird deutlich. „Das funktioniert nicht. Fünf Leute können sich nicht anmaßen, die Welt zu retten", redet er auf das Trio ein. Seine Argumente verhallen unverstanden.

Im Haus ahnt natürlich niemand etwas von Waffen und Anschlagsplanungen. Jeden Donnerstag schauen Lars und Konstanze Reger* mit ihren beiden Kindern in der Polenzstraße bei Zschäpe vorbei. Das Milieu passt: Er soll treibende Kraft in der neonazistischen Gruppierung „Weiße Bruderschaft Erzgebirge" beziehungsweise der „Brigade Ost" gewesen sein, der Name der Frau taucht später auf einer Bestellliste der in Neonazi-Kreisen beliebten Klamottenmarke „Thor Steinar" auf. Doreen und Beate gelten unter den Nachbarn als Schwestern.

Eine Mieterin hält Mundlos, Böhnhardt und Zschäpe sogar für „verkappte Grüne" – wegen der Campingurlaube und der Fahrräder, mit denen vor allem die Männer des Öfteren auf Tour sind. Nur das „Rummsen" nervt manchmal. Woher kommen die lauten Geräusche? Mundlos und Böhnhardt spielen offenbar stundenlang Ballerspiele, aus den voll aufgedrehten Boxen klirren Schieß- und Explosionsgeräusche. Einmal will eine Mieterin die beiden Männer gehört haben, wie sie sich im Hausflur auf dem Weg zu ihrer Wohnung darüber unterhalten, auf „Leute zu schießen". Die Frau konfrontiert Beate Zschäpe, die vor dieser öfter mit einem prall gefüllten Portemonnaie prahlt, mit den Aussagen. Die beschwichtigt, dass sich ihre beiden Mitbewohner lediglich über Computerspiele unterhalten hätten. Kurz nach dem Gespräch mit der Nachbarin kauft das Trio Schalldämmmaterial – danach herrscht Ruhe im Haus. Ehemalige Nachbarn beschreiben die drei als recht umgänglich, wenn auch wortkarg. „Die haben uns manchmal das Fahrrad in die Wohnung hochgetragen", erinnert sich ein junger Mann gegenüber dem „Tagblatt". Im Gegenzug hilft er bei der Suche nach Zschäpes Katzen, die Rechtsextreme hatte auf ihre verloren gegangenen Lieblinge bereits einen hohen Finderlohn ausgesetzt. Die Tiere sind ihr besonders wichtig. Einer Nachbarin erzählt sie, dass die beiden „ihre Kinder" wären. Sie selbst könne wegen einer Operation keinen Nachwuchs mehr bekommen.

Bis 2005 lebt der Mann, der die Katzen später fand, mit seiner Familie zwei Stockwerke über den Neonazis. Inzwischen läuft es ihm eiskalt den Rücken herunter, wenn er an die ehemaligen Mitbewohner denkt. „Das waren wohl richtige Ausländerhasser. Ich bin fast schon überrascht, dass sie uns nichts angetan haben." Die Familie des Ex-Nachbarn stammt aus Afghanistan.

Die Ermittler müssen im Mai 2001 im Übrigen einen Rückschlag hinnehmen. Tino Brandt wird von Journalisten als V-Mann enttarnt. Bis dahin sind rund 200 000 Euro in die Taschen des Rechtsextremen gewandert, der schon als 17-Jähriger einen Neonazi-Aufmarsch mit 2500 Rechtsextremen organsierte. Noch bis in den Januar 2002 finden mehrere Treffen zwischen dem V-Mann-Führer und „Otto" statt – zur „Nachbetreuung". Gegenüber den Autoren dieses Buches mutmaßt der ehemalige Vizechef des Thüringer NPD-Landesverbands, was passiert wäre, wenn er weiter in der NPD geblieben wäre: „Wenn ich damals weiter Politik gemacht hätte, dann würde ich heute mit der NPD im Landtag sitzen, dann wäre in der Partei einiges anders gelaufen. Da bin ich mir sicher." Tino Brandt scheint seine Ideologie nie aufgegeben zu haben. Heute lebt er zurückgezogen in der Thüringer Provinz und arbeitet in der Landwirtschaft im Betrieb seiner Schwester.

13. Juni Ermordung Abdurrahim Özüdoğru: Abdurrahim Özüdoğru, 49 Jahre alt, schuftet wie das erste Mordopfer Enver Şimşek hart für seinen Lebensunterhalt. Mit unterschiedlichen Ergebnissen. Der eine, Şimşek, ist ein erfolgreicher Unternehmer, der andere lebt nahe an der Existenzgrenze.

Özüdoğru stammt aus Yenisehir in der Marmararegion im Nordwesten der Türkei und ist seit 1974 in Deutschland, heiratete hier 1980. Zwei Jahre später kam die kleine Tochter zur Welt. Doch die Ehe hielt nicht, auch weil Özüdoğru im Laufe der Jahre immer gewalttätiger geworden sein soll. 1998 wurde sie geschieden, seitdem war der verschlossene Nürnberger, der im Kollegenkreis über die Jahre mehr als 14 000 D-Mark für Stiftungen der türkischen Armee sammelte, als Einzelkämpfer unterwegs. Auch an diesem sonnigen Mittwochnachmittag. Abdurrahim Özüdoğru ist auf dem Weg in sein kleines Geschäft. Kurz nach 16 Uhr macht er noch einen Abstecher und biegt in einen nahe gelegenen Lotto-Toto-Laden. Hier wird er das letzte Mal lebend gesehen.

Abdurrahim Özüdoğru besitzt eine ehemalige Schneiderei in einem dichtbewohnten Gebiet in der Nürnberger Südstadt, die er neben seiner Schichtarbeit bei der „Diehl Stiftung" in dem Eckhaus nebenberuflich betreibt. Erst wenige Monate vorher hat er sie von seinen Eltern übernommen. Wirklich erfolgreich ist der Laden in dem alten Arbeiterviertel nicht. Verstaubte und überwiegend altmodische Klamotten liegen auf dem Boden verstreut, und auch in den angrenzenden Wohnräumen mit kleiner Küche und abgeteiltem Bade- und Toilettenraum sieht es nicht viel besser aus. Zu unordentlich, zu heruntergekommen ist vermutlich der Eindruck, den Kunden in der Änderungsschneiderei bekommen. Einer von ihnen wirft am späten Abend, gegen 21.25 Uhr, durch das große Glasschaufenster dennoch einen Blick in das schummrige Geschäft und bemerkt das noch brennende Licht im Laden. Was er sieht, schockiert ihn. Er reagiert blitzschnell und ruft die Polizeieinsatzzentrale. Aufgeregt berichtet der Mann den Beamten von einer am Boden liegenden blutenden Person in dem Haus Gyulaer Straße 1. Die eintreffenden Polizisten finden Özüdoğru an eine Verbindungstür gelehnt, an seiner rechten Schläfe klafft ein Einschussloch. Die über das Gesicht laufende Blutspur ist bereits getrocknet, der herbeigerufene Notarzt kann nur noch den Tod feststellen. Ermordet wurde Abdurrahim Özüdoğru wahrscheinlich gut vier Stunden früher.

Anders als bei der Erschießung Şimşeks, dem Mundlos und Böhnhardt acht Kugeln in den ganzen Körper jagten, ermorden die Thüringer ihr zweites Opfer mit zwei gezielten Schüssen aus einem bis zwei Metern Entfernung in den Kopf. Einer in die Schläfe, der andere trifft Abdurrahim Özüdoğru unterhalb des rechten Nasenlochs. Wie bei Enver Şimşek töten Mundlos und Böhnhardt mit der Česká 83, Kaliber 7,65 Millimeter – und wieder fotografieren sie ihr Opfer.

Der Nürnberger Polizist Manfred Hänßler und seine Kollegen erkennen die Gemeinsamkeiten zum ersten Fall in der fränkischen Stadt am 9. September 2000. Im ARD-Radio erinnert er sich im Jahr 2010: „Wir haben hier die Verbindung Waffe – Opfer. Täter wissen wir nicht. Können wir nicht sagen. Es können ja durchaus unterschiedliche Täter sein. Aber hier ist schon ersichtlich: Wir haben hier zwei türkische Mitbewohner, zwei Kleingewerbetreibende, und wieder die Waffe. Da haben wir schon mal drei Gemeinsamkeiten, die uns damals aufmerksam werden ließen."

Ist das Datum der Ermordung, der 13. Juni, Zufall? Möglich – aber auch nicht. Nachdem bereits Enver Şimşek drei Tage vor dem Verbot von „Blood and Honour" starb, gibt es auch bei Özüdoğru eine mysteriöse Verbindung zu dem Netzwerk. Exakt am 13. Juni ging B&H vor dem Bundesverwaltungsgericht in die Berufungsverhandlung gegen das Verbot der Vereinigung und scheiterte. Und noch etwas: In der Nähe der Änderungsschneiderei befindet sich eine ehemalige SS-Kaserne, jetzt ist hier das Bundesamt für Migration und Flüchtlinge beheimatet.

Nach dem Mord wird bei der Kriminaldirektion Nürnberg die EG Schneider gegründet.

27. Juni Ermordung Süleyman Taşköprü: In ihrem Hass suchen Mundlos und Böhnhardt ihr nächstes Opfer: Süleyman Taşköprü stirbt auf den Tag genau zwei Wochen nach der Erschießung des Nürnbergers Abdurrahim Özüdoğru. Er stammt aus Afyonkarahisar in der Ägäisregion im Südwesten der Türkei, ist gerade einmal 31 Jahre alt und hat eine drei Jahre alte Tochter. Im Hamburger Stadtteil Bahrenfeld betreiben seine Eltern den unauffälligen und nicht sehr rentablen Obst- und Gemüseladen „TASKÖPRÜ-MARKET" in der Schützenstraße 39, einer Seitenstraße, die an die Stresemannstraße grenzt, eine vielbefahrene Ein- und Ausfallstraße in den Hamburger Westen und die Innenstadt. Gemeinsam mit seinem Vater Ali öffnet Süleyman am Morgen den Familienbetrieb und ärgert sich – die Oliven fehlen, bei vielen Kunden besonders beliebt. Taşköprü schickt seinen Vater 10.45 Uhr los, er solle die Früchte bitte aus einem nahegelegenen Lebensmittelgeschäft besorgen. Süleyman Taşköprü, 1981 nach Deutschland gekommen, ist allein im Geschäft. Mundlos und Böhnhardt brauchen keine Minute. Sie marschieren in das Geschäft in der Wohngegend mit relativ hohem Ausländeranteil, überrumpeln ihr Opfer – und treiben mit Taşköprü in dem schmalen Durchgang zwischen Kühltheke und Abstelltisch noch ein mörderisches Spiel. Mit einem Fotoapparat knipsen sie den Gemüsehändler, der mit weit aufgerissenen Augen ins Objekt und den Lauf einer Waffe blickt. Dann lassen sie Taşköprü sich umdrehen und drücken mit der Česká und der Bruni 315 Automatik drei Mal ab – alle drei Kugeln treffen Taşköprü von hinten in den Kopf. Taşköprü kippt nach vorn gegen die Obstkisten und prallt mit dem Kopf gegen die Holzbehälter. Die Thüringer fotografieren den Mann erneut, dieses Mal tot auf dem Boden liegend.

Gegen 11.15 Uhr kommt Süleymans Vater vom Olivenkauf zurück in den Laden. Er entdeckt seinen Sohn auf dem Fußboden,

der Kopf mit riesigen Wunden in einer Blutlache. Unter Schock stehend, rennt Taşköprü senior in eine Metzgerei um die Ecke und ruft von hier aus Rettungsdienst und Polizei.
Zeugen gibt es wie bei den vorhergehenden Morden keine. Lediglich einer will einen Streit zwischen Taşköprü und zwei Männern mitbekommen haben, in dem die Worte „Hau ab" und „Verpiss dich" gefallen sind. Ein Streit, der sich ins Innere des Ladens verlagerte? Unwahrscheinlich. Denn Mundlos und Böhnhardt sprachen nach bisherigen Erkenntnissen nicht mit ihren Opfern.

Wer ist Süleyman Taşköprü, wer ist das dritte Opfer von Mundlos und Böhnhardt? Taşköprü beendet in Hamburg die Hauptschule, einen Beruf lernt er nicht, arbeitet in verschiedenen Geschäften als Reinigungs- und Hilfskraft, ehe er im elterlichen Geschäft mit anpackt. Nebenher gerät er ins Milieu des Hamburger Kiezes. Taşköprü ist wegen Diebstahl, Körperverletzung, Fahren ohne Fahrerlaubnis mehrfach bei der Polizei aufgefallen, hat bereits Anzeigen wegen Körperverletzung und Trickdiebstahl am Hals. Süleymans Freundin Dajana, mit der er eine Tochter hat, arbeitet rund um die Reeperbahn zumindest zeitweise als Prostituierte. Eine frühere Freundin, die Jugoslawin Alma C., bereitet ihm aber mehr Sorgen. Zunächst verstehen sich die beiden gut und begehen 1992 zahlreiche Scheckbetrügereien. Allerdings so stümperhaft, dass sie hinter Gittern landen und sich von Firmen und Privatpersonen hohe Regressforderungen einhandeln. Fünf Jahre später, 1997, nachdem beide das Gefängnis wieder verlassen haben, taucht Almas neuer Freund Bülent mit seinem Bruder Cahit bei Taşköprü auf. Beide sind in Verbindung mit Drogengeschäften bereits polizeibekannt in Hamburg-Altona. Nun wollen sie, dass der junge Türke für die Schulden seiner Ex-Freundin geradestehen soll. Als er sich vehement weigert, schießt ihm Cahit in einem Billard-Café zweimal ins Bein.

Nach und nach stoßen die Fahnder in dem Fall also auf Indizien, dass das Opfer doch nicht so unauffällig lebte, wie angenommen. Felix Schwarz, Leiter der Abteilung Organisierte Kriminalität beim Hamburger Landeskriminalamt, erklärt die Vermutung 2010 im ARD-Radio: „Ich würde unser Opfer nicht als Kriminellen, als Berufskriminellen bezeichnen, aber er war zumindest schon polizeilich in Erscheinung getreten. Und was wir festgestellt haben war, dass er Verbindungen zu kriminellen Kreisen hatte, dass er sich in kriminellen Kreisen bewegte. Im Hamburger Milieu, wenn man so will. Unter Milieu verstehen wir hier in Hamburg den Bereich auf St. Pauli, auf dem Kiez, in dem es um Prostitution geht, wo auch mal Glückspiel eine Rolle spielt. Das sind die Kreise, aus denen das Opfer seine Bekannten, auch seine Freunde rekrutierte, wenn man so will. Er ist ein kleines Licht, wenn man den kriminellen Hintergrund betrachtet."

Doch in dem kleinkriminellen Milieu, in dem sich der Erschossene aufgehalten hat, kommen die Fahnder nicht weiter. Zumindest ist ihnen klar, dass sie es mit einer Serie zu tun haben. Und auch das Motiv scheint gefunden: Die Polizisten sehen den Mord laut Schwarz als „Abstrafaktion für jemanden, der einen Fehler gemacht hat gegenüber Straftätern, denen er als Opfer in irgendeiner Form verpflichtet war und der gegen Regeln verstoßen hat".

Diese Mutmaßung unterstützt eine Kundin, die zwei Tage vor dem Mord in Süleyman Taşköprüs Laden einkaufte – und einen heftigen Streit mitbekam. Der Ladeninhaber diskutierte ihrer Aussage zufolge mit drei südländisch aussehenden Männern, von denen einer schreiend direkt vor Taşköprü stand und einen aufgeregten und wütenden Eindruck machte. Am Ende des Streits sagte der etwa 30-jährige, kräftige Mann zu Süleyman auf Deutsch: „Kümmer dich darum, sieh zu, dass du das ranholst. Wir kommen wieder." Und als wäre dies der Drohung nicht genug, hämmerte der Südländer mit seiner Faust auf den Tisch. Laut Taşköprüs Mutter kamen die drei Männer des Öfteren und schlugen ihren Sohn sogar.

Wieder darf die Frage gestellt werden: Observierten die Neonazis den Tatort selbst oder hatten sie Hilfe? Fest steht, dass zu jener Zeit in Hamburg und Schleswig-Holstein eine Neonazi-Gruppe namens „Combat 18 Pinneberg" aktiv war.

5. Juli Banküberfall Zwickau: Der mutmaßlich vierte Banküberfall. Und zum vierten Mal in einer Post, nun in der Zwickauer Max-Planck-Straße. Mit 74 787,80 D-Mark können die Täter entkommen. Maskiert hatten sie sich mit Sonnenbrillen. Bei der

Flucht versuchen mutige Passanten die beiden Räuber aufzuhalten. Doch selbst darauf waren Mundlos und Böhnhardt vorbereitet: Mit Pfefferspray halten sie sich die „Angreifer" vom Leib, flüchten mit ihren mehrere hundert Meter vom Tatort entfernt abgestellten Fahrrädern.

Im Sommer 2001 gibt das LKA Thüringen die Zielfahndung nach dem Trio auf. Sie kommen nicht weiter. Die Ermittler bezeichnen es als „ungewöhnlich", dass die Gesuchten keine Spuren hinterlassen, obwohl sie vor ihrem Abtauchen kein finanzielles Polster besessen haben. Mundlos, Böhnhardt und Zschäpe bleiben wie vom Erdboden verschluckt.

29. August Ermordung Habil Kılıç: Habil Kılıç, 1963 in Borcka geboren und in ärmlichen Verhältnissen an der Schwarzmeerküste im Osten der Türkei aufgewachsen, lernt in Ankara seine spätere Frau kennen. Sie heiraten 1985. Weil seine Frau bereits in Deutschland lebt und Kılıç nicht sofort in die Bundesrepublik ziehen darf, geht die Ehe in die Brüche und wird 1988 geschieden. Doch das Leben nimmt eine unverhoffte Wendung: Kurz nach der Scheidung stellt die Frau fest, dass sie schwanger ist – und heiratet Habil erneut. Nun darf dieser nach München übersiedeln und arbeitet in Gelegenheitsjobs bei mehreren Reinigungsfirmen und Speditionen im Großraum der bayrischen Landeshauptstadt sowie Ingolstadt. Anfang 2000 erfüllt sich das Paar seinen großen Traum von der Selbständigkeit und eröffnet einen Frischwarenmarkt. Doch der Erlös aus dem kleinen Geschäft ist Habil Kılıç nicht genug – er zockt, vornehmlich Fußballwetten. Um welche Beträge es geht und ebenso, ob er sich bei seinen Spielen verschuldete, ist ungewiss. Aber die finanzielle Situation des Geschäftes ist angespannt, und seine Frau muss einen fünfstelligen Kredit aufnehmen. Zu der finanziellen Belastung gesellen sich Probleme mit der Polizei. Strafrechtlich gesehen ist Kılıç kein Unbekannter. Auf sein Konto gehen geringfügige Delikte und ein Fall von vorsätzlicher Körperverletzung.

Mundlos und Böhnhardt können all das nicht wissen. Sie stürmen am 29. August gegen halb elf morgens unerkannt in den „Frischmarkt Kilic" in der Bad-Schachener-Straße. Habil Kılıç hat gerade ein Handygespräch mit einem Arbeitskollegen aus der Großmarkthalle beendet, da schießen die Neonazis ihrem Opfer ohne Vorwarnung ins Gesicht. Während der Getroffene zu Boden geht, feuern die Neonazis ein zweites Mal. Eine Kugel jagen sie Kılıç in den linken Wangenknochen, die zweite von hinten durch den Kopf – und verschwinden genauso unerkannt wie sie gekommen sind. Gefunden wird Kılıç gegen 10.45 Uhr von einer Postbotin, die ihn mit einer stark blutenden Kopfverletzung durch das große Schaufenster hinter der Verkaufstheke entdeckt. Der 38-Jährige liegt in einer riesigen Blutlache auf dem Rücken. Wie gewöhnlich ist die Ladentür weit geöffnet.

Bereits eine Minute nach dem Notruf trifft die Polizei aus einer benachbarten Wache ein, ein Rettungswagen ist nur wenige Sekunden später vor Ort. Fieberhaft kämpfen die Ärzte um das Leben des Mannes, dessen Herz beim Eintreffen der Sanitäter noch schlägt. 11.10 Uhr haben die Mediziner verloren – Habil Kılıç ist tot. Als Erstdiagnose vermerkt der Notarzt im Einsatzprotokoll: „Verdacht auf Kopfschussverletzung; offener Eintritt/Austritt."

Mundlos und Böhnhardt sind da schon lange weg. Wie bei den vorangegangenen Morden liegt der Tatort auch hier an einer vielbefahrenen, mehrspurigen Ausfallstraße. Keiner der durch München-Rahmersdorf fahrenden Autofahrer registriert die beiden flüchtenden Männer, aber zwei Anwohnerinnen bemerken sie. Eine sah „zwei junge, dunkelhaarige Männer" auf Fahrrädern an ihrem Haus in Richtung Bad-Schachener-Straße vorbeirasen. Eine zweite Zeugin entdeckt die beiden Männer, als diese vor ihrem Fenster auf dort abgestellte Fahrräder steigen und sich Richtung Tatort davonmachen – einer der beiden trägt einen schwarzen Rucksack, beide ein „Head-Set".

Habil Kılıç stirbt zwei Monate nach dem Mord in Hamburg. Die Ermittler müssen sich in einer Endlosschleifen wähnen: Wieder ein aus der Türkei stammender Migrant, wieder ein Obst- und Gemüsehändler, wieder am helllichten Tag, wieder ein Mittwoch und wieder die Česká, Kaliber 7,65 Millimeter. Nur eine „Neuerung" gibt es: Offenbar haben Mundlos und Böhnhardt „gelernt", wie sie noch weniger Beweise und Spuren hinterlassen. Georg Schalkhauser, Leiter der Mordkommission „Bosporus" im ARD-

Radio: „Die Erschießung von dem Habil Kılıç in der Bad-Schachener-Straße in München war der erste Fall, wo wir im Zuge der Tatortarbeit keine Hülsen gefunden haben und wo erstmals die Überlegungen aufkamen, warum ist das so und wie sorgt der oder die Täter unter Umständen dafür, dass wir keine Hülsen finden."

Das Duo benutzt eine simple, aber effektive Methode. Sie schießen durch eine Plastiktüte, die die Patronenhülsen nach dem Feuern auffängt. Allerdings müssen sie dafür mächtig trainiert haben, denn schon nach dem ersten Schuss blähen Schmauchgase die Tüte wie einen Ballon auf. Der Schütze kann dadurch seine Waffe nicht mehr sehen und nicht mehr über den Lauf zielen. Nur geübte Schützen treffen auf diese Weise ihr Ziel. Die Methode erinnert an einen Profikiller, der alles dafür tut, keine Spuren zu hinterlassen. Auch Mundlos und Böhnhardt hinterlassen keinen Fingerabdruck, kein Haar, keine Hautpartikel, mit Hilfe derer man sie gentechnisch überführen könnte. Weder durchsuchen sie den Laden, noch plündern sie die Kasse. Sie töten präzise und effektiv.

Der Polizist Andreas Förster gibt im ARD-Radio 2010 zu: „Dieser Fall ist fallanalytisch sehr, sehr schwer anzugehen und zu interpretieren, weil es sehr, sehr wenig Verhalten gibt, das zu interpretieren wäre. Eines davon ist eben das sehr schlüssige, sehr zielgerichtete Vorgehen, ja geradezu Ausschalten des Opfers. Es kommt offenbar darauf an, die Opfer zu vernichten."

Wieder versuchen die Fahnder herauszufinden, warum Kılıç sterben musste: Hatte er Feinde? Schuldete er jemandem Geld? Ein Vertrauter des Opfers lenkt die Ermittler in diese Richtung. Er sagt aus, dass ein bedrückter und niedergeschlagener Kılıç ihm zwei Tage vor seinem Tod beichtete, dass „die türkischen Leute Ärger machen würden". Eine mögliche Verbindung zu Rechtsradikalen sehen die Ermittler nicht. Kılıç wird in der Nähe des Nazi-Treffpunktes „Glaskasten" erschossen. Zufall? Oder hat etwa die rechtsextreme „Kameradschaft Süd" ihre Finger im Spiel, half sie beim Ausspionieren? Zumindest eine personelle Verbindung gibt es. Der Kameradschaftsgründer Norman B. gilt als führendes Mitglied im Kampfbund Deutscher Sozialisten. Genau wie Thomas G., Mitglied im Thüringer Heimatschutz.

Nach der vierten Erschießung veröffentlicht die nach den Morden an Taşköprü und Kılıç ins Leben gerufene Soko „Halbmond" das erste Fahndungsfoto des „Serienkillers", aufgenommen mit einer Überwachungskamera. Längst ist auch in der Öffentlichkeit bekannt, dass alle Opfer mit derselben Waffe erschossen wurden.

Mit drei Morden wird 2001 das blutigste Jahr des NSU. Ist es eine Wutreaktion auf das endgültige Verbot des Blood-and-Honour-Netzwerkes?

2002
Auf der Suche nach Sympathisanten

5. März Offenbar wollen die Mitglieder des „Nationalsozialistischen Untergrund" neue Mitglieder oder Sympathisanten generieren. Am 5. März 2002 speichern sie auf ihrem Laptop AMD der Marke Asus ein Dokument mit dem Dateinamen „NSU Brief. cdr", ein Entwurf einer Mitteilung an Außenstehende. Darin heißt es:

VERBOTE ZWINGEN UNS NATIONALISTEN IMMER WIEDER NACH NEUEN WEGEN IM WIDERSTANDSKAMPF ZU SUCHEN. VERFOLGUNG UND STRAFEN ZWINGEN UNS ANONYM UND UNERKANNT ZU AGIEREN. DER NATIONALSOZIALISTISCHE UNTERGRUND VERKÖRPERT DIE NEUE POLITISCHE KRAFT IM RINGEN UM DIE FREIHEIT DER DEUTSCHEN NATION KEINE PARTEI ODER VEREIN IST DIE GRUNDLAGE DES NATIONALSOZIALISTISCHEN UNTERGRUNDES (NSU) SONDERN DIE ERKENNTNIS NUR DURCH WAHREN KAMPF DEM REGIME UND SEINEN HELFER ENTGEGENTRETEN ZU KÖNNEN. DIE AUFGABEN DES NSU BESTEHEN IN DER ENERGISCHEN BEKÄMPFUNG DER FEINDE DES DEUTSCHEN VOLKES UND DER BESTMÖGLICHEN UNTERSTÜTZUNG VON KAMERADEN UND NATIONALEN ORGANISATIONEN SOLANGE SICH KEINE GRUNDLEGENDEN ÄNDERUNGEN IN DER POLITIK, PRESSE UND MEINUNGSFREIHEIT VOLLZIEHEN, WERDEN DIE AKTIVITÄTEN WEITERGEFÜHRT. GETREU DEM MOTTO. „SIEG ODER TOD" WIRD ES KEIN ZURÜCK GEBEN. ENTSCHLOSSENES, BEDINGUNGSLOSES HANDELN SOLL DER GARANT DAFÜR SEIN, DAS DER MORGIGE TAGE DEM DEUTSCHEN VOLKE GEHÖRT.

An das Ende des Briefes, der komplett in Großbuchstaben verfasst ist, tippen die NSU-Mitglieder den Hinweis: „BEACHTE: BEILIEGENDE UNTERSTÜTZUNGEN ZIEHEN KEINERLEI VERPFLICHTUNGEN NACH SICH." Was soll das bedeuten? Nach Annahme des Verfassungsschutzes sind Mundlos, Böhnhardt und Zschäpe bereit, den Briefempfängern finanzielle Unterstützung zu gewähren. Verwunderlich wäre das nicht. Bei den vorhergehenden Banküberfällen waren die beiden Männer äußerst erfolgreich.

März Das erste Video haben die Neonazis bereits produziert. Ob dieses innerhalb der rechten Szene verbreitet wurde, ist nicht geklärt. Aber: Vier Menschenleben hat der Nationalsozialistische Untergrund schon auf dem Gewissen, vier Banken überfallen und einen Sprengstoffanschlag verübt, da taucht plötzlich das Kürzel NSU in einem bekannten Neonazi-Fanzine auf. „Vielen Dank an den NSU, es hat Früchte getragen ;-) Der Kampf geht weiter …" heißt es im Vorwort des Heftchens „Der Weisse Wolf", Ausgabe 18, 1/2002, auf dessen Cover ein Kinderfoto von Adolf Hitler prangt. Herausgegeben wird „Der Weisse Wolf" in Mecklenburg-Vorpommern. Das Vorwort verfasste ein gewisser „Eihwaz". Hinter dem Pseudonym soll sich ein heutiger Landtagsabgeordneter der NPD verstecken. Dass zumindest Böhnhardt das Magazin nicht unbekannt war, zeigt die Liste der 1998 in seiner Wohnung beschlagnahmten Schriften: Dort fanden die Beamten auch eine Ausgabe des „Weissen Wolfs".

April Während die Neonazis raubend und mordend durch das Land ziehen, tappen ihre Verfolger mehr denn je im Dunkeln. Anfang April werden zwölf Rechte aus dem Raum Chemnitz ergebnislos observiert, darunter Enrico Lorentz, Marina Gläser, Julia Böhmer und Bastian Kowalski. Nachforschungen bei Banken, der Schufa, dem Arbeits- und Sozialamt, der Bundes- und Landesversicherungsanstalt, dem Kreiswehrersatzamt, der Führerscheinstelle und der Post laufen ins Leere.

Mai Enrico Lorentz wird Mitte Mai ein weiteres Mal befragt, behauptet aber, keinen Kontakt zu den Gesuchten zu haben und diese auch nicht zu kennen.

Juni Während Mundlos und Böhnhardts kriminelle Karriere an Fahrt aufnimmt, lassen es die „alten Kollegen" vom Thüringer Heimatschutz ruhiger angehen. 2002 werden die Aktivitäten weitgehend eingestellt beziehungsweise nur kurzzeitig bis 2004 unter der Bezeichnung „Nationales und soziales Aktionsbündnis Westthüringen" (NSAW) weitergeführt.

25. September Banküberfall Zwickau: Der NSU wendet sich wieder dem Raubzug zu und erbeutet in der Sparkasse in der Zwickauer Karl-Marx-Straße 48 571 Euro. Auf Fahrrädern fahren sie bis vor die Bank und fallen durch ihre Perücken, schwarz-weiß-gemusterten Tücher und Sonnenbrillen schon vor dem Überfall einigen Zeugen auf. In der Filiale selbst sprühen sie Angestellten und Kunden Reizgas in die Augen und plündern dann die Kassen.

7. Oktober In Ronneburg, östlich von Gera, werden in einem Keller fünf Rohrbomben sichergestellt. Das Landeskriminalamt rechnet sie dem rechten Spektrum zu. Inwieweit der NSU damit zu tun hatte, wird nicht mehr zu klären sein; der Sprengstoff und etwaige Vergleichsproben wurden vernichtet.

23. Oktober Bei den Ermittlungsbehörden ist man über die anhaltende eigene Erfolglosigkeit erbost, sucht aber nicht nach Ursachen für das Misslingen, sondern nach Schuldigen. Die Geheimdienstler vom Thüringer Verfassungsschutz kommen da als Sündenböcke gerade recht. Schon lange gärt es bei der Polizei, und die Beamten vermuten, dass das TLfV seine Hände indirekt schützend über das Trio hält. So werden zum Beispiel Vorwürfe laut, dass die vom Verfassungsschutz gewonnenen Erkenntnisse zu Aufenthaltsorten zwar stets richtig waren, aber bei Übermittlung an das LKA schon wieder inaktuell.
Am 23. Oktober eskaliert der Streit. Die Staatsanwaltschaft Gera hat genug von der Geheimniskrämerei und vermeintlichen Sabotage und schickt einen Bericht über den Stand der Ermittlungen an den Thüringer Generalstaatsanwalt, den dieser sofort an das Justizministerium des Bundeslandes weiterleitet. In dem brisanten „Beschwerde-Brief" heißt es im Anschluss an eine Auflistung der Fahndungsmaßnahmen:

„Alle diese Maßnahmen sind bislang ergebnislos verlaufen, insbesondere die der Zielfahndung des Landeskriminalamtes Thüringen, wobei anzumerken ist, dass das Zielfahndungskommando in anderen Fällen europaweit mit großem Erfolg operiert hat.
Es ist nicht auszuschließen, dass angesichts des bekannten Hintergrundes – eine oder mehrere der gesuchten Beschuldigten waren oder sind noch mit großer Wahrscheinlichkeit Mitarbeiter des Thüringer Landesamtes für Verfassungsschutz – Fahndungsmaßnahmen ins Leere gehen. Dafür könnte auch sprechen, dass die Eltern der Beschuldigten, die in der Anfangszeit der Fahndung häufig Kontakt zur Polizei und zum Landeskriminalamt aufgenommen und sich beunruhigt gezeigt hatten, diese Kontakte nunmehr meiden, so dass sie offensichtlich über den Aufenthaltsort oder zumindest die persönliche Situation der Beschuldigten informiert sind."

Was hier verklausuliert und in Beamtendeutsch an den Generalstaatsanwalt geschickt wurde, ist in Wahrheit ein Affront. Ein Mitarbeiter einer Staatsbehörde beschuldigt eine andere Behörde an allerhöchster Stelle, Straftaten zu billigen, deren Verursacher zu decken und Ermittlungen zu sabotieren. Bis heute können keine diese Vorwürfe stützenden Beweise von auch nur einem einzigen Beamten vorgetragen werden. Keine Kommission und kein Gutachten kann bislang belegen, dass Mundlos, Böhnhardt oder Zschäpe direkt mit dem Landesamt für Verfassungsschutz Thüringen zu tun hatten.

2003
Die Fahndung wird eingestellt

24. Juni Die Staatsanwaltschaft veranlasst Fahndungslöschungen im INPOL und SIS und den europäischen Nachbarstaaten. Das Verfahren gegen das Trio ist verjährt, es wird ab diesem Tag nicht mehr gesucht. Laut „Thüringer Allgemeine" melden sich Böhnhardt, Mundlos und Zschäpe über einen Anwalt daraufhin bei der Staatsanwaltschaft Gera, die dies aber entschieden dementiert.

Besonders dramatisch: Die Insider-Erkenntnisse des TLfV, dass das Trio kein Geld mehr braucht, weil sie „jobben" beziehungsweise „so viele Sachen/Aktionen" machen würden, erreichten das Thüringer Landeskriminalamt nicht. Auch die Erkenntnis des MAD von Jürgen Meise, dass die drei Bombenbastler sich bereits auf der Stufe von Rechtsterroristen bewegten, drangen nicht zu den Ermittlern vor. Wäre dies geschehen und somit die Staatsanwaltschaft Gera ausreichend informiert, hätte sie beim Generalbundesanwalt in Karlsruhe ein Verfahren wegen des Verdachts der Bildung einer terroristischen Vereinigung einleiten können. Die Folge: Die Verjährungsfrist hätte dann zehn statt nur fünf Jahre betragen und die Fahndung wäre bis 2008 weitergegangen.

Sommer 2003 Uwe Mundlos will genau wissen, wie es der Person geht, deren Pass er bei sich führt. Mehrmals schon hat er Maximilian Lautenbach telefonisch nach Zwickau eingeladen. Im Sommer 2003 nimmt der mittlerweile aus der rechten Szene ausgestiegene Steinmetz an. Obwohl Zschäpe kocht, die Katze herumtollt und Lautenbach sogar über Nacht bleiben soll, entsteht eine unangenehme und beklemmende Situation. So jedenfalls beschreibt Lautenbach das Treffen in der seiner Meinung nach „kitschig und spießig" eingerichteten Wohnung. Viel hat man sich nicht zu sagen. Angeblich jammert ihm Mundlos sogar vor, sich mit dem Untertauchen sein Leben verbaut zu haben und trotz der Verjährung nicht mehr „nach Hause" zu können – es wäre ihm zu peinlich, und Arbeit würde er eh nicht finden. Womöglich um einen sympathischen Eindruck zu erwecken, heuchelt der eiskalte Killer Mundlos dem Besucher sogar vor, er könne dessen Ausstieg aus der Szene verstehen und plaudert wie mit einem alten Freund über Konzerte und dessen alte Liebe Julia Böhmer.

23. September Banküberfall Chemnitz – erster Misserfolg: In der Chemnitzer Sparkasse in der Paul-Bertz-Straße läuft zum ersten Mal nicht alles nach Plan für Mundlos und Böhnhardt. Fast auf den Tag genau ein Jahr nach ihrem letzten Raubzug erbeuten sie im Heckert-Gebiet nur läppische 435 Euro. Trotz tätlichen Angriffs auf eine Mitarbeiterin und gezogener Pistole. Die beiden Männer stürmen vormittags in die Filiale und bedrohen die Angestellten mit ihren Waffen. Ihr Ziel war der Tresor. Doch für diesen hat keiner der Bankmitarbeiter einen Schlüssel. Die Neonazis müssen sich mit einem Griff in die wenig gefüllte Kasse begnügen.

6. Oktober Während die Zielfahnder des Landeskriminalamtes nicht mehr nach Mundlos, Böhnhardt und Zschäpe suchen, dämmert den Ermittlern des Verfassungsschutzes, dass es längst nicht vorbei ist. Im Oktober bereiten die Thüringer Verfassungsschützer eine Tagung vor. Der Titel der Veranstaltung: „Gefahr der Entstehung weiterer terroristischer Strukturen in der BRD." Auch der Fall des Trios wird erwähnt.

2004
Verbrechensspur Rostock, Chemnitz, Köln

4. Februar Uwe Böhnhardt benötigt wieder einmal ein Dokument. Weil Gerald Kluge aus Lauenau ihm ähnelt, „bestellt" er im Januar 2004 bei seinem Kumpel von früher einen Führerschein. Gerald Kluge gehorcht, geht zum Meldeamt und „beichtet" den Verlust seines Führerscheins. Das ihm am 4. Februar ausgestellte Ersatzdokument übergibt er Böhnhardt, ebenso eine auf seinen Namen ausgestellte ADAC-Mitgliedskarte.

25. Februar Ermordung Mehmet Turgut: Haydar A. wundert sich, als er an dem kalten Februarvormittag gegen 10.20 Uhr durch das Einkaufszentrum in Richtung seines Dönerstandes „Mr. Kebab Grill" in Rostock-Toitenwinkel läuft. Noch ist hier an diesem Mittwoch wenig los, doch der kleine, graffitibeschmierte Imbiss sollte seit mindestens 20 Minuten geöffnet sein. Haydar A. fragt sich, wo sein Mitarbeiter Mehmet sich herumtreiben könnte. Wenige Sekunden später taucht die Antwort auf schreckliche Art vor seinen Augen auf. Blutend liegt die Aushilfe auf dem Boden des Standes. „Ich sah, wie das Blut aus seinem Hals schoss", berichtet Haydar A. der „Bild". „Ich habe ihn gefragt, wer es war. Aber Mehmet konnte nicht mehr antworten." Er stirbt wenig später im Rettungswagen.

Was ist passiert? Der 24-Jährige Turgut hatte sich an die Vorabendabsprache mit seinem Chef gehalten und steckt mitten in den Vorbereitungen zur Imbissöffnung. Der Dönerspieß dreht sich bereits, in Behältern liegt geschnittenes Gemüse bereit und es riecht nach frisch gebrühtem Kaffee. Da tauchen Mundlos und Böhnhardt in der offen stehenden Seitentür auf. Sie zwingen Turgut, sich auf den Boden zu legen. Er folgt den Anweisungen ohne Gegenwehr, vermutet einen Raubüberfall. 225 Euro stecken in seiner Jackentasche, weitere 40 Euro in der Hose – vielleicht bietet er den Männern an, das Geld zu nehmen und zu verschwinden? Es bleibt beim Versuch, denn die Killer haben nur ein Ziel – ihn zu töten. Sie schießen Turgut mit ihrer Česká in den Nacken, in die rechte Halsseite und die rechte Schläfe – er hat keine Chance, auch wenn eine Kugel ihn verfehlt und im Boden des Imbiss steckenbleibt.

Zum ersten Mal benutzen Mundlos und Böhnhardt einen Schalldämpfer. Und sie ändern die Munitionsmarke, wechseln von vergleichsweise wenig benutztem PMC zur Massenware von Sellier&Bellot. Geflüchtet sind sie vermutlich wieder mit einem Wohnmobil, das Uwe Böhnhardt am 23. Februar in Chemnitz mietete. Dabei benutzte er den Ausweis von Gerald Kluge. Einen Tag nach dem Mord bringt Böhnhardt den Wagen zurück.

Der Mord beendet gewaltvoll das bewegte und nicht immer friedvolle Leben Mehmet Turguts, der in einem Dorf 1200 Kilometer östlich von Istanbul mitten im Kurdengebiet geboren wurde. Er ist 15 Jahre alt, als es in einer Behörde zu einer Verwechslung kommt und der junge Mehmet mit seinem Bruder Yunus vertauscht und dessen Name in die Papiere eingetragen wird. Damit die Bilder wieder zu den Passträgern passen, tauschen die Brüder ganz einfach ihre Ausweise. So jedenfalls erzählt es Yunus einem ARD-Fernsehteam. Aufgrund dieser „Verwechslung" stand jahrelang fälschlicherweise Yunus Turgut als Opfer des Mordes in den Listen. Dem LKA Mecklenburg-Vorpommern war die wahre Identität des Erschossenen angeblich „seit Beginn der Ermittlungen bekannt". Der richtige Name wurde nur deshalb nicht öffentlich gemacht, weil der später Ermordete ja mit falschen Papieren eingereist und die Familie mit dem Mord eh schon genug belastet war. Laut ARD waren andere Behörden weniger mitfühlend. Der Bruder des Toten wird ein halbes Jahr nach dem Mord als abgelehnter Asylbewerber abgeschoben.

1994 reiste der damals noch minderjährige Mehmet erstmals in die Bundesrepublik ein. In den kargen Bergen Ostanatoliens sieht er für sich keine Zukunft mehr. Gut ein Jahr später wird er in Deutschland festgenommen und abgeschoben. 1998 dasselbe Spiel, wieder wird Turgut nach Hause geschickt. Und auch im

April 2000 erwischen ihn die Behörden unter falschem Namen in einem Dönerstand und schieben ihn ab. Im April 2003 will Turgut aus dem ukrainischen Charkow am Flughafen Wien nach Österreich einreisen. Seinen Reisepass und das Ticket hat er bereits im Flieger vernichtet, beantragt in Wien Asyl. Das Ersuchen wird abgelehnt, gleichzeitig das Verfahren eingestellt und der Mann kann sich frei bewegen. Und nutzt dies auch. Ende August 2003 wird Turgut in Stralsund festgenommen und in Abschiebehaft gebracht. Drei Monate später wird er von dort mit der Auflage entlassen, sich in einer Sammelunterkunft in Hamburg zu melden. In der Hansestadt taucht er nie auf. Stattdessen schlägt er sich mit Aushilfsjobs durch. In Stade pflückt er auf einer Plantage Äpfel, in Demmin schuftet er in einem Dönerstand. Bis ihn Haydar A. nach Rostock lotst, ihn bei sich wohnen und arbeiten lässt.

Nach dem Mord an Turgut beantragt das bayrische Staatsministerium des Innern beim Bundeskriminalamt die Gründung der EG Česká, die ab dem 1. Juli 2004 im Auftrag der Staatsanwaltschaft Nürnberg-Fürth hinsichtlich der Bildung einer kriminellen Vereinigung ermittelt. Denn zum damaligen Zeitpunkt richtet sich der Verdacht auf eine international agierende Organisation – eine bundesweite Koordination ist nötig geworden.

Auch Felix Schwarz, Leiter der Abteilung Organisierte Kriminalität beim Hamburger Landeskriminalamt, und seine Kollegen werden wie schon beim dritten Mord der Serie in Hamburg-Bahrenfeld in die Ermittlungen einbezogen. 2010 sagt er dem ARD-Radio: „Also von dem Opfer wissen wir, dass er hier in Hamburg mit Rauschgift zu tun hatte. Also Yunus Turgut ist in dem Milieu hier in Hamburg auch bekannt gewesen. Allerdings nicht selbst an vorderster Front, sondern eher als kleines Licht." Doch nicht nur deshalb schließen die Ermittler nicht auf Rechtsextreme. Auch Zeugenaussagen nach der Tat lenken die Gedanken der Behörden offenbar in Richtung Streit innerhalb der türkischen Gemeinschaft beziehungsweise der organisierten Kriminalität.

So erinnert sich etwa ein ehemaliger Arbeitskollege aus Demmin, dass Turgut um den Jahreswechsel 2003/2004 mit einer unbekannten Person telefoniert und diese im Gespräch fragt: „Soll ich mich wegen dir umbringen?" Die Fahnder mutmaßen, dass alte Seilschaften aus dem Hamburger Drogenmilieu mit der

Hinrichtung in Verbindung stehen könnten. Sie haben herausgefunden, dass im Umfeld der zentralen Aufnahmeeinrichtung für Asylsuchende, „Floatel Altona", Turgut als Drogendealer bekannt war und des Öfteren Schwierigkeiten mit Arabern bekam.

Mit diesen Erkenntnissen im Hinterkopf ermitteln türkische und deutsche Polizisten tagelang sogar im Heimatdorf des Toten und suchen nach Motiven für den Mord ausschließlich in seiner Herkunft und seinem ehemaligen Umfeld. Die Fahnder unterstellen einen Fall von Blutrache mehr als 2700 Kilometer vom Tatort in Rostock so lange, bis die türkische Familie fast selbst glaubt, Feinde zu haben, von denen sie noch nichts wusste. Keinen Millimeter rücken die Ermittler von ihrer vorgefertigten Mordthese ab. Auch Mehmets ehemaliger Chef Haydar A., der heute nicht mehr in Rostock lebt, ist empört über die Vorgehensweise der Polizei. „Man hat mich behandelt wie einen Verbrecher", sagt er der „Bild". „Ich wurde immer wieder verhört, einmal 14 Stunden lang. Ich fühlte mich wie ein Täter."

Die Ermittler mutmaßen, dass er es ist, der eigentlich umgebracht werden sollte. Die Theorie: Er war das Ziel der Mörder, vermutlich aufgrund von Verstrickungen in die organisierte Kriminalität.

Dass Nazis hinter dem Mord an Mehmet stecken, erfährt Haydar A. nach dem Auffliegen des NSU im November 2011 aus den Nachrichten. „Von der Polizei war niemand bei mir. Niemand hat sich entschuldigt." Seinen Freund haben die Verwandten beerdigt.

Wie schon in den vorangegangen Fällen stellt sich auch bei Turgut die Frage, ob Mundlos und Böhnhardt Unterstützer in der Hansestadt hatten. Eins steht fest: Rostock ist für seine starke rechte Szene bekannt. Der hier lebende NPD-Landtagsabgeordnete David P. war führender Kopf der inzwischen verbotenen „Mecklenburgischen Aktionsfront". Außerdem ist an der Ostsee die „Weiße Bruderschaft" der „Hammerskins" aktiv.

März Bewegt sich Beate Zschäpe offen in der rechten Szene und bespricht dort das weitere Vorgehen? Wenn man die Aussagen eines angeblichen Aussteigers in der „Bild" heranzieht, ist das so. Der behauptet: „Ich habe Beate Zschäpe bei einer NPD-

Weihnachtsfeier und bei einer Veranstaltung im März 2004 in Georgsmarienhütte getroffen." Und weiter: „Sie trat damals unter verschiedenen Namen auf: Konstanze, Susi oder Manuela. Mit Nachnamen nannte sie sich Reger. Ich erinnere mich, dass Zschäpe mit einem Kameraden in einem VW zu einem NPD-Treffen anreiste. Viele in der Szene kannten sie. Bei den Nazis galt sie als heißer Feger. Sie trat nie aggressiv auf, aber ihre Ansichten waren aggressiv. Sie war bekannt als Gründungsmitglied der NSU. Ich weiß von elf Mitgliedern der Gruppe."

Angeblich gibt es 2004 Kontakte zwischen Zschäpe und der NPD. „Ich war selber dabei, als Zschäpe sich mit führenden Mitgliedern der Partei getroffen hat. Sie haben sich zu langen Gesprächen zurückgezogen. Anschließend sagte mir ein Verbandsvorsitzender der NPD: ‚In Köln steigt bald eine große Sache.'"

Am 9. Juni explodiert in der Keupstraße in der Domstadt eine Nagelbombe. Ob die Aussagen für bare Münze genommen werden können oder sich bloß ein angeblicher Insider wichtig machen will, kann bislang nicht beurteilt werden. Zumal er gegenüber der „Bild" auch noch von sich gibt: „Beate Zschäpe hat ganz offen gesagt, man solle mit dem Verfassungsschutz arbeiten und denen falsche Informationen liefern. Sie hatte Kontakt zu einem Beamten in Thüringen. Es fällt mir schwer zu glauben, dass da niemand gewusst haben will, wo Zschäpe all die Jahre war ..."

14. Mai Banküberfall Chemnitz: Wieder Chemnitz, wieder eine Sparkasse. Und wieder äußerst brutal. Die Räuber stürmen die Filiale im Hochhaus Albert-Schweitzer-Straße im Stadtteil Altendorf um 11.45 Uhr. Lange fackeln sie in dem Glasbau nicht. Einer bedroht die Sparkassen-Angestellten mit einer Pistole, der andere scheucht die Kunden mit seiner Pumpgun, einer mehrläufigen Schrotflinte, durch den Raum. Eine Kassiererin braucht dem Duo zu lang. Sofort schlägt einer der Räuber heftig mit dem Gewehrkolben ins Gesicht der Frau und verletzt sie. Der Coup geht blitzschnell über die Bühne, im Gegensatz zum letzten Mal erbeuten Mundlos und Böhnhardt eine Menge Geld: 33 175 Euro Bargeld und 4250 Euro in Reiseschecks. Anschließend machen sie sich auf Moutainbikes, das Geld verpackt in Einkaufstüten in Rucksäcken, davon.

18. Mai Banküberfall Chemnitz: Nur vier Tage nach dem letzten Überfall stürmen die beiden gegen 11.30 Uhr in die Sparkassenfiliale in der Sandstraße im Stadtteil Borna. Beute: 73 815 Euro. Aus Wut über die vielen kleinen Scheine brüllt einer der beiden in Rage: „Seid ihr eine beschissene Bank oder ein Kleingartenverein?" Mit der Routine werden die beiden anscheinend nachlässig. Im Vorraum übersehen sie eine Kundin, die von ihnen unbeobachtet ins Freie stürmt, eine Autotür aufreisst und vom Fahrer die Polizei rufen lässt. Als die Beamten eintreffen, sind Mundlos und Böhnhardt auf ihren Mountainbikes schon auf der Flucht.

9. Juni Nagelbombenanschlag Köln: Es scheint an diesem sonnigen Mittwoch alles wie immer im Friseurladen von Öczan Yildirim. Bei dem Kuaför, so steht es auf dem Eingangsschild, haben sich wie jeden Tag Bewohner der Keupstraße versammelt. Zum Schwätzchen, zum Kaffeetrinken, zum Geschäftemachen. Kaum jemand bemerkt den jungen sportlichen Mann, der sein Fahrrad durch „ihre" Straße schiebt: Uwe Böhnhardt. In aller Seelenruhe stellt er sein Damen-City-Bike, gekauft bei Aldi-Süd, vor dem Friseur ab und schlendert davon. Am Gepäckträger seines Fahrrades ist eine Motorrad-Tasche festgeschnallt, in der sich eine Gasflasche mit zirka 5,5 Kilogramm Schwarzpulver befindet, um die mit Watte festgehaltene 1000 spitze Nägel gewickelt sind.

Uwe Mundlos kommt seinem Kumpan in der Zwischenzeit auf der gegenüberliegenden Seite mit zwei weiteren Mountainbikes entgegen. Als die beiden in sicherer Entfernung sind, drücken sie auf den Auslöser der Funkfernsteuerung. Eine gewaltige Detonation erschüttert das Viertel, die Straße bebt – 24 Menschen werden zum Teil schwer verletzt, zwei Opfer müssen zeitweise in künstliches Koma versetzt werden. Kaum ein Schaufenster bleibt nach der Explosion gegen 16 Uhr intakt, überall liegen Scherben, weinende und blutende Menschen irren ziellos umher.

„Plötzlich habe ich geguckt, dann habe ich festgestellt, dass die Leute rechts, links laufen, schrien und auch natürlich ein Rauch und Staub. Die Leute waren verletzt, die Verletzten auf die Straße gelaufen …" So erinnert sich im „Deutschlandradio" Ali Demir, heute über 60 Jahre alt und seit drei Jahrzehnten in der Keupstraße zu Hause, an jenen verhängnisvollen Junitag 2004. Der Tag, an dem die Neonazi-Bombe den Friseursalon in der hauptsächlich von Menschen mit türkischem Migrationshintergrund bewohnten Köln-Mülheimer Straße verwüstet.

Eine besonders genaue Täterbeschreibung gab ein Kunde eines Zweirad-Geschäfts den Ermittlern zu Protokoll. Der Mann verließ, kurz nachdem er die Explosionsgeräusche aus der Keupstraße hörte, seinen Laden – und wäre nach eigenen Angaben beinahe mit einem der Täter zusammengestoßen, der „in einem extrem zügigen Tempo" mit seinem Fahrrad fuhr. Seine Täterbeschreibung passt auf Uwe Mundlos oder Uwe Böhnhardt: männliche Person, vermutlich Deutscher, zirka 75 bis 80 Kilo, trainiertes und hageres Äußeres, kurze 3 bis 6 cm lange Haare und Brillenträger.

Auch die Ermittler der ins Leben gerufenen BAO Bosporus werden auf die Tat in Köln aufmerksam. Deutlich sind die Indizien, die für eine Verbindung zwischen der Bombe und den bisherigen Serienmorden sprechen. Wieder trifft es türkische Bürger, und wieder werden Fahrradfahrer in der Nähe des Tatortes gesichtet. Als weiteres Indiz für eine Verbindung betrachten die Ermittler die Wahl des Anschlagsdatums. Fast auf den Tag genau vier Jahre vorher, ebenfalls an einem Mittwoch und ebenfalls am Tag vor Fronleichnam, wurde in Nürnberg Abdurrahim Özüdoğru erschossen. Da der in Köln verwendete Zündmechanismus auch Verwendung im Modellbau findet, werden Modellbaugeschäfte und -vereine in Nürnberg aufgesucht und die Videos der Kamera aus der Domstadt vorgespielt. Ohne Treffer. Der Verdacht wird gestärkt durch eine Zeugin aus Nürnberg. Sie hatte nach dem Mord an İsmail Yaşar auffällige Fahrradfahrer beobachtet – und entdeckte nun auf den nach dem Kölner Anschlag veröffentlichten Fahndungsfotos frappierende Ähnlichkeiten zu den Männern, die sie beobachtet hatte.

Statt mit aller Ermittlungskraft diese Erkenntnisse weiter aufzuhellen setzen die Fahnder in Köln, mal wieder, auf die falsche Spur. Es kommen verdeckte Ermittler zum Einsatz, und die Ermittlungen konzentrieren sich auf einen Fall von organisierter „Ausländer-Kriminalität".

Juli Im Juli erstellen Mitarbeiter des Bundesamtes für Verfassungsschutz ein 47-seitiges Papier mit dem Titel „Rechtsextremismus Nr. 21 – Gefahr eines bewaffneten Kampfes deutscher Rechtsextremisten – Entwicklungen 1997 bis Mitte 2004", das nicht für die Öffentlichkeit bestimmt ist und auf jeder Seite darauf hinweist: „VS – Nur für den Dienstgebrauch". Auf den Seiten 15 bis 16 widmen sich die Geheimdienstler unter der Überschrift „Rohrbombenfunde in Jena" auch dem Trio Böhnhardt, Mundlos und Zschäpe. Dabei kommen sie nach einer Auflistung von Straftaten zu dem Ergebnis: „Hinweise dafür, dass mittels der sichergestellten Rohrbomben konkrete tatsächliche Anschläge geplant waren, liegen nicht vor." Im Nachhinein makaber klingt der Satz: „Auch haben sich keine Anhaltspunkte für weitere militante Aktivitäten der Flüchtigen ergeben."

2005
Das Morden geht weiter

11. Januar Zum ersten von 35 Mal mietet Uwe Böhnhardt als Gerald Kluge bei der Autovermietung Zwickau einen Wagen. Nach zwei gefahrenen Tagen und 664 Kilometer Laufleistung bringt er den VW Golf Variant zurück. Dasselbe Spiel wiederholt sich mit einem Audi A4 und 315 Kilometern im März und mit einem Skoda Octavia und 537 Kilometern im April. Testet er geräumige Fahrzeuge?

22. Mai Versuchter Banküberfall Chemnitz: Nach acht erfolgreichen Banküberfällen geht ein Raub schief. Es bleibt beim Versuch.

Juni Ein Jahr ist seit dem heimtückischen Nagelbombenanschlag in Köln vergangen – noch immer gibt es keine heiße Spur. Um noch näher in die türkische Gemeinde einzudringen und Erkenntnisse über mögliche Hintergründe zu erlangen, lassen sich die Fahnder auf eine längerfristige Ermittlung ein. Für anderthalb Jahre werden verdeckte Ermittler eingesetzt. Die fünf türkischen Vertrauenspersonen sollen laut einer Akte der Staatsanwaltschaft Köln „die Strukturen der untereinander konkurrierenden türkischen Gruppierungen, deren Angehörige sowie mögliche Beziehungen zu den möglichen deutschen Tatverdächtigen erhellen und diesbezügliche Beweismittel beschaffen". Im September 2006 gerät durch die Maßnahme der Bruder des Friseurbesitzers, vor dessen Laden die Bombe explodierte, ins Licht der Ermittlungen. Er wird einen Monat lang observiert, da es Anhaltspunkte gibt, dass die Geschwister Kenntnis über die Hintergründe des Anschlags haben. Doch es bleibt bei Gerüchten, Beweise werden nicht gefunden.

9. Juni Ermordung İsmail Yaşar: Nürnberg, die Velburger Straße. An diesem Donnerstag stirbt İsmail Yaşar, mit 50 Jahren das älteste der neun Opfer. Geboren 1955 in Alanyfurt im Nordwesten der Türkei, gelangt er 23 Jahre später mit der Hilfe eines Schleusers nach Deutschland und stellt in West-Berlin den Antrag auf Asyl. Dieser wird nicht bewilligt, Yaşar legt Einspruch ein, und der Antrag wird bis 1983 verlängert. Kurz vor dem Ablaufen der Frist im September heiratet der Türke eine Deutsche und erlangt so die unbefristete Aufenthaltserlaubnis – acht Monate später wird die Ehe geschieden. Nur anderthalb Monate später tritt İsmail Yaşar erneut vor den Altar, ehelicht in der Türkei Belgin A. und kommt mit ihr und deren Tochter zurück nach Franken. Es wird die neue Heimat der Familie, 1990 wird der gemeinsame Sohn Kerem in Nürnberg geboren. Das Kind kann die Beziehung nicht retten – 2005 wird auch diese Ehe geschieden. İsmail ist laut Freunden von diesem Zeitpunkt an emotional am Boden, sucht intime Kontakte zu verschiedenen Frauen. Seit 1994 führt Yaşar nach mehreren beruflichen Misserfolgen einen Imbissstand mit türkischen Spezialitäten, 1997 eröffnet er zusätzlich eine Änderungsschneiderei und einen Second-Hand-Shop. Ab 2001 betreibt das Ehepaar Yaşar den Dönerstand, seit dem 1. Dezember ist İsmail allein verantwortlich.

Auch am 9. Juni 2005 steht er hinter dem Tresen seines kleinen Containers, abgestellt auf dem Edeka-Parkplatz im Stadtteil St. Peter. Gleich nebenan hat er seinen Opel Astra geparkt. In unmittelbarer Nähe befinden sich keine Wohnhäuser, dafür aber eine Mädchenschule, ein Kindergarten, eine Tankstelle, ein Jugendzentrum, ein Taxistand, eine Postbank sowie eine Filiale der Sparkasse Nürnberg. Genug Klientel, um Döner zu verkaufen. Wer erschießt hier am helllichten Tag unter der Woche, an einem Donnerstag, noch während der Schulzeit einen Menschen? Mundlos und Böhnhardt haben keine Skrupel, vielleicht sind sie sich angesichts fünf bereits begangener Morde sicher, ihren teuflischen Plan auch zu dieser ungewöhnlichen Tatzeit umzusetzen. Noch sind nicht viele Passanten rund um den Imbiss unterwegs, İsmail hat aber alles für einen Ansturm vorbereitet. Eine unversperrte Geldkassette dient als Kasse und steht auf dem Tresen.

Doch wie stets interessieren sich Mundos und Böhnhardt nicht für das Geld. Sie betreten zwischen 9.50 Uhr und 10.15 Uhr den Dönerstand und feuern mit ihrer Česká zwei Mal über den Tresen hinweg. Ein Projektil streift die rechte Gesichtshälfte Yaşars und durchschlägt die Tür dahinter. Der zweite Schuss trifft den noch immer stehenden Geschäftsmann laut Ermittlungsakten „unterhalb des rechten Ohres und trat unterhalb des linken Ohres wieder aus". Der Angeschossene taumelt, fällt hintenüber und schlägt hart auf dem Boden auf. Um auf Nummer sicher zu gehen, schießen die Thüringer noch drei Mal auf den Oberkörper ihres wehrlosen Opfers.

Mundlos und Böhnhardt flüchten auf ihren Fahrrädern – und werden schon wieder dabei beobachtet. Eine Zeugin sieht aus dem Autofenster die beiden neben dem Stand, während der eine einen Gegenstand in einer gelben Plastiktüte in den Rucksack des anderen steckt. Die Männer fallen ihr auf, weil sie kurz vor ihrer Einfahrt in eine Fitnessstudio-Tiefgarage mit ihren Rädern an einer Littfaßsäule in der nahe gelegenen Zerzabelshofstraße herumlungerten. Ein zweiter Zeuge beobachtet die Neonazis ebenfalls an ihren Trekkingrädern. Einem dritten sind zeitgleich zwei Räder aufgefallen, die auf dem Bürgersteig vor dem Dönerstand herumlagen. Im Nachhinein gesehen liefert der Zeuge M. den vielleicht entscheidenden Hinweis auf die Vorgehensweise der Neonazis – nur können die Fahnder zu diesem Zeitpunkt noch wenig damit anfangen. M. beobachtet rund einen Kilometer vom Tatort entfernt eine halbe Stunde nach dem Mord zwei Männer, die ihre Fahrräder in einen schwarzen Kombi laden – den Skoda Octavia hatte Böhnhardt am Vortag mit seinen Dokumenten auf den Namen Gerald Kluge ausgeliehen. Alle Zeugen beschreiben zwei junge, schlanke, große Männer. Die beiden können auch darum so schnell verschwinden, weil sie das Gebiet genau kennen. Sie haben einen Stadtplanauszug mit mehreren maschinell erstellten und einem handschriftlich hinzugefügten Kreuz dabei. Das erschossene Opfer findet schließlich ein Kunde in dessen Stand.

Vor allem die Schüler von gegenüber gedenken İsmail Yaşars. Nach dem Mord pappen sie einen Zettel an den Imbiss, an dem sie in schöner Regelmäßigkeit ihre Döner kauften. Auf dem Stück Papier bezeugen sie, dass es hier „die leckersten der Stadt" gab.

Wieder ist Nürnberg der Tatort. Überhaupt ist auffällig, dass dieser und die vorangegangenen Morde fast ausschließlich in Orten stattfinden, die eh schon Plätze militanter rechter Strukturen sind. Besonders die Stadt in Franken wählen Mundlos und Böhnhardt für ihre Erschießungen. Der Kriminologe Christian Pfeiffer, Direktor des Kriminologischen Forschungsinstituts, sagt dazu im „Report München": „Entweder haben sie vor Ort gründlichst recherchiert, um das eigene Entdeckt-werden-Risiko so klein wie möglich zu halten, oder sie haben örtliche Helfer gehabt, die für sie ausbaldowert haben, das wäre ein ideales Geschäft. Da fällt die Häufung in Nürnberg auf: Gibt es irgendwo in Nürnberg einen Nazi-Freund, der die Aufgabe übernommen hat, vor Ort auszusuchen für sie, welches die richtigen Opfer sind?"

Auch dieses Mal ist der Tatort nur wenige Meter entfernt von einem Ort mit Symbolcharakter für Rechtsextreme. Nur ein kurzer Weg ist es vom Dönerimbiss in der Scharrerstraße zum ehemaligen Reichsparteitagsgeländes.

Schräg gegenüber steht eine hauptsächlich von Migranten besuchte Schule, in der Nähe befindet sich das türkische Konsulat.

Nach der Tat schießen wie schon bei den vorherigen Morden die Spekulationen über das „Warum" in alle Richtungen. Eine davon: Waren es türkischen Nationalisten, weil İsmail Yaşar als Dealer bekannt war und Drogen an Schüler verkaufte? Auch der Nürnberger Kriminalrat Grösch mutmaßt munter drauflos. „Drogen sind das wahrscheinlichste Motiv."

Ein anderes Gerücht: Die „Welt" will Informationen besitzen, wonach Yaşar und die anderen fünf Ermordeten im Auftrag „einer aus den Bergen Anatoliens heraus operierenden Bande ermordet" wurden – weil sie als Drogen-Transporteure für die Bande oder Geschäfte auf eigene Faust machten oder sich den Geschäften verweigerten. Auch dafür, dass die Männer immer mit derselben Česká erschossen wurden, fanden einige Experten eine Erklärung: „Er fühlt sich sicher – und will andere potenzielle Opfer warnen."

Trotz akribischster Spurensicherung im Imbiss wird keine einzige brauchbare Spur gefunden. „Das spricht für einen Profi", sagt ein Ermittler damals der „Welt". An der Serie arbeiten nun schon mehr als 150 Beamte gleichzeitig, so viele wie seit den Morden der RAF nicht mehr. Unterstützt werden sie von der Nürnberger Polizei. Die verteilt Steckbriefe in der Stadt und sucht nach zwei ähnlich aussehenden Radfahrern: Beide knapp 1,90 Meter groß, dunkelhaarig und schlank. Einer trägt auf den Phantombildern eine Baseballmütze, der andere Sonnenbrille und beide jeweils einen Rucksack.

Ein paar Tage später prüfen die Ermittler mögliche Verbindungen zum Nagelbombenattentat 2004 in Köln. Auch hier war ein Mann mit Basecap und Fahrrad unterwegs. Einer Zeugin aus dem Mordfall Yaşar werden die Bilder der Überwachungskamera des Fernsehsenders VIVA vorgelegt – sie erkennt Ähnlichkeiten bei der Körpergröße und dem Gesamterscheinungsbild zwischen den Kölner und den Nürnberger Verdächtigen.

Ermittelt wird zunächst Richtung „geschäfliche Probleme" – weil es viele Zeugenaussagen gibt, die auf Streitereien und Probleme mit dem Kiosk hindeuteten. Eine Zeugin beobachtete zwei Tage vor dem Mord ein heftiges Wortgefecht. So heftig, dass sie fast die Polizei rufen wollte. Abends wird Yaşar gesehen, wie er sichtlich nervös in einen dunkelroten 7er BMW steigt und mit einem laut Zeugenaussagen „dunklen Südländer" am Steuer davonbraust. Vier Stunden später taucht der Türke in einem Imbiss auf, macht einen „fertigen", nachdenklichen Eindruck und starrt ständig auf den Boden.

Zwei andere Zeuginnen berichten von einem Streit zwischen İsmail Yaşar und zwei Männern am Stand. Sätze wie „…du nimmst Ware und zahlst nicht … du hast so viele Schulden, jetzt musst du zahlen …", sollen gefallen sein. Vor dem Imbiss parkt wieder ein dunkler BMW. Szenen wie diese gibt es Ende Mai, Anfang Juni viele im Leben des Geschäftsmannes. Zahlreiche Zeugen berichten detailliert von Diskussionen bis hin zu wüsten Beschimpfungen und Streits zwischen Yaşar und anderen Personen.

Die Ermittler versuchten nach den umfangreichen Zeugenaussagen herauszufinden, wer die jeweils verschiedenen Männer waren. Mit mehreren Razzien, unter anderem im PKK-nahen Freizeitverein Nürnberg-Süd, in dem auch Yaşar verkehrte, und in anderen türkischen Vereinen sollen Gespräche über die Mordserie provoziert werden. Tatsächlich kommt vor allem bei den in den Vereinen tätigen Kleinkriminellen eine gewisse Unruhe auf, die auch die Betreiber und Gäste erfasst. Neue Erkenntnisse ergeben sich hier ebenso wenig wie bei der Telefonüberwachung von Yaşars Witwe und Erbin Belgin. In den Akten heißt es: „Auch die Abklärung der Frau als mögliche Auftraggeberin verlief negativ."

15. Juni Ermordung Theodoros Boulgarides: Mindestens seit dem Nachmittag dieses Mittwochs halten sich Mundlos und Böhnhardt in München auf. 15.22 Uhr klingelt ihr Motorola-Handy in unmittelbarer Umgebung des Schlüsselnotdienstes „Schlüsselwerk" von Theodoros Boulgarides in der Trappentreustraße 4 an der Kreuzung zur Landsberger Straße – eine verkehrs- und lärmreiche Gegend.

Der Grieche, ein ehemaliger Fahrkartenkontrolleur, geht jeden Mittag in die „Taverna Hellas", direkt neben seinem Laden. Auch heute. Als freundlich, hilfsbereit und beliebt beschreibt ihn der Wirt der Gaststätte, Georgios Liolios, in der „Süddeutschen Zeitung". Die Gattin des Wirts bringt Boulgarides am Abend noch etwas zu essen in den Laden, wünscht ihm einen „Guten Appetit".

Kurz vor 18 Uhr raucht er mit Liolios eine Zigarette und kehrt hinter den Tresen seines Ladens zurück. Kundschaft ist nicht in Sicht. Zischen 18.15 und 19 Uhr betreten Böhnhardt und Mundlos das Geschäft, zücken ihre Česká und feuern mehrmals auf den hinter dem Tresen stehenden Boulgarides. Lautlos, dank Schalldämpfers, und schnell.

Der Kleinunternehmer wird am Kopf getroffen und ist auf der Stelle tot.

19.05 Uhr findet Boulgarides deutscher Geschäftspartner Wolfgang F. seinen Freund auf dem Rücken liegend inmitten einer riesigen Blutlache. Seit 18.25 Uhr hatte er versucht, den Griechen telefonisch zu erreichen und sich aus Sorge vom Stadtteil Schwabing in Richtung Geschäft aufgemacht.

Zwar melden sich hinterher Zeugen, brauchbare beziehungsweise zielführende Informationen können sie aber nicht liefern.

Mundlos und Böhnhardt flüchten nach dem Mord wieder mit einem Wohnmobil, einem Chausson Welcome 8 mit Chemnitzer Kennzeichen, angemietet mit einem Ausweis von Gerald Kluge.

Vier Tage vor seinem Tod feiert Theodoros Boulgarides seinen 41. Geburtstag. Geboren in dem nordgriechischen Dorf Triantaphyllia nahe der Grenze zu Bulgarien, kommt er schon als Jugendlicher nach München, besucht ein griechisches Gymnasium und leistet 1986/87 seinen Militärdienst in der Heimat. Zurückgekehrt nach Deutschland, arbeitet er als Gabelstaplerfahrer auf dem Großmark, nimmt eine Lehre zum Einzelhandelskaufmann auf, die er allerdings abbricht, ist drei Jahre bei Siemens als angelernte Kraft in der Mikrochipherstellung tätig. Hier lernt er seine spätere Frau Yvonne kennen, die Töchter Mandy und Michaela – zum Zeitpunkt des Mordes 15 und 18 Jahre alt – kommen zur Welt. Die Ehe wird zwei Wochen vor seinem Tod geschieden. Boulgarides unternimmt nahezu alles, um seine Familie zu ernähren. So probiert er sich zweimal als Gastwirt, beide Male erfolglos. Eine enorme Schuldenlast entsteht. 1988 muss ihm seine Mutter mit 60 000 D-Mark aushelfen, 1996 mit 50 000 D-Mark. Trotz der monetären Not gerät Theodoros Boulgarides nicht auf die schiefe Bahn. Sein polizeiliches Führungszeugnis ist „blütenweiß". Bevor er den Schlüsseldienst eröffnet, jobbt er bei der Deutschen Bahn als Minibarverkäufer in Reisezügen, als Rangierer, Staplerfahrer und Fahrkartenkontrolleur. Im Konzern erlangt er auch Schlosserkenntnisse, die ihm bei seiner Geschäftsgründung helfen. Das Geld aus seiner Abfindung von der DB AG investiert Boulgarides in den neuen Schlüsseldienst-Laden und die Renovierung der angrenzenden Drei-Zimmer-Wohnung. Nachdem er sich im Sommer 2004 von seiner Familie getrennt hatte, war er vorübergehend zu seiner Mutter gezogen.

Ein Jahr vor seinem Tod hatte Boulgarides sein Testament gemacht. Sein Vermögen – Grundstücke und Immobilien in Griechenland – vermacht er den beiden Töchtern, seiner Ex-Frau richtet er ein Nießbrauchrecht für die Eigentumswohnung ein. Sein Bruder geht leer aus.

Die Polizei ermittelt in alle Richtungen, wobei die Ermittler vermuten, dass hinter der Serie ein Krieg im Drogenmilieu steckt, möglicherweise mit Verbindungen in die Niederlande. Es könnte aber auch um Geldwäsche oder Schutzgelderpressung gehen, sagt ein Polizeisprecher. Die Boulevardpresse nimmt die Steilvorlage dankend auf. Die „Münchner Abendzeitung" titelt am Tag nach dem Mord: „Eiskalt hingerichtet – das siebte Opfer. Türken-Mafia schlug wieder zu".

Günther Beckstein, von 1993 bis 2007 bayrischer Innenminster und damit im Amt, als fünf Migranten in Bayern erschossen werden, gesteht im Mai 2012 den Buchautoren im Interview: „Ich hatte schlaflose Nächte, natürlich. Wir in Bayern waren ja immer selbstbewusst bei der Frage der inneren Sicherheit. Und dann kommt da jemand, eine oder mehrere Personen, das wussten wir ja zum damaligen Zeitpunkt nicht, und tötet mehrere Menschen in Bayern und Deutschland – das hat genagt. Heute bin ich erleichtert, dass es aufgehört hat. Ich bin immer davon ausgegangen, dass der Täter oder die Täter nicht von allein aufhören werden. Dass es Neonazis waren, war kein Thema. Ob die Morde allerdings aus ausländerfeindlichen Motiven begangen worden, ist immer wieder hinterfragt worden. Der später eingesetzte Profiler sprach von krankhaft ausländerfeindlichen Tätern. Doch auch damit sind wir keinen Schritt weitergekommen bei den Ermittlungen. Dass das Ganze quasi eine rechtsterroristische Vereinigung ist mit möglicherweise vielen Unterstützern – das ist eine Dimension, die ich für nicht wahrscheinlich gehalten habe. Ich selbst war wiederholt in der Türkei, weil ich mir dachte, dass womöglich der türkische Geheimdienst Informationen hat. Der ist ja in Deutschland aktiver, als er eigentlich dürfte, und gut im türkischen Milieu verankert. Bei den ersten Toten gingen die Ermittlungen ja noch vornehmlich in den Bereich der organisierten Kriminalität, und wir hofften auf Hilfe. Aber obwohl die türkischen Behörden intern einen besseren Austausch als die deutschen haben, kam wenig. Heute wissen wir warum."

Für Hinweise zur Aufklärung der Bluttaten wird nach dem Tod von Theodoros Boulgarides eine Belohnung von 25 000 Euro ausgesetzt. Die „Spur der Česká" ist zu diesem Zeitpunkt bereits zu einer der mysteriösesten und verstörendsten Mordserien Europas geworden. Nun nimmt die Soko Theo ihre Arbeit auf.

Wieder unterläuft den Fahndern eine wohl folgenschwere Panne: Wie beschrieben, wird das Killer-Duo 15.22 Uhr in München auf dem Handy angerufen. Eine Überprüfung der anrufenden Nummer ergibt, dass es sich um die einer öffentlichen Telefonzelle in Zwickau handelt. Genauer: Eine Zelle in der Nähe der Polenzstraße 2, wo das Trio von 2001 bis 2008 wohnt. Die Gegend um die Telefonzelle wird in den Folgetagen nach der Erkenntnis nicht überwacht – obwohl die sogenannte Serie der „Döner-Morde", so wird sie von den Medien genannt, bereits ihr siebentes Opfer gefordert hat. Auch wenn es Spekulation bleibt, möglicherweise hätte eine Überwachung die Ermittler auf die entscheidede Spur gebracht – hätte das Treiben des Trios schon sechs Jahre früher beenden können.

Eine der möglichen Theorien, warum Böhnhardt und Mundlos Boulgarides als Opfer auswählten, weist auf eine Verbindung zwischen NSU und Rechtsradikalen: der Mord als Racheakt für die Verurteilung von Martin Wiese. Der Rechtsradikale wurde wenige Wochen vor Boulgarides' Erschießung wegen eines geplanten Sprengstoffanschlags auf die Grundsteinlegung des neuen Jüdischen Kulturzentrums am Münchner St.-Jakobs-Platz zu sieben Jahren Haft verurteilt. Wiese wohnt nur wenige Meter vom Tatort entfernt.

Da die Ermittler in der Neonazi-Szene keine Ansätze für neue Spuren finden, setzen sie bei den Personen an, die ihnen bekannt sind. Einer von ihnen ist der Bruder des Ermordeten. Während der Erschossene als ruhig, fleißig und umgänglich gilt, fällt dieser bei seinen regelmäßigen Kneipenbesuchen als aggressiv und streitsüchtig auf, füttert in bedenklicher Regelmäßigkeit Spielautomaten mit Geld und steckt größere Summen in Sportwetten. Ebenso wird bei ihm „hoher" Kokainkonsum beobachtet. In Abständen fleht er Theodoros um Geld an, was dieser gegenüber seinen Arbeitskollegen so kommentiert: „Mein Bruder bringt mich noch mal ins Grab." Dennoch haben beide ein enges, vertrautes Verhältnis.

Nun wird der Bruder beschattet und durchleutet. Die Fahnder vermuten, sein Verhalten könne ein Motiv für einen Mörder gesetzt haben. Gefunden wird keins.

Nachdem der Terror in den Novembertagen 2011 aufgedeckt wird, gesteht ein erleichterter Freund von Boulgarides der „FAZ": „Wir fragten uns, ob er vielleicht ein Geheimnis hatte, über das er mit niemandem von uns reden wollte. Anders konnten wir uns das alles nicht erklären. Nun bin ich sehr froh, dass wir uns getäuscht haben."

Bei Yvonne Boulgarides, der Ehefrau des Ermordeten, ist die Enttäuschung über die Behörden bis heute groß, wie sie in einem Gespräch mit den Autoren deutlich macht. Die Versprechen aus der Bundespolitik sind für sie nur leere Worte: „Ich habe kein Interesse an geheucheltem Mitleid! Leider muss ich feststellen, dass entgegen der Zusagen aus der Politik die Aufklärung nicht so betrieben wird, wie dies möglich wäre." Auf die Frage, ob sich nach dem 4. November 2011 Ermittler bei ihr gemeldet hätten, um sich für die jahrelangen falschen Verdächtigungen zu entschuldigen oder wenigstens die Nachricht zu überbringen, dass die Täter nun bekannt seien, antwortet sie mit einem klaren „Nein!".

Frau Boulgarides und ihr Rechtsanwalt Yavus Narin hatten allen Grund, den Behörden gegenüber misstrauisch zu sein. „Frau Boulgaridés hatte mich im Mai 2011 mit der Vertretung der Nebenklage beauftragt. Bald tauchte, nach Jahren der Funkstille, ein leitender Ermittler bei meiner Mandantin auf und fragte, was ‚der Türke', gemeint war ich, eigentlich vorhabe. Es passte wohl nicht in die Logik des Ermittlers, dass ein türkischer Anwalt die deutsche Witwe eines griechischen Mordopfers vertrat. Das Verhalten des Beamten würde ich als symptomatisch für die gesamten Ermittlungen bezeichnen", sagt Yavus Narin während eines Gesprächs mit den Autoren. Narin beschäftigte sich lange vor dem Mandat mit der „Česká-Mordserie", die er in der Medienberichterstattung verfolgte, da ihm „die sensationell hohe Aufklärungsquote bei Morden in Bayern bekannt" war und er eine Erklärung für „den mangelnden Ermittlungserfolg" suchte. Einfacher ist seine Arbeit auch heute nicht geworden: „Das Mandat unterscheidet sich erheblich von den Strafsachen, die ich bisher bearbeitet hatte. Vor allem haben hier aber staatliche Institutionen epochal versagt. Die Zusammenarbeit mit eben diesen Behörden gestaltete sich oft sehr schwierig."

1. Juli Die BAO Bosporus (Besondere Aufbauorganisation Bosporus) – beginnt mit ihrer Arbeit, um die Ermittlungsergebnisse der einzelnen Sokos zusammenzuführen. In sie werden später die Soko Halbmond und die Soko Theo integriert. Die „EG Česká" wird zudem personell verstärkt und arbeitet eng mit der „Bosporus" zusammen. Auf Ermittlerseite wird zwar über ein rassistisches Motiv nachgedacht, aber man verschanzt sich wieder hinter der Spur einer türkischen Mafia.

Die Buchautoren sprechen im Mai 2012 mit Canan Bayram (geboren 1966 im türkischen Malatya), Rechtsanwältin und Abgeordnete für Bündnis 90/Die Grünen im Berliner Senat. Sie ist Sprecherin für Integration, Migration und Flüchtlinge und sieht im Verhalten der Behörden aus dem Jahr 2001 Parallelen zur Gegenwart. „Es ist seit vielen Jahren so, dass bei Angriffen oder Auseinandersetzungen häufig die rassistische Motivation der Täter von den Behörden geleugnet wird. Da gibt es eine mangelnde Bereitschaft, genau hinzuschauen. Die Fahnder der Soko Bosporus haben anscheinend sehr festgelegt auf der Suche nach ihrem Idealtäter ermittelt und nicht über den Tellerrand geschaut. Es entsteht der Eindruck, dass den Ermittlungen stigmatisierende Migrantenbilder zugrunde lagen. Die Sprache und Konstruktion von Zusammenhängen seitens der Ermittler macht deutlich, dass dort weniger mit Kenntnis über das tatsächliche Lebenssachverhalten von Migranten operiert wurde, sondern mehr mit Vorurteilen und den stigmatisierenden Betrachtungen einer ‚typischen' türkischen Familie oder eines ‚typischen' türkischen Mannes. Das Problem ist, dass Deutschland vor allem auf behördlicher Ebene ein interkulturelles Entwicklungsland ist. Die Ermittler im Fall der BAO Bosporus hatten anscheinend auch das Problem von Defiziten im Bereich der Interkulturalität. Staatliche Institutionen wie Polizei und Gerichte haben in Deutschland einfach häufig keine wirkliche Vorstellung davon, wie Migranten eigentlich hier leben. Deren Bild ist häufig von Vorurteilen geprägt und spiegelt nicht die Wirklichkeit des migrantischen Alltags in Deutschland wider. Für die Angehörigen und Freunde waren die Ermittlungen schrecklich, sie hatten die Ermordung, den Verlust eines Familienmitglieds oder Freundes zu verkraften und waren gleichzeitig der Gefahr ausgesetzt, selber unter Tatverdacht zu geraten."

August Im Spätsommer 2005 vernichten die Thüringer Ermittlungsbehörden aufgrund der Verjährung des Verfahrens wichtige Beweismittel. Im August werden die 1998 in Zschäpes Garages sichergestellten gefährlichen Rohrbomben zerstört. Ein Verlust, der 2012 die Ermittler schmerzen wird. Denn die Bomben waren mit Schwarzpulver und geringen Spuren eines anderen Sprengstoffes gefüllt. Da auch beim Anschlag in der Kölner Keupstraße Schwarzpulver als Explosivstoff genutzt wurde, wären die Rohrbomben aus der Garage heute ein wichtiges Beweismittel und man hätte die Attacke am Rhein mit großer Wahrscheinlichkeit dem „Nationalsozialistischen Untergrund" – und damit Beate Zschäpe – beweisen können.

Ebenso vernichtet werden die aufgezeichneten Telefongespräche der mutmaßlichen Helfer Gerald Kluge und Julia Böhmer, einige davon wohl auch mit dem untergetauchten Trio. Von den Abhöraktionen existieren heute lediglich noch die Zusammenfassungen.

Ende Dezember In Zwickau findet eine braune Schulung statt, ein NPD-Politiker doziert in der Kantine „Zum Bauhof" über „Rassenreinheit" und Ideologie. Es nehmen etwa 40 Menschen teil, darunter drei Frauen. Ein Teilnehmer behauptet später, dass an dem Abend neben Lars Reger, dessen Frau Konstanze und dessen Bruder Sven auch das untergetauchte Trio teilgenommen habe.

2006
Der „kleine Adolf" vom Verfassungsschutz

Februar 2006 Beate Zschäpe muss Anfang 2006 einen Arzt aufsuchen. Nur: Ohne Krankenversicherungskarte ist das nicht möglich. Wie schon von Böhnhardt erhält Gerald Kluge auch von ihr eine „Bestellung" für ein Dokument. Da Kluge nicht wie beim Führerschein für Böhnhardt dieses selbst beantragen kann, wendet sich der Niedersachse an seine Bekannte Simone Schöbel*. Für 300 Euro überlässt die ihm ihre AOK-Karte, die kurze Zeit später bei Zschäpe landet. Die Untergetauchte zeigt sich erkenntlich und erstattet Gerald Kluge die Auslagen.

18. März In der Pension „Gasthof zur Bergbahn" im Oberweißbacher Ortsteil Lichtenhain/Bergbahn findet die NPD-Veranstaltung „Globalisierung – Der Weg in den Abgrund" mit dem rechtsradikalen Liedermacher Frank Rennicke statt. Zwar versucht die Polizei schon im Vorfeld das Treffen platzen zu lassen, trotzdem tauchen mehr als 150 Rechtsextreme in dem beschaulichen Örtchen im Thüringer Wald auf. Zwei pikante Details: In eben jenem Oberweißbach ist die Polizistin Michèle Kiesewetter aufgewachsen, die 13 Monate nach dem braunen Kongress in Heilbronn getötet wird. Und: Ab Ende 2005 hat ein gewisser David P. den Gasthof gepachtet – der Schwager von Ralf Wohlleben und ebenfalls Sympathisant der rechten Szene. Angeblich soll Kiesewetters Stiefvater in den Jahren 1994 und 2005 versucht haben, das Restaurant zu übernehmen, die Bewerbung zumindest beim ersten Mal aber aus finanziellen Gründen zurückgezogen haben.

Das braune Wirtshaus in der Ortsstraße 15 und seine Geschichte sind jedenfalls noch immer ein großes Rätsel für die Ermittler. Ebenso wie Gerüchte im Dorf, die Polizistin wäre mehrmals in den Gasthof eingekehrt und Uwe Mundlos 2005 des Öfteren in Oberweißbach gesehen worden.

4. April Ermordung Mehmet Kubaşık: Ein grauer Dienstagvormittag in der Dortmunder Nordstadt. Auf der vierspurigen Mallinckrodtstraße, der vielbefahrenen Ost-West-Verbindung, ist es ruhig. Ruhrpöttler, Touristen und Geschäftsleute beleben den nur 500 Meter entfernten Nordmarkt. Kurz vor 1 Uhr betreten Mundlos und Böhnhardt den 40 Quadratmeter großen Kiosk von Mehmet Kubaşık in der Mallinckrodtstraße 190. Der 39-jährige Deutsche türkischer Herkunft fährt durch das Schellen seiner Türglocke herum und sieht sich zwei Männern mit blonden Haaren gegenüber. Kurz vor dem Eintreten beobachtet sie ein Zeuge noch beim Herumlungern vor dem Laden. Wenige Sekunden später schießt einer der beiden mit der Česká 83. Der erste Schuss verfehlt den Mann und schlägt in der Wand hinter Kubaşık ein. Der nächste aber trifft – und durchschlägt das rechte Auge des Kioskbesitzers. Kubaşık kippt vornüber und hat keine Chance mehr zu entkommen. Wer auch immer von den beiden Rechtsextremen schießt – seine Position verändert er nicht. Er setzt erneut an, feuert Kubaşık ins Scheitelbein und schießt ein weiteres Mal daneben. Ungewöhnlich – denn abgesehen von dem ersten Mord an Enver Şimşek, bei dem die beiden ein ganzes Magazin leerfeuerten, gingen sie bei den darauffolgenden Tötungen präzise zu Werke und trafen nahezu jedes Mal.

Das Geld im Kiosk interessiert die Mörder auch dieses Mal nicht. Immerhin hat Kubaşık im Portemonnaie 2620 Euro in Scheinen bei sich und in seiner Hosentasche weitere 380 Euro.

12.59 Uhr findet eine Kundin den Erschossenen hinter dem Tresen seines Ladens. Die zwei Minuten später eintreffenden Polizisten entdecken Kubaşık in bizarrer Pose. Mit Kopf und Oberkörper lehnt er, fast kniend, an einem Regal – sofort versuchen die Beamten den Mann zu reanimieren, doch Mehmet Kubaşık stirbt an seinen Kopfverletzungen noch in seinem Kiosk.

Meist öffnet Kubaşıks Frau Elif den Laden morgens um 7 Uhr, Tochter Gamze führt ihn am Nachmittag, und Mehmet übernimmt die Abend- und Nachtschicht. Die Verkäufe von Zigaretten, Süßigkeiten, Alkoholika und Getränken laufen schleppend, Gewinne bleiben aus. Insgesamt drücken die Familie Verbindlichkeiten aus Privatkrediten, Außenstände bei Lieferanten und Kontoüberziehung von mindestens 17 000 Euro. Durch den 18-Stunden-Tag leidet das Familienleben. Hinzu kommen gesundheitliche Probleme, 2002 erlitt Kubaşık einen Schlaganfall und ist zu 30 Prozent körperbehindert. In der Familie gibt es Pläne, den Kiosk zu verkaufen.

Was wäre wohl passiert, wenn Kubaşıks Ehefrau hinter dem Tresen gestanden hätte, als Mundlos und Böhnhardt hereinstürmten? Denn eigentlich wäre der Mittag ihre Zeit gewesen. Nur weil ihre Schwester aus London zu Besuch ist, übernimmt Mehmet die Schicht der Gattin. Gamze Kubaşık, Tochter des Ermordeten, will ihren Papa am Nachmittag im Laden ablösen. Als sie vor dem Kiosk ankommt, sieht sie schon von weitem das rot-weiße Flatterband und mehrere Krankenwagen. Ein Polizist bittet die 17-Jährige in einen Streifenwagen und erklärt ihr, dass ihr Vater verletzt ist. Dass Unbekannte ihm Kugeln in den Kopf jagten, erfährt Gamze erst später.

Wie schon bei den Morden an Şimşek, Kılıç und Yaşar entdecken auch in Dortmund Zeugen Fahrradfahrer. Eine Frau beobachtet zwei Männer, die ihr durch ihr Äußeres Angst einflößen, weswegen sie die Straßenseite wechselt: Einer fährt langsam auf seinem Rad, der andere läuft daneben. 20 Minuten später tauchen die beiden wieder auf. Böhnhardt und Mundlos? Eine Überwachungskamera in einer Bank in der Nähe erfasst zwei Personen, ebenso dass einer von beiden einen Rucksack trägt. Genaueres bleibt jedoch schemenhaft. Einig sind sich die Zeugen in ihren Aussagen gegenüber den Polizisten über die Augen eines der Radfahrer. Und zwar in allen vier Fällen: Sie beschreiben sie als „auffällig", mit einem „stechenden oder bösen Blick".

Der 1966 in Pazarcik im Süden der Türkei geborene Kurde und alevitische Moslem Mehmet Kubaşık besucht in der Türkei für fünf Jahre die Grundschule und ein Jahr die Mittelschule. Einen Beruf lernt er nicht, ist aber als Bauer in einem Baumwollbetrieb beschäftigt. 1984 heiratet er, wird Vater dreier Kinder, zwei werden in Dortmund geboren.

Im März 1991 reist er mit seiner Frau Elif und Tochter Gamze über die Schweiz nach Deutschland ein und stellt einen Asylantrag. Diesem wird 1993 stattgegeben. Die Familie lebt von Anfang an in der Ruhrpottmetropole Dortmund. Der von Freunden und Bekannten nicht als religiös aktiv und als besonnen auftretend beschriebene Kurde ernährt seine Familie zunächst mit Handlangertätigkeiten in einem Früchtehandel, bei einem Paketservice, bei einer Dachdeckerfirma, bei einer Säurebaufirma und in einem Dönerimbiss. Im Juni 2004 macht sich Kubaşık selbständig und kauft den Kiosk. Nur ein einziges Mal erlaubt er sich in der Bundesrepublik einen Fehltritt: Am Neujahrsmorgen 1998 wird er wegen „fahrlässiger Trunkenheit" im Straßenverkehr zu 30 Tagessätzen zu je 45 DM verurteilt, der Führerschein wird ihm für ein Jahr entzogen.

Obwohl Dortmund als Hochburg des westdeutschen Rechtsextremismus gilt, kommt kaum einem in den Sinn, dass Neonazis Mehmet Kubaşık umgebracht haben könnten. „Am Anfang haben wir gedacht, es geht vielleicht um Schutzgeld oder ein Problem unter Kurden", erinnert sich Mohammend Ali Khadhar, Angestellter in einem 20 Meter vom Tatort entfernten Lebensmittelladen, gegenüber den „Ruhrnachrichten".

Für Gamze Kubaşık hingegen war immer klar, dass die Täter aus dem rechtsextremen Milieu stammen mussten. „Doch den Verdacht, es könnten Neonazis gewesen sein, hat die Polizei nie ernst genommen", warf sie den Behörden im November 2011 in der Talkshow von Günther Jauch vor. „Wir standen nach dem schrecklichen Mord an meinem Vater unter Verdacht, etwas mit Drogen oder der türkischen Mafia zu tun zu haben. Die Polizei hat immer nach irgendwelchen krummen Geschäftsverbindungen meines Vaters gesucht." Gamzes Überlegungen in Richtung rechter Szene fanden bei der Polizei kein Gehör.

Dabei befindet sich nicht weit vom Tatort, ebenfalls in der Mallinckrodtstraße, im Erdgeschoss eines heruntergekommenen Hauses mit abblätterndem braunen Putz eine schummrige Eckkneipe mit dem Namen „Deutscher Hof". Hinter zugehängten und mit dreifarbiger Plastikfolie bespannten schmutzigen Fenstern feierte ein Jahr vor dem Mord hier Siegfried B. alias „SS-Siggi" mit seiner Neonazi-Hooligan-Truppe „Borussenfront" den Jahrestag ihrer

Gründung. Der einst als Fußball-Fanclub des BVB ins Leben gerufene Club driftet ab 1982 immer mehr nach rechts ab, später jagen die Mitglieder regelmäßig Migranten rund um den Dortmunder Borsigplatz. „SS-Siggi" arbeitet sich in der Szene nach oben, muss sich ab 2001 wegen diverser Straftaten wie Körperverletzung und Verwendung verfassungsfeindlicher Symbole verantworten. Zwar schränken die Verurteilungen und Haftstrafen seinen Aktionsradius merklich ein, dennoch gilt er als Veteran des westdeutschen Rechtsextremismus – mit guten Kontakten zu den Kölner Kameraden um den mehrfach verurteilten Neonazi-Kader Axel R., der in den Medien auch als „Hitler von Köln" bekannt wurde. Die Kontakte werden ein Jahr vor dem Mord an Mehmet Kubaşık genutzt, bei einem anderen Tötungsdelikt. Der Neonazi Sven K., damals 17 Jahre alt, ersticht am Abend des 28. März 2005 in der U-Bahn-Station Kampstraße in Dortmund den Punk Thomas „Schmuddel" Schulz. Anschließend klebt die rechte Szene in ganz Dortmund Plakate an: „Wer der Bewegung im Weg steht, muss mit den Konsequenzen leben." Verantwortlich im Sinne des Presserechts zeichnet Axel R. Ist es Zufall oder kennt „SS-Siggi" oder einer seiner Dortmunder Kameraden Mundlos und Böhnhardt? Halfen sie gar den Zwickauern, in welcher Art und Weise auch immer? Offiziell bezeichnen die Dortmunder Neonazis die Morde an den laut dem „Nationalen Widerstand Dortmund" „unbedeutenden fremdvölkischen Kleinunternehmern" als politisch sinnlos.

6. April Ermordung Halit Yozgat: Zwei Tage später, am Donnerstag, schlagen die Thüringer erneut zu, 17 Uhr in einem heruntergekommenen Internet-Café an der Holländischen Straße 82, Kassels nördlicher Ausfallstraße. Das Internet-Café besteht aus zwei, etwa 20 Quadratmeter großen Räumen, die durch einen schmalen Durchgang verbunden sind. Im vorderen Raum, den man direkt von der viel befahrenen Hauptverkehrsstraße betritt, stehen neben dem Arbeitsplatz des Chefs (hier sitzt Halit Yozgat) ein weißer Kühlschrank und sechs Telefonzellen für Kunden. In einem dieser kleinen Verschläge, keine drei Meter von Yozgat entfernt, telefoniert ein Iraker.

Wieder setzen Mundlos und Böhnhardt die Česká 83 ein. Sie schießen, wie schon bei den vorangegangen Morden, durch eine

Plastiktüte, um am Tatort verbleibende Patronenhülsen zu vermeiden. Die beiden Neonazis treffen zwei Mal den Kopf des am Schreibtisch sitzenden Halit. Der Iraker, der nur knapp neben dem Mord telefoniert, bekommt die Schüsse sogar mit. Allerdings identifiziert er sie nicht als solche, sondern als in der Ferne platzende Luftballons – er guckt auf, kann aber nichts erkennen, denn aufgeklebte Reklamezettel versperren ihm die Sicht. Auch eine Türkin mit ihrem Kleinkind in einer der anderen Telefonzellen sowie zwei Jugendliche im Computerraum registrieren die Schüsse zwar, können die durch den Schalldämpfer leisen Geräusche aber nicht einordnen und lassen sich nicht weiter stören. Im Café wird weiter munter telefoniert und gesurft.

Ismael Yozgat, Vater von Halit, schlägt sich in den Monaten nach der Tat mit der quälenden Frage rum: „Warum nur habe ich mich verspätet an jenem Tag im April?" Fünf Minuten nach fünf zeigt seine Armbanduhr an jenem verhängnisvollen Spätnachmittag. Längst hätte sich sein pfiffiger Sohn auf den Weg zur Abendschule in der Goetheschule machen müssen, auf der er sein Abitur nachholen will. Mit dem Internetcafé verdient der Deutsche türkischer Herkunft sein Geld, später will Halit Informatik studieren. Beide Elternteile unterstützen ihn tatkräftig, wollen für ihren Sohn so viel Zeit zum Lernen wie möglich freischaufeln.

Auch heute. Als Ismael Yozgat das Café durch die Tür mit der Glasscheibe betritt, kann er Halit nicht sehen. Nur die roten Flecken auf einem Tisch vor den Telefonkabinen stechen ihm sofort ins Auge. „Hast du gestrichen?", ruft er. Eine Antwort bekommt er nicht. Seinen Sohn entdeckt er mit blutverschmierten Gesicht auf dem Boden. 25 Minuten später kann der Notarzt nur noch den Tod feststellen.

Als wäre der Mord nicht ein furchtbares Ereignis genug, kommt es nach der Tat zu einer mehr als mysteriösen und zum Nachdenken anregenden Verwicklung: Zur Mordzeit befinden sich sechs Personen in dem Café. Als die Polizei eintrifft, sind aber nur noch fünf Zeugen vor Ort. Und der Fehlende? Er wird zwei Wochen nach der Tat verhaftet und vernommen, da er sich trotz eines öffentlichen Zeugenaufrufs mit einer genauen Personenbeschreibung nicht von selbst bei der Poilzei meldet. Sofort gibt der festgenommene Marcel Lippert* zu, am Tatort gewesen zu sein. Die Ermittler haben da bereits rekonstruiert, dass Lippert zwischen 16.51 und 17.01 Uhr an einem der Arbeitsplätze des Internetcafés surft. Halit Yozgat wird zwischen 16:54 Uhr und 17:03 Uhr erschossen.

Warum flüchtet er vom Tatort und stellt sich nicht der Zeugenbefragung durch die Polizei? Angeblich, weil seine hochschwangere Frau nichts von den Internet-Aktivitäten erfahren soll – Lippert surfte auf einer Datingseite. Beim Verlassen des Cafés sieht er den Ladenbesitzer nicht, legt ein 50-Cent-Stück auf den Tresen und geht. Das wirklich Brisante an dem Umstand des Verschwindens von Marcel ist dessen Beruf: Der Mann ist Beamter des Hessischen Landesamtes für Verfassungsschutz, Außenstelle Nordhessen, Sachgebiet „Ausländerextremismus". Und es wird noch eklatanter: Lippert ist ebenso V-Mann-Führer für Informanten aus der Neonazi-Szene.

Weil Zeugen Lippert beim Betreten des Cafés beim Tragen einer Plastiktüte beschreiben, in der sich ein Gegenstand befunden haben soll, der die Tüte nach unten ausbeult, ist er zunächst einer der Hauptverdächtigen. Bei der anschließenden Hausdurchsuchung findet die Polizei bei dem Waffenbesitzer, der als junger Erwachsener Kontakte zur Rockergruppe „Hells Angels" hat, unter anderem viel Literatur zum Thema Tod und Massenmord. Damit konfrontiert gibt Lippert zu Protokoll, dass er ein ausgeprägtes Interesse an der menschlichen Psyche habe und sich daher damit beschäftige, wie Menschen sich zu Massenmördern entwickeln. Des weiteren werden eine Vielzahl von Abschriften einschlägiger NS-Literatur gefunden, darunter auch Auszüge aus Adolf Hitlers „Mein Kampf". Nach eigenen Angaben tippte er diese im Alter von 13, 14 Jahren ab – er sei aber kein „Rechtsradikaler".

Seine Nachbarn sehen das offenbar anders. Der Mann gilt in seiner Heimatgemeinde als „kleiner Adolf". Selbst der SPD-Politiker Thomas Oppermann teilt nach einer Sitzung des Parlamentarischen Kontrollgremiums des Bundestags für die Geheimdienste mit, dass es sich bei dem Verfassungsschützer um einen Mann mit „offenkundig starker rechter Gesinnung" handelt.

Die Indizien gegen Marcel Lippert reichen nicht. Trotz einiger Spuren und Hinweise werden die Ermittlungen gegen ihn eingestellt, da der Anfangsverdacht sich nicht erhärtet und er aussagt, den oder die möglichen Mörder auch nicht gesehen zu haben, während er vom Café zu seinem PKW lief. Die Ermittler stehen wieder bei Null – was bleibt, ist ein unangenehmer Beigeschmack. Denn bei der Rekonstruktion der letzten Minuten des Tattages notieren die Beamten: Lippert beendet das Surfen im Internet exakt um 17:01:40 Uhr und benötigt rund eine Minute und fünf Sekunden aus dem Café zu seinem Fahrzeug. Kurz nach 17:03 Uhr entdeckt İsmail Yozgat den erschossenen Halit. Der Ladenbesitzer saß nicht auf seinem Stuhl, als Lippert das Geschäft verließ. Heißt: Nach Erkenntnissen der Ermittler bleibt nur eine Zeitspanne von etwa 41 Sekunden. In dieser muss Folgendes passiert sein: Halit Yozgat kehrt in den Raum zurück, setzt sich und wird erschossen. Haben Mundlos und Böhnhardt genau dieses Zeitfenster erwischt, in dem sie von Marcel Lippert nicht gesehen wurde? Sind die Aussagen von Lippert wirklich glaubhaft?

Bis die Ermittler der BAO Bosporus den Namen des Verfassungsschützers erfahren, vergeht eine lange Zeit. Selbst das Einschreiten von Bayerns Innenminister hilft wenig. Günther Beckstein erinnert sich an die Situation nach dem Kasseler Mord gegenüber den Buchautoren: „Dazu habe ich mehrfach mit meinem hessischen Amtskollegen Volker Bouffier (*Anmerk. d. Autoren:* heute ist der CDU-Politiker Ministerpräsident von Hessen) telefoniert und wollte den Namen des Mannes erfragen. Er hat ihn nicht herausgegeben, versicherte mir aber, den Verfassungsschützer bis ins letzte Detail durchleuchtet zu haben." Auf die Nachfrage, dass also offenbar nicht mal ein Minister im vertraulichen Gespräch mit einem Minister den Namen eines verdächtigen Verfassungsschützers erfahren kann, antwortet Beckstein nur: „Nein."

Während in den Behörden Aufregung herrscht, dass einer der ihren der unheimliche Serienkiller ist und selbst höchste politische Ämter sich mit dem drohenden Skandal beschäftigen, durchleuchten Polizeibeamte das Leben von Halit Yozgat: In Kassel geboren, im Jahr 2003 eingebürgert. Laut Aussagen von Freunden ein ruhiger und religiöser Mensch, der lediglich an seiner ehemaligen Hauptschule das ein oder andere Mal durch Respektlosigkeiten und unsoziales Verhalten auffiel. Mit seinem Internet-Café, von dem er sein Leben finanzieren kann – er hat rund 6000 Euro auf dem Konto – habe er sich gefangen. Halit lebt in einem eigenen Zimmer im Haus seiner Eltern, raucht ab und an Haschisch. Auch einige Besuche bei einer Prostituierten sind laut Ermittlungsakten bekannt. Zwei Mal fällt er der Polizei auf. 2004 wurde bei einer Fahrzeugkontrolle in seinem Auto ein Schlagring gefunden, im Juli 2005 brach er einem Mann per Kopfstoß die Nase. Der Hintergrund der gewalttätigen Aktion: Dieser hatte eine Beziehung mit einer von Halits jüngeren Schwestern und bereits die Heirat versprochen – und sich nun getrennt.

Helmut Wetzel von der Kriminaldirektion Kassel ist 2010 im ARD-Radio schon auf der richtigen Spur, wenn auch vorsichtig in seinen Äußerungen: „Meine Theorie, meine ganz persönliche, muss ich betonen … es ist immer ein bisschen riskant mit so einer persönlichen Theorie an die Öffentlichkeit zu gehen … aber ich glaube, dass es sich bei dem Täter um jemanden handelt, der die Opfer nach ihrer Ethnie und nach dem Umfeld aussucht. Also er sieht nicht das einzelne Opfer, sondern er sieht hier einen Südländer, einen Türken in einem türkischen Geschäft." Wetzel hat das Leben des Kasseler Opfers auf den Kopf gestellt und Einblick in das der anderen Opfer bekommen. So richtig herausrücken will er mit seiner Theorie nicht, sagt nur: „… bin ich der Meinung, also der persönlichen Meinung, dass hier wohl jemand unterwegs ist, und zwar im eigenen Auftrag … sinnbildlich gesprochen." Das Wort „Neonazi" nimmt er trotz seines richtigen Gespürs nicht in den Mund, man ahnt aber, dass der Begriff dem erfahrenen Polizisten auf der Zunge liegt.

Neben der Anwesenheit von Zeugen findet sich beim Mord in Kassel noch ein anderer Unterschied zu den vorangegangenen Taten. In der nordhessischen Großstadt gibt es keine starke rechte Szene. Lediglich die vom Verfassungsschutz beobachtete Gruppe „Freier Widerstand Kassel" ist hier aktiv.

Dass diejenigen, die mit der gleichen braunen Ideologie mordend durch das Land ziehen, für die Ermittler trotz der Erhöhung der Belohnung für Hinweise auf 300 000 Euro nicht greifbar sind, können Mundlos und Böhnhardt in der Zeitung nachlesen. In der „Süddeutschen" mutmaßt Alexander Horn, Leiter der Abteilung

Operative Fallanalyse am Polizeipräsidium München, dass der Täter – er geht von einem Serientäter aus, der seine Opfer zufällig auswählt – aus dem Raum Nürnberg stammt. Seine Begründung: Die Nürnberger Morde verübte der Täter im Stadtgebiet, am helllichten Tag und jenseits der Ausfallstraßen zu den Autobahnen. „Der Täter muss über Ortskenntnisse in Nürnberg verfügen", folgerte Horn. Und: „Irgendetwas mag im Umgang mit Türken vorgefallen sein, das ihm extrem negativ oder demütigend erschien." Rechtsextremisten schließt der Profiler aus: Neonazis könnten kein politisches Kapital aus den Morden schlagen, so seine Begründung. Außerdem würden Überzeugungstäter zu viele Fehler begehen. Und auch Soko-Chef Wolfgang Geier hält zum damaligen Zeitpunkt laut „Focus" von einem ausländerfeindlichen Hintergrund „überhaupt nichts".

Juni Zu Beginn der Mordserie im Jahr 2000 konzentrieren sich die Ermittlungen vor allem auf den Bereich der organisierten Kriminalität, vorrangig haben die Fahnder das Drogenmilieu in Verdacht. Die BAO Bosporus behält diese Richtung bei. Mittels verdeckt geführter Einsätze wird im kriminellen Milieu sowie bei Bekannten und Verwandten der Opfer versucht, an Informationen zu kommen. Sechs Jahre später, am 1. Juni 2006, gründet sich in der BAO Bosporus eine zusätzliche Einheit, die sich ausschließlich mit einem „intrinsisch motivierten Serientäter" befasst – man konzentriert sich auf einen allein handelnden Täter mit einem „Ankerpunkt" im Nürnberger Süden. Grund für die Bildung der neuen Gruppe ist offenbar die Erkenntnis, dass die Fallanalyse nach den ersten sieben Morden nicht wirklich zutreffend sein kann. Diese sagt nämlich aus, dass eine Organisation hinter den Hinrichtungen steckt. Nach Dortmund und Kassel stellt die Leitung der BAO Bosporus nun die neue Aufgabe, eine Alternativhypothese zu entwickeln – heraus kam die des Serientäters.

Profiler erstellen ein Bild des Mörders. Und dieses sieht laut Ermittlungsakten – wohlgemerkt, fünf Jahre vor Aufklärung der Mordserie – so aus:
– Der Täter verfügt über psychopathische Persönlichkeit.
– Der Täter entwickelt ablehnende Haltung gegenüber türkisch aussehenden Personen.

- Der Täter sucht gegebenenfalls Nähe zur rechten Szene, ist jedoch von deren „Schwäche" enttäuscht und entwickelt die Vorstellung seiner eigenen Mission.
- Der Täter verfestigt seinen Tatentschluss und behält diesen über Jahre bei.
- Der Täter gewinnt durch die erfolgreichen Taten an Selbstbewusstsein und ist bereit, auch höhere Risiken einzugehen (Allmachtsfantasien).

Eine ungefähre Vorstellung haben die Beamten laut den Ermittlungsakten also von dem Killer schon. Was sie nun noch brauchen, ist ein Motiv.

- Raubmord: Dieser Ansatz fällt aus, weil wie im Fall Enver Şimşek große Bargeldsummen ignoriert wurden. Auch wurden die Geschäfte der Toten nie nach Wertsachen durchwühlt.
- Beziehungstaten/Ehrverletzungen: Das Umfeld der jeweiligen Opfer wurde durchleuchtet, heraus kam nichts.
- Glücksspiel/Spielschulden: Mit Ausnahme von Habil Kılıç bewegte sich keiner im Glücksspiel-Milieu.
- politisch-religiöse Gründe: Die politischen Einstellungen aller Erschossenen stimmten nicht überein beziehungsweise stellten sich völlig konträr dar.
- Schutzgeld: Vor allem nach Hinweisen aus der türkischen Bevölkerung wird in diese Richtung ermittelt. Im Fokus stehen die Arbeiterpartei Kurdistans PKK und die Milliyetçi Hareket Partisi MHP, die türkische Partei der Nationalistischen Bewegung. Bestätigt hat sich kein Verdacht.
- Fremdenfeindlichkeit: Diesen Verdacht hegen viele Fahnder, die Ermittlungen werden intensiviert. Weder aus dem rechten noch aus dem linken Spektrum kommen aber konkrete Hinweise.
- Drogen: Da zum Beispiel Abdurrahim Özüdoğru und Mehmet Turgut Kontakte in die Drogenszene hatten, wird diesem Ansatz eine entsprechende Gewichtung beigemessen. Trotz intensiver Nachforschungen muss allerdings festgestellt werden, dass sich kein tragfähiges Motiv ergab.

Nur die Verwendung derselben Waffe konnte zum damaligen Zeitpunkt als Zeichen der Bedrohung für einen bestimmten Personenkreis, nämlich Menschen aus Südosteuropa, interpretiert werden. Selbstverständlich sorgen die Taten für Unruhe in der Bevölkerung und für europaweites Aufsehen, das dem Česká-Mörder eine gewisse „Berühmtheit" verschafft. Die Polizisten vermuteten, dass auch das eine gewisse Motivation für den oder die Mörder mit sich bringt und zu weiteren Tötungen animieren könnte. Dennoch: Zu diesem Zeitpunkt, Mitte 2006, ist dies alles reine Spekulation.

Oder doch nicht? Immerhin wird am 1. Juni 2006 innerhalb der BAO Bosporus ein Unterabschnitt mit dem Namen „Besondere Ermittlungskomplexe – Einzeltäter" gegründet. Während andere Beamte sich weiterhin auf einen Mörder aus dem Bereich der organisierten Kriminalität konzentrieren, gehen diese Ermittler einem anderen Ansatz nach. Sie suchen nach einer persönlichen, psychopathischen oder/und ideologischen Motivlage, im Sinne von Rache oder Wut gegen türkische beziehungsweise türkisch aussehende Opfer. Profiler prognostizieren, dass sich „der Hass gegen türkische Ladenbesitzer sowohl in einem negativen Erlebnis, das in der Biografie des Täters zu finden sein wird und zu einer zielgerichteten Entwicklung eines Feindbildes geführt hat, als auch in einer ausländerfeindlichen Gesinnung speziell gegen Türken, die sich eventuell im Vorfeld durch die Nähe zur rechten Szene ausgedrückt haben könnte". Damit sind die Ermittler schon fünf Jahre vor dem Auffliegen der Zwickauer Terrorzelle mit ihrer Einschätzung ganz nah dran. Und sie werden noch konkreter, beschreiben den Serientäter wie folgt:

– Geschlecht männlich
– Alter (Jahrgang 1960 bis 1982)
– geografischer Bereich Nürnberg (*Anmerkung der Autoren:* hierauf kamen die Ermittler durch die kriminalgeografische Analyse der „Operativen Fallanalyse" (OFA) Bayern. Diese besagte, dass sich der Täter in einem ihm infrastrukturell bekannten Gebiet aufhält, was ihm ein sicheres und unauffälliges Bewegen ermöglicht. Als Ankerpunkte kamen die eigene Wohnung, das Elternhaus, ehemalige Schulen, Arbeitsstätten

usw. infrage. Ausgangspunkt der Überlegungen war, wie wahrscheinlich es sei, dass ein ortsfremder Täter zufällig an diese Tatorte kommt.)
- Nationalität deutsch
- Affinität zu Waffen/Schießfertigkeit (*Anmerkung der Autoren:* Der NSU dürfte zu diesem Zeitpunkt schon über ein gehöriges Waffenarsenal verfügt haben, mit dem er auch umgehen konnte)
- Mobilität, eventuell beruflich bedingt
- Kenntnisse zur rechten Szene
- polizeiliche Vorkenntnisse (nicht zwingend erforderlich)

Nach der Erstellung dieses Profils beschränken sich die Ermittler aufgrund der Analyse auf den Nürnberger Südosten, überprüfen Einwohnermeldedaten. Alle Personen, zu denen Erkenntnisse in Sachen
- Staatsschutz (rechts)
- Waffen-/Sprengstoffdelikte
- Sachbeschädigungen als stellvertretendes Aggressionsdelikt
- Sachverhalte, bei denen das Opfer ein Deutscher und der/die Täter Türken waren

vorliegen, werden überprüft. Außerdem überprüfen die Ermittler alle Mitglieder der Schützenvereine in Nürnberg und im Landkreis Nürnberg-Land sowie alle Inhaber einer Waffenbesitzkarte. Speziell unter die Lupe werden natürlich Česká-Besitzer genommen.

Hinsichtlich der unterstellten Mobilität – alle Mietwagenfirmen werden geprüft – werden stichpunktartig Firmen mit Niederlassungen in den anderen Tatortstädten Hamburg, Rostock, Dortmund und Kassel ermittelt. Wegen der nicht zu bewältigenden Menge müssen die Fahnder diesen Gedankenansatz verwerfen.

Auch eine gezielte Medienstrategie mit zwei Richtungen soll für die Überführung genutzt werden: Mit der Veröffentlichung von bestimmten Teilen des Täterprofils soll dessen Umfeld aus der Reserve gelockt werden und sich so zu Hinweisen hinreißen lassen. Zum anderen soll der Täter auf eine überwachte Homepage gelockt werden, um elektronische Spuren zu hinterlassen. Zwar werden Internetsurfer gefunden, die sich ungewöhnlich oft auf der Seite einloggen, Mundlos und Böhnhardt begehen diesen Fehler von Zwickau aus aber nicht.

Kurze Zeit später keimt Hoffnung auf. Ein vertraulicher Hinweis gelangt auf die Schreibtische der Ermittler. Ein Informant schwärzt die Gebrüder K. aus Istanbul an. Beides hochrangige Geschäftsleute, die in der Millionenmetropole unter anderem die Vertretung einer deutschen Fahrzeugelektronik-Firma betreiben. Die Quelle behauptet, dass die beiden im Drogenhandel beteiligt wären, Schulden eintreiben und einen Auftragskiller steuern würden. Außerdem weiß der anonyme Tippgeber, wo sich die gesuchte Česká 83 befinden würde – bei einem türkischen Asylbewerber in Bielefeld. Wer den Hinweis liefert und welche Behörde ihn zur BAO Bosporus leitet, bleibt im Dunklen. Die Ermittler nehmen ihn dennoch ernst, gehen mit großem Aufwand den Hinweisen nach. Enttäuscht müssen sie aber kurze Zeit später feststellen, dass sich der Tipp als falsch erweist.

Auch alle anderen Ermittlungen laufen ins Leere. Was auch probiert wird, es misslingt. Bayerns Innenminister Dr. Günther Beckstein erinnert sich: „Ich habe selber riesigen Druck auf die Ermittler gemacht, immer wieder Ergebnisse gefordert. Gegen größte Widerstände habe ich sogar die Leitung der Ermittlungsgruppe ausgetauscht, obwohl die mit dem größten Eifer gearbeitet hat – aber sie sind nicht mehr weitergekommen. Mit einem, der dort arbeitete, war ich persönlich bekannt, und er sagte mir: ‚Herr Beckstein, dass wir abgezogen werden, ist nicht in Ordnung. Wir haben Samstage und Sonntage geopfert, keinen Urlaub genommen und persönliche Beeinträchtigungen hingenommen, um die Mörder zu finden. Wir wollten den Erfolg und nun tauschen Sie uns aus.' Ich habe ihm klargemacht, die Maßnahme wäre keine Bestrafung. Es herrschte Stillstand und, ich denke, auch ein wenig Betriebsblindheit. Das war für die Beamten sehr schwer zu verstehen, aber ich wollte frisches Blut und neue Blickwinkel auf die Morde haben. Das Besondere war ja: Wir wussten durch die Česká, dass es sich um eine Serie handeln muss. Ansonsten hatten wir nichts. Keinerlei Bekennung, keinerlei Hinweise, keine Spuren. Es hat nichts zusammengepasst. Nichts. Ich brauchte neue Ansätze und Ideen. Geholfen hat es, so muss man im Nachhinein feststellen, nichts", so der ehemalige Politiker im Mai 2012 gegenüber den Buchautoren. Selbst die noch so kompliziertesten Nachforschungen wurden laut Beckstein durchgeführt. „Wir hatten große Hoffnungen auf die eventuelle Handynutzung der Täter vor oder nach einem Mord gesetzt. Wir suchten in den Funkzellen vor und nach den Taten nach der gleichen Nummer. In Nürnberg und München, wo ja mehrere Morde passierten, gab es tatsächlich Menschen, die bei mehreren Morden mit ihren Handys in Tatortnähe von der Funkzelle geortet wurden. Die wurden alle überprüft, intensiv befragt und mussten alle Alibis nachweisen. Auch die Frage der Geldabholung wurde gegengecheckt. Wer hob am Bankautomaten beispielsweise rund um die Mordtage von Nürnberg und Kassel in beiden Städten Geld ab? Das waren überraschend viele Leute, die wiederum überprüft wurden. Es wurden sogar Bezirkskrankenhäuser mit geschlossenen Einrichtungen geprüft, ob die dort Untergebrachten in ihren Urlauben nicht auf Menschenjagd gehen."

Es hilft alles nichts. Jahrelang ermitteln die Fahnder in die falschen Richtungen, observieren und spionieren innerhalb und im Umfeld der Opferfamilien. Doch intern läuft nicht alles so glatt. In einem Bericht zum Ermittlungsverfahren „Česká", mit der Zwischenüberschrift „Bewertung des Sachverhaltes und der polizeilichen Zusammenarbeit", kommt ein Beamter zu der erschütternden Einschätzung, dass eine „klare Koordinierung und Führungsstruktur" fehle.

3. September In Völklingen startet eine mysteriöse Brandserie. Zwischen dem 3. September 2006 und dem 3. September 2011 brennt es in elf Häusern in dem saarländischen Städtchen. Immer trifft es Gebäude, in denen fast nur Einwanderer leben, vor allem aus der Türkei. Mindestens 20 Menschen werden bei der Feuerserie verletzt, wie durch ein Wunder kommt niemand ums Leben. Ein Brand wird am 20. April gelegt, dem Geburtstag Adolf Hitlers. Gleich dreimal fackelt es lichterloh am 3. September. Auch dieses Datum ist für Rechtsradikale von besonderer Bedeutung – am 3. September 1933 ging der Reichsparteitag in Nürnberg zu Ende, auf dem die NSDAP ihre Machtergreifung und das Ende der Weimarer Republik feierte. Generalstaatsanwalt Ralf-Dieter Sahm sagte 2011, dass ein „rechtsextremer Hintergrund nicht auszuschließen, sondern eher wahrscheinlich" sei. Doch was hat die Brandserie mit dem Nationalsozialistischen Untergrund zu tun?

Nach dem Auffliegen von Mundlos und Böhnhardt landet eine DVD mit dem NSU-Bekennervideo im Briefkasten der Völklinger Selimiye Moschee. Der Vorsitzende des Trägervereins der Moschee, Ünal Subasi, bestätigt der „Saarbrücker Zeitung", dass die Sendung unfrankiert eingeworfen wurde. Hatte der NSU Helfer im Saarland?

Möglich. Denn bei einem weiteren ungeklärten Bombenanschlag in Saarbrücken gibt es Indizien, die nach Zwickau führen. Am 9. März 1999 explodiert um 4.40 Uhr morgens in der Ausstellung „Vernichtungskrieg. Verbrechen der Wehrmacht 1941–1944" ein Sprengsatz. Weite Teile der Ausstellung werden zerstört, am VHS-Zentrum entsteht erheblicher Sachschaden. Am gleichen Morgen beobachtet ein Journalist des Saarländischen Rundfunks auf dem Parkplatz am Fuße der Schlosskirche zwei Männer und eine unauffällige, dunkelhaarige Frau im Alter von 20 bis 25 Jahren, die sich mit dem Anschlag „brüsten". Sah der Zeuge Uwe Mundlos, Uwe Böhnhardt und die damals 24-jährige Beate Zschäpe?

11. September Die durch die BAO Bosporus beauftragte OFA Baden-Württemberg kommt nach neun erstellten Tathergangsanalysen und einer Gesamtanalyse zu dem Schluss, dass eine Gruppierung und kein Serientäter für die Morde verantwortlich ist.

5. Oktober Banküberfall Zwickau: Es ist der letzte Banküberfall im Raum Chemnitz/Zwickau – und der brutalste. Bei diesem Raub in der Sparkasse in der Zwickauer Kosmonautenstraße verliert einer der beiden Uwes die Nerven. Wer von den beiden die Bank überfällt, ist nicht aufgedeckt. Fakt ist, dass einer allein es versucht – und nahezu alles schiefgeht. Gegen 12 Uhr betritt der Räuber die Filiale und verlangt nach dem Chef, der ihn zum Tresor bringen soll. In einem kurzen Moment der Unachtsamkeit versucht ein Kunde, den Räuber zu überwältigen – im Handgemenge löst sich ein Schuss aus dessen Waffe und schlägt im Boden ein. Durch die

Aktion gelingt es einem Großteil der Anwesenden, in die hinteren Räume der Sparkasse zu fliehen. Der Neonazi ist außer sich vor Wut und schnappt sich einen Bankazubi. Seine Waffe hält er dem jungen Mann vor das Gesicht und brüllt, dass er ihn erschießen werde, wenn er ihn nicht sofort zum Filialleiter bringe. Doch der Auszubildende gehorcht nicht, will den Helden spielen – und greift den Gangster an. Diesmal ist der Neonazi vorbereitet und zu allem bereit. Mit einem Schuss aus seinem Revolver Alfa-PROJ, Kaliber 38, verletzt er den 18-Jährigen schwer.

Volker Kroh, der Sprecher der Polizeiinspektion Zwickau, beschreibt noch am selben Tag den Täter laut Zeugenaussagen „als fahrig und sehr aufgeregt". Zeugen berichten laut Kroh, dass der Täter „abwesend" und unter „psychischer Beeinflussung" stand. Passt das zu jemandem, der zusammen mit seinem Partner zuvor schon acht Banken erfolgreich ausräumte? Auch die weitere Beschreibung des Überfalls passt nicht zum Bild der Mörder. So warf laut Kroh der mit der Pistole bewaffnete Mann mit einem Ventilator nach einer Bankangestellten, weil auch diese sich seinen Anweisungen widersetzte.

7. November Banküberfall Stralsund: Nach dem Desaster in Chemnitz verlagern sich die Raubüberfälle aus dem Raum Chemnitz/Zwickau in den Norden Deutschlands. Nach Stralsund. Bei diesem Überfall wenden die NSU-Mitglieder wieder die alte, erfolgreiche Methode an. Mit zwei Pistolen stürmen sie den Bankinnenraum, halten sieben Angestellte der Sparkasse und sechs Kunden mit ihren Waffen – einmal feuerten sie sofort nach Betreten der Filiale – in Schach und erbeuten 84 000 Euro.

2007
Hinrichtung einer Polizistin

10. Januar Beinahe fliegt der Nationalsozialistische Untergrund an diesem Tag auf. Sächsische Polizisten stehen plötzlich vor der Tür des Verstecks des Neonazi-Trios in der Zwickauer Polenzstraße – wegen eines mutwillig herbeigeführten Wasserschadens über der Wohnung der drei. Da Nachbarn den Beamten erklären, dass auch Lisa Schreiber und ihre zwei Mitbewohner im Erdgeschoss von der durchlaufenden Feuchtigkeit betroffen sind, klingeln die Polizisten an deren Wohnung. Den beiden Uniformierten erklärt Zschäpe geistesgegenwärtig, lediglich ihr Spitzname wäre Lise und in Wahrheit heiße sie „Konstanze Reger" und versorge in dieser Wohnung nur die Katzen eines Kumpels. Zwar wollen sich die Polizisten, die nicht ahnen können, wen sie da vor sich haben, den Wasserschaden sehen, doch sie scheitern am Widerstand von „Frau Reger", die sie partout nicht einlässt.

Also wird Beate Zschäpe alias Konstanze Reger am 10. Januar zur Zeugenaussage aufs Revier der Polizeidirektion Südwestsachsen vorgeladen. Auge in Auge mit dem Gesetz verstrickt sie sich in dem 20 Minuten langen Gespräch permanent in Widersprüche und spricht mehrfach von „unserer Wohnung" – obwohl sie vorher noch erklärt hatte, dort gar nicht zu wohnen. Misstrauisch werden die Beamten allerdings nicht, Zschäpe kommt mit dem Schreck davon. Erkannt wird sie nicht nur nicht von den Polizisten, die ihre Aussage aufnehmen, auch kein anderer auf dem Revier schöpft Verdacht – obwohl ihr Fahndungsfoto jahrelang in den Besprechungsräumen hing.

18. Januar Banküberfall Stralsund: Was einmal in Stralsund geklappt hat, funktioniert auch ein zweites Mal. So jedenfalls könnten die Räuber gedacht haben. Denn zwei Monate nach dem ersten Überfall in Mecklenburg-Vorpommern schlagen sie in der gleichen Sparkassen-Filiale in der Kleinen Parower Straße wieder zu. Einer der beiden Uwes gibt beim Betreten um 17.15 Uhr sofort einen Schuss aus einem Schreckschussrevolver in Richtung Decke ab. Die Anwesenden zittern vor Angst. Die vier Kunden und fünf Angestellten müssen sich auf den Boden legen und werden von einem der beiden Uwes mit zwei Handfeuerwaffen in Schach gehalten. Der andere bedroht inzwischen die Mitarbeiter am Schalter und zwingt sie, Geld aus dem Tresor in eine Plastiktüte zu legen. Die „Arbeitsteilung" klappt perfekt, beide gehen wie immer aggressiv und gewaltbereit vor. Mit der Rekord-Beute von 169 970 Euro flüchten sie auf zwei Fahrrädern. Ein eingesetzter Fährtenhund der Bundespolizei verliert die Spur nach wenigen hundert Metern. Aber: Erstmals fällt Zeugen des Überfalls der sächsische Dialekt der Räuber auf.

Februar In Nürnberg, wo Mundlos und Böhnhardt drei Menschen erschossen, hat sich bei den Ermittlern mittlerweile die Theorie durchgesetzt, dass man es mit einem diabolisch veranlagten Psychopathen mit enormem Hass auf Ausländer zu tun hat. Seinen Lebensmittelpunkt vermuten sie noch immer im Süden Nürnbergs. Jetzt lassen sie genau dort in mehr als 100 000 Haushalten Postwurfsendungen verteilen, in denen sie um Mithilfe bitten. Eine davon erreicht auch den damaligen bayrischen Innenminister Günther Beckstein. Der CSU-Politiker lebt mit seiner Frau Marga nur knapp einen Kilometer vom ersten Tatort in einem kleinen Bungalow im Arbeiterviertel Langwasser. Gegenüber der „Welt" räumt er damals über die unheimliche Mordserie ein: „Das ist der Fall, der mir momentan am meisten Kopfzerbrechen bereitet."

25. April Ermordung Michèle Kiesewetter: 13.45 Uhr. Die 22-jährige Michèle Kiesewetter von der Bereitschaftspolizei Böblingen und ihr neuer Kollege Matthias Brüggemann* stehen mit ihrem Streifenwagen im Schatten des Trafohäuschens auf der Heilbronner Theresienwiese. Gerade sind sie hier angekommen, eine Besprechung im Rahmen des Konzeptionseinsatzes „Sichere City" liegt hinter ihnen. Bis dahin ist ihr Tag ruhig verlaufen, sie lassen ihn Revue passieren: Kurz vor 11 Uhr kontrollierten die beiden mehrere Personen vor dem Szenetreff „Fontane", nahmen dann an einer M-Text-Schulung im Lehrsaal des Reviers teil und kauften anschließen in einer Bäckerei ein.

Nun also die Theresienwiese. Von ihrem Standpunkt aus können sie die Einfahrt zum Festplatz einsehen. Noch ist nicht viel los, erst in den nächsten Tagen soll hier ein großes Volksfest tausende Besucher anziehen. Während Kiesewetter und Brüggemann das geschäftige, aber unauffällige Treiben beobachten, unangeschnallt in ihrem Wagen eine Pause machen, essen und rauchen, schleichen sich zwei Männer von hinten an den Streifenwagen heran.

Noch im Außenspiegel kann Brüggemann einen schwarzen Schatten wahrnehmen, stupst seine Kollegin an. Die ist genervt. „Nicht mal hier hat man seine Ruhe, der will wahrscheinlich eine Auskunft." Nein. Er will töten. Blitzschnell, brutal und eiskalt. Mundlos und Böhnhardt zücken ihre Pistolen Radom und Tokarew und schießen beiden Polizisten aus allernächster Nähe von hinten in den Kopf.

Der Schütze, der Matthias Brüggemann trifft, verliert keine Sekunde. Sofort macht er sich an der Dienstpistole seines Opfers zu schaffen. Doch sie klemmt, die Holstersicherung ist verschlossen. Ungeduldig und mit aller Kraft reißt er die Waffe mit brachialer Gewalt aus der Tasche. Und auch auf der anderen Seite wird nicht zimperlich mit dem Körper der Angeschossenen umgegangen. Um an Kiesewetters Heckler&Koch P 2000, die drei Magazine mit 39 Patronen, ihre Handschellen der Marke Clejuso, ihr Reizgasspray, ihre Taschenlampe und das Multifunktionsmesser der Marke Victorinox zu kommen, beugt sich der Mörder über die stark blutende junge Frau und kommt dabei wahrscheinlich auch mit ihrem Blut in Berührung. Laut Polizeibericht erfordert dies die „Überwindung eines gewissen inneren Widerstandes". Es zeigt, wie skrupellos die beiden Neonazis bei der Umsetzung ihrer Ziele agieren. Und es zeigt, wie kaltblütig beide zu Werke gehen, wie zielgerichtet ihre Opfer ausgeschaltet werden und der „innere Auftrag" der Waffenwegnahme im Auge behalten wird. Mundlos und Böhnhardt töten mit einem extrem hohen Gewaltpotenzial, einer hohen Risikobereitschaft und Abgebrühtheit. Egal was kommt.

Paul Schwenke* ist in Gedanken und genießt die warmen Frühlingsstrahlen auf seiner Haut. Kurz nach 14 Uhr fährt er an diesem 25. April mit seinem Fahrrad die Heilbronner Theresienwiese entlang und beachtet den grün-weißen Streifenwagen zunächst nicht. Bis ihm im Augenwinkel auffällt, dass die Fahrertür offen steht. Er wird neugierig, wendet und fährt langsam auf das Auto zu. Als er bis auf 20 Meter heran ist, trifft ihn fast der Schlag. Aus der Beifahrertür hängt ein Polizist mit blutverschmiertem Hemd. Näher an den BMW Touring traut Schwenke sich nicht. Hektisch springt er auf sein Rad, tritt kräftig in die Pedale und rast zum nahen Bahnhof. Dort angekommen redet er schnell und atemlos auf Taxifahrer Mustafa K. ein, berichtet von dem Schrecklichen, das er gesehen hat. Der kann zunächst nicht glauben, was er da hört, informiert 14.12 Uhr dennoch über die 112 das Polizeirevier Heilbronn.

Vier Minuten später sind die ersten Polizisten vor Ort – und stehen vor einem Bild des Grauens. Neben einem grauen ZEAG-Stromverteilerhäuschen steht der Streifenwagen mit geöffneten Türen und heruntergelassenen Scheiben, ihre Kollegin Michèle Kiesewetter hängt leblos aus dem Auto heraus. Um sie zu retten, legen die eingetroffenen Beamten die junge Frau auf den Rücken neben den 5er-BMW – sie gibt keine Lebenszeichen mehr von sich, die Polizeimeisterin mit dem von links nach rechts verlaufenden Kopfdurchschuss ist tot. Als ihr Kollege merkt, dass er nichts mehr für sie tun kann, hastet er um den Wagen herum zur anderen Seite. Hier liegt Kiesewetters Beifahrer auf dem Rücken neben dem Fahrzeug, seine Unterschenkel hängen noch immer im BMW. Ansprechbar ist auch er nicht mehr, zeigt aber noch Reaktionen. Bange Minuten um sein Leben beginnen.

Während die 14.22 Uhr eintreffende Notärztin nur noch den Tod Kiesewetters feststellen kann, gibt es für ihren Kollegen noch Hoffnung. Sofort wird er mit einem Rettungshubschrauber in die Neurochirurgie des Krankenhauses Ludwigsburg eingeliefert. Während ihr Kollege um sein Leben kämpft, gehen die Heilbronner Polizisten voller Entschlossenheit auf die Jagd nach dem Schützen. Alle verfügbaren Streifenwagen werden zur Theresienwiese beordert, eine Ringfahndung ausgelöst und alle Personalien der Besucher des Parks aufgenommen.

Unmittelbar nach Bekanntwerden der schrecklichen Ereignisse bricht eine Welle der Solidarität in Heilbronn los. Mehrere Privatpersonen und Firmen melden sich, die insgesamt 76 000 Euro auf die Ergreifung der Täter aussetzen. Die Polizeigewerkschaften Baden-Württembergs setzten 31 000 Euro, die Staatsanwaltschaft Heilbronn weitere 40 000 Euro zur Belohnung aus. Durch verschiedene Polizeidienststellen in Stuttgart kommen nochmals 34 000 Euro zusammen.

Unmittelbar nach dem Mord wird die Soko „Parkplatz" eingerichtet. Doch die Suche nach den Tätern gestaltet sich schwierig, vielen Ansätzen muss nachgegangen werden. Einer davon ist der Beruf der Erschossenen: Während ihrer Dienstzeit wurde Kiesewetter als zivile Ermittlerin bei Razzien und zwei Mal als verdeckte „Drogenkäuferin" eingesetzt, kaufte in Bad Friedrichshall von einer Dealerin 3,5 Gramm Heroin und dieselbe Menge noch einmal in Bad Rappenau. Vielleicht hat die Drogen-Mafia Wind von ihrem Beruf bekommen und nun Rache genommen, vermuten die Ermittler. Die beiden Drogenhändler werden vorläufig festgenommen.

In der Analyse des Profils der infrage kommenden Täter befinden sich die Ermittler zunächst auf einer falschen Spur. Sie vermuten, dass die Mörder der „örtlichen kriminellen Szene zuzuordnen seien, entsprechende Erfahrungen mit polizeilichen Maßnahmen gemacht haben und sich als Opfer polizeilicher ‚Übergriffe' sehen".

Seltsam kommt den Fahndern vor, dass niemand die Tat beobachtet hatte. Nur wenige Meter entfernt sind zur Tatzeit etliche Schausteller mit dem Aufbau des Heilbronner Frühlingsfestes beschäftigt, es herrscht reger Personenverkehr. Nur Schausteller Josef L. macht eine Beobachtung: Am Dienstag, also einen Tag vor dem Mord an Kiesewetter, stand an jenem Stromverteilerhäuschen, neben dem die Polizisten starb, ein Wohnmobil. Am Mittwoch ist es verschwunden.

Für den Mord hatte Uwe Böhnhardt wieder unter dem Namen Gerald Kluge ein Wohnmobil mit dem Kennzeichen C-PW 87 angemietet. Gut eine halbe Stunde nach der Tat wird es 20 Kilometer vom Tatort entfernt, in Oberstenfeld, an einem Polizei-

Kontrollpunkt erfasst. Eine Rekonstruktion ergibt, dass eine vorsichtige Fahrt dorthin von der Heilbronner Theresienwiese bei Berufsverkehr rund 27 Minuten dauert. Ein weiteres Indiz dafür, dass die beiden Neonazis irgendwo in der Nähe des Tatortes das Fahrzeug versteckt hatten.

Warum aber erschießen die Mörder die junge Polizistin, warum versuchen sie, ihren Kollegen zu ermorden? Um an Waffen und Ausrüstungsgegenstände zu kommen? Die Ermittler gehen davon aus, dass Michèle Kiesewetter ein Zufallsopfer ist. Entgegen der ursprünglichen Planung nämlich macht sie an diesem Tag Dienst. Wäre es den Tätern also darauf angekommen, gerade diese beiden Polizisten überfallen, wären aktuellste Insiderkenntnisse erforderlich gewesen, war doch die Einteilung der Streifenbesatzung erst kurz vor dem Start erfolgt und nur einem polizeiinternen Kreis bekannt, wobei der Standplatz am Trafohäuschen als Rückzugsraum oder „Pausenplatz" schon häufiger von Streifenwagen angefahren wurde. Kannten die Neonazis diesen Umstand?

Die Wahl des Ortes allerdings ist für die beiden Täter eher untypisch, birgt er doch etliche Risiken, entdeckt zu werden. Direkt gegenüber hat man aus der großen Scheibenfront eines Bahn-Stellwerkes nahezu freie Sicht auf das Trafohäuschen, abgesehen von den Schaustellern und Heilbronnern, die auf der Theresienwiese unterwegs waren. Auch auf den Fluchtwegen halten sich zur Mordzeit Menschen auf. Mundlos und Böhnhardt, womöglich beide blutverschmiert, schaffen es trotzdem, unerkannt zu entkommen.

Die Frage des „Warum" beschäftigt Familie und Freunde der Opfer bis heute.

Bis in den April 2010 gehen die Ermittler 4599 Einzelspuren nach, bekommen 1011 Hinweise. Genützt hat es nichts. Sie bleiben erfolglos.

Auch im gründlich durchleuchteten Lebensweg der beiden Polizisten finden sie keinerlei Hinweise auf Personen oder auf Konflikte, die zur Tat geführt haben könnten. Die 1984 in Neuhaus geborene Michèle Kiesewetter wächst bei ihrer Mutter und dem Stiefvater in der thüringischen Gemeinde Oberweißbach auf und verbringt viel Zeit bei den Großeltern. In dem kleinen Ort schließt Michèle die Realschule ab und besucht anschließend die Fachoberschule in der Fachrichtung Soziales in Unterwellenborn. Ihr großer Traum aber ist eine Polizeilaufbahn. Nachdem in mehreren Bundesländern die Bewerbungen scheitern, klappt es endlich in Baden-Württemberg. Am 1. März 2003 tritt Kiesewetter ihren Dienst als Polizeimeisteranwärterin bei der Polizeistelle in Biberach an. Nach der Ausbildung wird sie nach Böblingen versetzt und zieht im September 2005 mit einer befreundeten Frau in eine gemeinsame Drei-Zimmer-Wohnung in Nufringen – bis zu Michèles Tod bleiben die beiden dort wohnen.

Und Matthias Brüggemann? Konnte er nützliche Hinweise geben? Nachdem die Ärzte sein Leben retten, die Geschossteile operativ entfernen und die Schädeldecke schließen, wird er am 5. Juni ein erstes Mal zu den Vorkommnissen befragt. Erinnern kann er sich nicht mehr. Im Gegenteil. Er gibt an, mit Michèle Kiesewetter in einem VW-Bus T4 unterwegs gewesen zu sein und aufgrund eines Motorradunfalls nun im Krankenhaus zu liegen. So jedenfalls hat es ihm seine Mutter erzählt. Nach Rücksprache mit dem diensthabenden Arzt wird Brüggemann der wahre Grund seiner Verletzungen schonend beigebracht. Auch, dass seine Kollegin weniger Glück hatte, erfährt er erst jetzt.

Am 22. April 2008, also fast ein Jahr später, führen die Ermittler nach Brüggemanns ausdrücklichem Wunsch bei ihm eine forensische Hypnose durch, die mit Video und Ton aufgezeichnet wird. Es funktioniert: Der Polizist erinnert sich an viele Details vor der Tat. Ihm fällt wieder ein, wie beide rauchten und sich über ihre Zukunft unterhielten. Für die Fahnder ist ein anderes Detail aber viel wichtiger. Der Mann, dem noch ein Jahr vorher in den Kopf geschossen wurde, kann durch die Befragung die schrecklichsten Sekunden seines Lebens noch einmal nachvollziehen. Brüggemann erinnert sich an einen Mann mit dunklen Haaren, dunkler Jeans, schwarzen Schuhen und rot-weiß kariertem Kurzarmhemd. Michèle habe noch etwas zu ihm sagen können – dann erlischt seine Erinnerung, die Hypnose muss aus gesundheitlichen Gründen abgebrochen werden. Dem Polizeidienst hat Matthias Brüggemann übrigens nicht abgeschworen. Anderthalb Jahre nach dem Überfall beginnt er ein Studium für den gehobenen Polizeidienst in Villingen-Schwenningen.

Da die Ermittler im Mordfall Kiesewetter nicht vorankommen und auf der Stelle treten, greifen sie zu ungewöhnlichen Mitteln. Kurz nach der Beerdigung der jungen Polizistin in ihrem Thüringer Heimatdorf Oberweißbach installieren die Fahnder dort laut „Spiegel" eine versteckte Videokamera. Offenbar hatten sie die Hoffnung, dass die Täter sich die letzte Ruhestätte ihres Opfers ansehen würden. Bis zum 4. Juli dauerte diese Maßnahme; jeder, der Blumen niederlegte oder eine Kerze anzündete, wurde erfasst.

Juni Die Ermittler sind zuversichtlich, zumindest in einigen Fällen der Serie voranzukommen. Ein Informant fängt nämlich an zu plaudern, auch wenn dessen Leumund eher als belastet angesehen werden kann. Der Gefangene der JVA Berlin behauptet, den Auftraggeber und die zwei Ausführenden der Morde im Jahr 2004 zu kennen und mit ihnen in Kontakt gestanden zu haben. Nach Aussage des Gefängnisinsassen soll der Istanbuler Reisebüro-Besitzer Mehmet A. die Hinrichtungen in Auftrag gegeben haben und İsmail A. und Baha S. sie jeweils ausgeführt haben. Er will bei einem Treffen der vermeintlichen Auftraggeber in den Niederlanden zufällig eine „Todesliste" mit 22 Namen und mehreren Fotos gesehen haben, die als Opfer auserkoren waren. Darunter will er Bilder der Opfer der Česká-Serie erkannt haben. Völlig abwegig scheinen diese Behauptungen nicht, alle drei genannten Personen gehören zu einer im internationalen Rauschgifthandel tätigen Gruppe mit Sitz in Rotterdam und wurden schon vor der Aussage des Gefangenen von den Beamten als Zielpersonen in der organisierten Kriminalität geführt. Nachdem sich keine konkreten Tatmomente beziehungsweise Verbindungen zu der Mordserie herstellen lassen, werden die Ermittlungen in diese Richtung eingestellt.

30. Juli 1999 empfahl Tino Brandt bei der Suche nach einem neuen Unterschlupf für das Trio den niedersächsischen Neonazi Harald Meissner. Acht Jahre später rückt dieser ins Visier der Behörden. Bei einer großangelegten Razzia auf dessen Anwesen in Fretterode im Landkreis Eichsfeld in Thüringen gegen den nunmehr in den NPD-Bundesvorstand aufgestiegenen Harald Meissner finden die Ermittler mehrere Waffen: Eine halbautomatische Pistole, eine israelische Maschinenpistole „Uzi" und ein Maschinengewehr. Meissner leitet seit seinem NPD-Eintritt 2004 die enge Zusammenarbeit zwischen der rechten Partei und den Kameradschaften – er gilt zu der Zeit als der „Führer" des militanten Arms der NPD.

Woher die illegalen Waffen stammen, die bei Razzien wie dieser in der Szene gefunden werden, bleibt meistens im Dunkeln. Manchmal sind es die Rechtsextremen selbst, die in den Handel verstrickt sind. 2004 wurde der ehemalige schleswig-holsteinische NPD-Landesvorsitzende Peter B. wegen Waffenhandels zu dreieinhalb Jahren Haft verurteilt. Weiterhin bleiben die Verbindungen in die Zeit des Jugoslawienkrieges nebulös. Einige hundert deutsche Neonazis sollen an den Auseinandersetzungen auf dem Balkan als Söldner teilgenommen haben. Brachten sie Waffen oder Kontakte zu internationalen Händlern mit? Und profitierte davon auch der Nationalsozialistische Untergrund?

August Der erste von vier bekannten Urlauben des Neonazi-Trios auf der Insel Fehmarn. Vorher testeten sie Usedom und Grömitz an der schleswig-holsteinischen Küste. Zweieinhalb Monate nach dem Mord an der jungen Polizistin aus Thüringen bepacken Mundlos und Böhnhardt einen von Gerald Kluge gemieteten blauen VW Touran bis unter das Dach und machen sich auf den gut 640 Kilometer langen Weg zum Ostseestrand. Vier lange Sommerwochen „gehört" ihnen hier der Stellplatz M80 auf einem Campingplatz genau am Sund. Wie in den Folgejahren – das Trio wird bis 2011 auf Fehmarn urlauben – haben sie teure schwarze und rote Mountainbikes sowie ein Surfbrett dabei. In diesem Jahr kauft sich Böhnhardt zudem ein graues Schlauchboot mit Außenbordmotor. Überhaupt geht das Trio großzügig mit Geld um. Immer wieder werden Sachen für den Wohnwagen angeschafft, die nach Urlaubsende einfach zurückgelassen werden.

Gebucht wird der Stellplatz auf dem Campingplatz, wie auch die folgenden Fehmarn-Ferien, von Konstanze Reger, einem der Aliasnamen von Beate Zschäpe. Statt drei Personen hat sie vier angekündigt. Warum?

Wie schon in der Zwickauer Wohnung ziehen sich Mundlos, Böhnhardt und Zschäpe auch im Urlaub nicht ins sprichwörtliche Schneckenhaus zurück. Im Gegenteil. Gleich in ihrem ersten Fehmarn-Urlaub suchen sie den Kontakt zu anderen Campern, fragen Familie M., ob sie nicht Lust auf eine Partie Doppelkopf hätte. Als die verneinen, probieren es die Neonazis bei den Peiner Freunden der M.s und zocken mit denen. Bei den lockeren Gesprächen nebenbei geben sie wenig von sich preis, schon gar nichts Privates. Lediglich, dass sie aus Zwickau kommen, teilen sie mit.

13. Dezember Ende des Jahres gibt es für Uwe Böhnhardt „gute Nachrichten" von Behördenseite. Auch wenn er diese nicht mitbekommen haben dürfte. Während die Fahndung nach dem Trio wegen des Bombenbaus 2003 wegen Verjährung endet, wird nach Böhnhardt weiter gesucht. Zumindest auf dem Papier. Als der Neonazi 24 Jahre alt wurde, übergab der Jugendrichter im Juli 2004 die Sache an die Staatsanwaltschaft. Die Staatsanwaltschaft Gera schrieb Böhnhardt daraufhin abermals zur Fahndung aus, ließ ihn 2006 sogar mit europäischem Haftbefehl wegen seiner Jugendstrafen suchen. Der Vorwurf gegen ihn wegen Volksverhetzung verjährt nun nach zehn Jahren, der Fahndungsauftrag erlischt an diesem 13. Dezember 2007. Acht Monate vorher hat der nun formal freie Mann gemeinsam mit Uwe Mundlos die Polizistin Michèle Kiesewetter getötet.

2008
Das neue „Heim" der Neonazis

10. Januar In Wutha-Farnroda, südöstlich von Eisenach, wird noch vor der Detonation eine mit Schwarzpulver gefüllte CO_2-Patrone sichergestellt. Das Landeskriminalamt rechnet sie dem rechten Spektrum zu. Inwieweit der NSU damit zu tun hat, wird nicht zu klären sein, da der Sprengstoff und etwaige Vergleichsproben wie schon beim Rohrbombenfund 2003 in Ronneburg vernichtet werden.

Mai Das Trio zieht in die Frühlingsstraße 26 im Zwickauer Ortsteil Weißenborn. Raus aus dem grauen Marienthal ins gutbürgerliche Weißenborn. Zwischen beiden Vierteln liegen nur fünf Kilometer – und dennoch Welten. Statt auf den tristen Supermarkt-Bau mit vorgelagerter vielbefahrener Ausfallstraße schauen die Neonazis in der Frühlingsstraße auf blühende Gärten vor gepflegten Einfamilienhäusern. Allerdings braucht das Trio wieder jemanden, der den Mietvertrag unterschreiben kann. Wieder steht der gelernte Fleischer und jetzige Fernfahrer Bernhard Schreiber parat, der schon für die Wohnung in der Polenzstraße seinen Namen unter den Vertrag setzte. Wieder gewährt er dem Trio einen Untermietervertrag. Die Kaution von 1000 Euro wird, von wem auch immer, in bar bezahlt. Geld spielt dank der Beute aus den Banküberfällen eh keine Rolle. Allein in der Frühlingsstraße lagern die drei 189 390 Euro plus American Express Travelers Cheques im Wert von 4250 Euro.

Wie schon in der vorherigen Wohnung, dieses Mal fast in Perfektion, verstecken die drei ihre braune Gesinnung und den hasserfüllten Rassismus unter einem undurchsichtigen Schleier der Biederkeit – wenn auch mit einem gewissen Hang zum Größenwahn. Nachbarin Diana Lindner erinnert sich im MDR-Magazin

„Fakt": „Wir haben uns nur gewundert, wenn draußen große Autos vor der Türe standen – da meinten sie so: Ach, wir fahren ein paar Wochen weg. Das waren dann auch so vier bis sechs Wochen, wo die auch dann unterwegs waren. Die schicksten Autos. Und wir haben dann gegrübelt, wie das halt so geht." Wovon sie leben, was und wo sie arbeiten, wie sie ihr Leben finanzieren, erzählen Mundlos, Böhnhardt und Zschäpe nie. Zumindest nicht ihren Nachbarn.

In der Wohnung – am Klingelschild steht der Name Schreiber – lassen sie es sich gutgehen. Sie beschaffen sich einen DVD-Player, 3D-Brillen, ganze DVD-Pakete mit Serienstaffeln, eine Nintendo-Spielekonsole, einen Spielzeughubschrauber und allerlei Gesellschaftsspiele. Ob sie hier um die Wette zocken und dabei über ihre Weltanschauung philosophieren? Zumindest scheinen sie sich umeinander zu kümmern. Zum Geburtstag bekommt Beate Zschäpe von „Max" und „Gerry" einen Gutschein für ein Zähnebleaching. Max? So nennt sich Mundlos, seit er die Dokumente von Maximilian Lautenbach benutzt. Gerry? Uwe Böhnhardt hat sich die Identität von Gerald Kluge zugelegt, Spitzname „Gerry".

Das Neonazi-Trio lebt inmitten der Gesellschaft, die sie so verachten. Nur der Wunsch nach einem „Familienhund" bleibt den dreien verwehrt. Ein Vierbeiner wäre zu riskant, sie hätten bei der Stadtverwaltung eine Steuermarke beantragen müssen. Aber: „Wir wollen nicht durch ein Steuervergehen auffallen", berichtet Zschäpe zwei Polizisten im Jahr 2011.

Überhaupt ist die größte Sorge, irgendwie aufzufallen und somit aufzufliegen. Abwehrmaßnahmen müssen her – und werden angeschafft und eingebaut. Böhnhardt und Mundlos rüsten die Wohnung zum Bunker um. Die insgesamt 120 Quadratmeter große Wohnung besteht zunächst aus zwei Teilen. Die ersten 60 Quadratmeter (Flur, Küche, Wohnzimmer und Bad) dürfen Nachbarn wie die Eheleute Günter und Rosemarie W. zur Katzenpflege oder der Kleintierservice betreten. Die restlichen 60 Quadratmeter, drei weitere Räume, bleiben Fremden verborgen. Um auf Nummer sicher zu gehen und nicht wie in ihrer letzten Zwickauer Wohnung Ärger mit den Nachbarn wegen des Computerlärms zu bekommen, bringen sie einen Schallschutz an der Decke an.

Außerdem überwacht das Trio seine Umgebung mit Bewegungsmeldern vor Keller- und Haustür sowie winzig kleinen Videokameras. Eine verstecken sie im außen angebrachten Blumenkasten – die Pflanzen darin sind aus Plastik – der Küche; sie filmt den Hauseingang. Zwei weitere Kameras überwachen das Innere der Wohnung. Hier liegen eine Maschinenpistole von 1952, ein Repetiergwehr mit abgeschnittenem Schaft, sieben Pistolen und zwei Revolver zum Teil schussbereit im Schlafzimmer und im Flur herum. Hinzu kommen tausende Patronen und Projektile aller Formen und Arten – ein wahres Waffenarsenal in den Händen zweier Männer, die keine Skrupel haben, dieses einzusetzen.

Doch das ist die verborgene Welt des Trios. Nach außen leben sie ein spießiges Leben. Vor allem Beate Zschäpe wandelt zwischen den Welten. Für die, die sie zu kennen glauben, führt sie ein bürgerliches, fast langweiliges Leben. Den Nachbarn lügt sie vor, sie würde mit ihrem Freund und dessen Bruder zusammenwohnen. In der Wohnung verschanzt sie sich nicht. Zschäpe lässt sich beim Friseur die Haare richten, kauft in den „Zwickau Arcaden" Klamotten. Seit 2007 frönt sie einem liebgewonnenen Hobby: Filme. In einer Videothek ist sie Stammkundin, leiht insgesamt 280 Filme (Horror- und Kinderfilme, Thriller, Komödien) und sechs Computerspiele (Echtzeit-Strategiespiele, Kriegssimulationen und Ego-Shooter) aus. Während sich die Männer im Haus fast nie blicken lassen, hat Beate Zschäpe zu den Nachbarn in der Frühlingsstraße einen guten Kontakt, spendiert sogar ab und an Familienpizza und Schaumwein.

Im Keller des gelblich verputzen Mehrfamilienhauses hat einer der Hausbewohner laut „Bild am Sonntag" einen Partyraum eingerichtet. Wenn dort gefeiert wird, ist Zschäpe öfters dabei, trinkt mit Vorliebe Prosecco „Veneto Verduzzo" und Schaumwein, lacht und schwatzt – nur nicht über Politik. Wenn „die da oben an der Macht" von den anderen Bewohnern zu später Stunde beschimpft und beleidigt werden, zieht sie sich zurück. Zschäpe, die jeden Tag joggen geht, pflegt das nette, unverbindliche, unauffällige Verhältnis zu den Nachbarn in der Frühlingsstraße. Weil sie im Haus als offen und beliebt gilt, kommt keiner der anderen Bewohner auf die Idee, sich zu neugierig mit den beiden Männern in Zschäpes Wohnung zu beschäftigen.

Ihren eigenen Keller haben die drei mit einer stabilen Stahlschutztür verbarrikadiert. Um ihre Fahrräder zu schützen? Neben einem Kinderfahrrad lagern sie hier Mountainbikes von Bulls, Cannondale, Specialized und Koonga.

Die 740 Euro Miete für das Ganze bezahlt eine „Lisa Pohl", einer der Aliasnamen von Beate Zschäpe. Der Festnetz- und Internetanschluss ist auf den Hauptmieter Bernhard Schreiber angemeldet, die Kosten für diesen erstattet Uwe Mundlos diesem einmal jährlich. Beim zuständigen Immobilienverwalter vorstellig wird übrigens nicht Schreiber selbst, sondern Böhnhardt, der sich als Schreiber ausgibt.

Im Juli 2008 kommt es zu einer bizarren Begebenheit. Was mag wohl Zschäpes, Mundlos' und Böhnhardts Köpfen vor sich gehen, als der Drogeriemarkt Schlecker im Erdgeschoss unter ihnen dichtmacht und in den Räumen die griechische Taverne „Thassos" eröffnet? Laut Betreiber Petros P. ist zumindest Zschäpe „begeistert". Das ein oder andere Mal kehrt sie mit Konstanze Reger, deren Mann und den Kindern auf einen spontanen Khalua ein, überlässt dem Betreiber sogar ihre alte Kühltruhe und die Handynummer für den Urlaub. Zur Eröffnung schenken die Neonazis den Wirten eine Pflanze, zu Weihnachten und Ostern Kakteen und zum Geburtstag kleine Figuren von Asterix und Obelix. Und das alles drei Jahre nach der Ermordung an dem Münchner Griechen Theodoros Boulgarides.

August Wieder Urlaub auf Fehmarn. Mit einem von Böhnhardt auf den Namen Gerald Kluge gemieteten VW Touran fahren sie ans Meer, reisen in der Mietzeit 2645 Kilometer. Von Zwickau bis zur Ostsee-Insel sind es aber hin und zurück nur 1300 Kilometer. Was veranstaltet das Trio im Sommer 2008 noch?

2009
„Nette, sympathische Leute"

Juli Urlaub auf Fehmarn: Die Insel haben die Mörder, die schon mindestens zehn Menschenleben auf dem Gewissen haben, zu ihrem Lieblingsziel erkoren. Ferien vom Untergrund, entspannen auf gutbürgerlich. Bekannt sind sie auf dem Campingplatz Wulfener Hals, den sie immer wieder aufsuchen, als Gerry, Max und Lise. Zumindest räumlich abgegrenzt zu anderen Urlaubern durch Hecken und Anpflanzungen zahlen sie pro Person zwischen sieben und acht Euro pro Tag. Hinzu kommen zwischen 15 und 23 Euro für den Caravan, plus Strompauschalen und Zuschläge für Duschen, Pool und Whirlpool. Meist buchen sich die drei Neonazis das direkt am Strand liegende Modell Hobby Excellent mit Platz für eine fünfköpfige Familie auf rund 15 Quadratmetern und Komfort auf jedem Quadratzentimeter – für 120 Euro am Tag. Angereist sind sie auch 2009 mit einem VW Touran.

In diesem Jahr freunden sie sich mit Familie Kleinert* aus dem Peiner Ortsteil Eixe und Familie Schleicher* aus Hameln an. Apothekerin Maria Kleinert ist schon vor dem ersten Zusammentreffen mit dem Trio gespannt, wer sie da erwartet. Schließlich hatten Herr und Frau Schwalme*, die die drei aus dem Jahr 2007 kennen, schon so sehr von den jungen Leuten aus dem Osten geschwärmt: „Die Familie Schwalme war von den drei Personen so begeistert, dass diese uns erzählt haben, wie schön es mit ihnen gewesen ist." Der angekündigte Eindruck der Schwalmes scheint sich zu bestätigen. „Es waren nette, sehr sympathische, höfliche Leute, die von sich jedoch nicht viel erzählt haben", sagt Maria Kleinert laut Ermittlungsakten über das Trio. Eines Morgens landet in deren Einfamilienhaus sogar ein Päckchen der ach so netten Liese. Ohne Absender. Darin enthalten: Thüringer Bratwürste, eine CD mit Fotos aus den Ferien und Süßigkeiten für die beiden Kinder.

August Mundlos und Böhnhardt laden sich bei Maximilian Lautenbach in Dresden ein. Um ihn zu kontrollieren? Während die Familie des Sachsen bei den Eltern ist, treffen die beiden Mörder mit öffentlichen Verkehrsmitteln bei ihm ein. Sie bringen Geld mit, als Geschenk für die beiden Kinder. Das Gespräch am Küchentisch dreht sich ausschließlich um Belangloses: Den Nachwuchs, die Arbeit, ob Lautenbach noch Computer spielt ... Dennoch: Uwe und Uwe stellen unheimlich viele Fragen zum Leben ihres einstigen „Vermieters". Sie zeigen vollstes Verständnis für Lautenbachs Abkehr von der Szene, sein neues Aussehen mit den längeren Haaren und das Leben in der Dresdner Neustadt, einem eher alternativen Viertel. Als sie abziehen, wissen die beiden Mörder, dass ihre Identität gesichert ist. Maximilian Lautenbach ist zum wertvollen Mitglied der Gesellschaft geworden und weit entfernt davon, Dummheiten zu begehen und gegenüber den Behörden zu plaudern.

21. September Das Trio hat sich mittlerweile in der Frühlingsstraße eingelebt und verkriecht sich mitnichten. Sie gehen über den Namen Bernhard Schreiber in die Offensive und beschweren sich beim Immobilienverwalter über Mängel im Haus. Ganz oben steht die Geruchsbelästigung durch die griechische Gaststätte. Außerdem stören sie die undichten und verstopften Dachrinnen, die nicht schließende Hauseingangstür, die fehlende Isolation der Rohrleitungen sowie die nicht vorhandene Dachdämmung. Einmal mindern sie ihre Miete sogar eigenhändig um 136 Euro.

6. November Denken Mundlos, Böhnhardt und Zschäpe mittlerweile, dass niemand sie erkennt und sie unbehelligt durch Deutschland reisen können? Nicht anders zu erklären ist ein Vorfall vom 6. November 2009. In der Kneipe „Alt-Gymnich" im nordrhein-westfälischen Erftstadt (südöstlich von Köln) findet die Jahresabschlussveranstaltung der „Freien Nationalisten Köln" statt. Mittendrin Axel R., der den wenig schmeichelhaften Beinamen „Hitler von Köln" trägt. Der WDR berichtet von einem Augenzeugen, der das

Trio aus Zwickau bei dem Treffen nach eigener Aussage erkennt. Angeblich haben sie Probleme am Einlass – bis Axel R. persönlich auftaucht und sie hereinbittet. Sie nehmen im Saal rechts hinten Platz. Kennt der bundesweit gut vernetzte Rechtsextreme, der unverhohlen das Dritte Reich verherrlicht und zum Kampf gegen die Demokratie aufruft, die Mitglieder der Terrorzelle? R. jedenfalls bestreitet, Mundlos und Böhnhardt jemals gesehen zu haben. Seltsam dennoch: Auch wenn er nach Bekanntwerden der Mord-Serie ausruft, dass er und seine Kameraden sich „distanzieren von diesen kriminellen Elementen", so kann er zumindest Kontakte zu dem mutmaßlichen NSU-Unterstützer Gerald Kluge nicht leugnen – es existiert ein Foto aus dem Jahr 2006, auf dem beide nebeneinander stehen. Und auch in der Schweiz, woher die Mordwaffe Česká stammt, soll R. bei Neonazis ein gern gesehener Gast sein. Laut „Blick" unterhält er Kontakte zur rechtsextremen „Partei National Orientierter Schweizer" (PNOS).

November Nicht nur im äußersten Westen der Republik, sondern auch in Weimar treibt sich das Trio womöglich herum. Nachdem der NSU aufgeflogen ist, meldet sich eine in Indien geborene Frau, die seit 1990 in Deutschland lebt, bei der Polizei. Sie wohnte von 1998 bis August 2011 in der Kurstadt Bad Berka in Thüringen. Über ihr „residierte" eine offenbar rechtsgerichtete Familie – Nazi-Äußerungen und eine Wohnung, dekoriert mit Devotionalien des Zweiten Weltkrieges – mit ihren beiden Söhnen. Diese Familie wird im Herbst und Winter 2009 immer wieder von drei Personen in VW-Transportern besucht. Nachdem die Zeugin in der Presse die Fotos von Mundlos, Böhnhardt und Zschäpe gesehen hat, stellt sie fest, dass sie da mit hoher Wahrscheinlichkeit auf die Freunde ihrer Nachbarn aus dem Winter 2009 blickt. Zu den Mietern war das Verhältnis, wohl aufgrund ihrer ausländischen Herkunft, nicht besonders gut. Immer wieder wird das Auto der indischstämmigen Familie zerkratzt und Tierkot vor die Tür gelegt, die Täter können aber nie ermittelt werden. Dennoch wagt sie es, einen der Nachbarssöhne zu fragen, wer denn da nahezu täglich zu Besuch kommen würde. Der junge Mann antwortet, dass die drei in der Nähe von Zwickau wohnen und man „irgendetwas mit Werbung" mache.

Die Zeugin kann sich noch gut daran erinnern, dass das sehr schweigsame Trio das Weihnachtsfest 2009 bei ihren Nachbarn verbringt. Irgendwann bricht der Kontakt jedoch ab, das Trio wird nicht mehr gesehen. Der Nachbar erzählt, dass „sie sich nicht mehr verstehen würden". Sind es Mundlos, Böhnhardt und Zschäpe gewesen, die sich da in Bad Berka neue Freunde gesucht haben?

Die Ermittler wissen es nicht. Denn die anscheinend rechtsextremen Mieter aus der Kurstadt wurden bislang nicht kontrolliert. In den Akten findet sich nur ein von der Polizei aufgestelltes Gedächtnisprotokoll, dass es in den Jahren zwischen 2000 und 2005 immer wieder Einsätze bei der Familie gegeben habe. Befragt, wer denn die von der Zeugin beschriebenen Leute aus dem Jahr 2009 waren, wurde die Familie scheinbar bis heute noch nicht.

Ein mutmaßlicher Helfer des Trios von früher ist einen Schritt weiter in Richtung sauberes Führungszeugnis gekommen: Gerald Kluge. Da er nur bis 2004 durch rechtsextreme Aktivitäten auffällt und sich „öffentlich" in der Szene bewegt, müssen seine Daten wie gesetzlich vorgesehen im Herbst 2009 gelöscht werden. Möglicherweise ist Kluge ab 2004 aber bewusst untergetaucht und nicht mehr öffentlich als Rechtsextremist in Erscheinung getreten, so Niedersachsens Innenminister Uwe Schünemann (CDU) im Jahr 2011. Angesprochen auf die Fehleinschätzung der Behörden in der Bewertung von Gerald Kluge gibt er zu: „Hier drängen sich einige Fragen auf, warum beim Begriff Rechtsterrorismus nicht alle Alarmglocken angegangen sind."

Dezember Für die Ermittler bleiben die Mörder weiterhin unsichtbar. Im Dezember 2009 wird die „Soko Bosporus", zwischenzeitlich 160 Ermittler stark, aufgelöst. 16 Millionen Funkzellendaten, 13 Millionen Transaktionsdaten aus Einsätzen von Kredit- und Debitkarten, zirka 100 000 Verkehrsdaten (Videoüberwachung, Verkehrsunfälle, Verkehrsordnungswidrigkeiten), 300 000 Hotelübernachtungsdaten und zahllose Pannen-, Flug- und Fährdaten wurden erhoben. 600 000 Einwohnermeldedaten im Raum Nürnberg wurden überprüft, 80 000 Waffenbesitz- und Deliktsdaten gesichtet, 3700 Schützenvereinsdaten angeschaut, 900 000 Haftdaten sowie 1 Million Autovermietungsdaten eingeholt. Mehr als 3500 Spuren wurden geprüft und 1500 Ordner mit Ermittlungsakten angelegt. Erfolglos. Und zwar alles.

„Nichts, nichts, nichts", regt sich Gerhard Hauptmann in der „Süddeutschen" auf. Der mittlerweile pensionierte Nürnberger Polizeipräsident und seine Soko-Kollegen tappen jahrelang im Dunkeln und finden einfach keine heiße Spur. „Nicht mal das Schwarze unter dem Fingernagel."

Die einzige wirkliche Spur bleibt die Česká. Das Modell konnten die Fahnder mittlerweile auf acht Exemplare eingrenzen. Ein Ermittler erklärt der „Welt": Die Waffe ist wohl „Warnung und Visitenkarte".

2010
Ein Lied für die Mörder

Juni Vom 19. Juni bis 10. Juli urlaubt das Trio offenbar in der Ferienhaussiedlung „Strandhäuser am Leuchtturm" in Neustadt/Holstein. Gebucht hat das „Seute Deern" für drei Personen eine Konstanze Reger, als zweiter Gast wird nach der Ankunft der Name Gerald Kluge angegeben. Auf diesen Namen mietet Böhnhardt vorher in Zwickau auch einen neunsitzigen VW-Transporter für die Anreise. Insgesamt kostet der Urlaub, ohne den Wagen, 2568 Euro.

August Ende August besucht das Trio ihre Fehmarn-Urlaubsbekanntschaft, die Familie Schwalme, in Peine mit einem grauen VW-Bus und übernachtet in Niedersachsen. „Unsere Tochter hatte sie zu ihrem 18. Geburtstag eingeladen", so Lehrer Schwalme. Zurück in Zwickau schaffen sich die Neonazis drei Mäuse an, die sie in einem Terrarium halten.

Uwe Mundlos und Uwe Böhnhardt lassen die Waffen schweigen. Der NSU ist abgetaucht. Warum bleibt unklar. Die „Öffentlichkeitsarbeit" übernehmen dafür andere, in makaberster Form mit martialischem Gesang und mordlüsternem Text. „Am Dönerstand herrschen Angst und Schrecken. Kommt er vorbei, müssen sie verrecken." Liedzeilen der Neonazi-Band „Gigi und & die braunen Stadtmusikanten" um den rechtsextremen Frontmann Daniel Giese aus Meppen, die den Mördern der Migranten vier Jahre nach der letzten Erschießung den Song „Döner-Killer" widmen.

Das Lied wird auf der CD „Adolf Hitler lebt!" veröffentlicht, als die Hintergründe der Taten noch längst nicht bekannt sind. Bald darauf wird es indiziert, Giese muss sich nach einer Anzeige der

„Berliner Vereinigung der Verfolgten des Naziregimes" wegen Volksverhetzung vor dem Amtsgericht Meppen verantworten.

Aufgefallen ist den Sicherheitsbehörden die wirklich nicht zu übersehende beziehungsweise überhörende Parallele nicht. Die rechtsextreme Szene feiert eine Mordserie, und niemand wird stutzig? Im Lied selbst werden sogar noch weitere Anschläge angedroht:

> Neunmal hat er bisher brutal gekillt,
> doch die Lust am Töten ist noch nicht gestillt.
> Profiler rechnen mit dem nächsten Mord.
> Die Frage ist nur wann und in welchem Ort.
> Bei allen Kebabs herrschen Angst und Schrecken.
> Der Döner bleibt im Halse stecken, denn er kommt gerne
>   spontan zu Besuch,
> am Dönerstand, denn neun sind nicht genug.

Übrigens: Trotz der bekannten starken Neonazi-Strukturen leistete sich Thüringen bis 2010 als einziges ostdeutsches Bundesland kein Programm gegen Rechtsextremismus.

24. Dezember Maximilian Lautenbach und Lars Reger freundeten sich 1997 in Chemnitz an, beide waren Neulinge in der Szene und nicht hoch angesehen. Bis etwa 2001 hatten sie immer wieder Kontakt, danach schlief die Freundschaft ein. Das jedenfalls behauptet Lautenbach. Allerdings wurde in seinem Handy während seiner Vernehmung eine SMS von Reger vom Heiligen Abend 2010 gefunden. „Heil euch! meine familie und ich wünschen euch ein schönes julfest! mögen unsere ahnen und götter über euch wachen! bewahrt nicht die asche, haltet das feuer! heil odin! mkg lars+familie".

2011
Finaler Akt

7. Mai Das sächsische Landesamt beobachtet zwei Männer, von denen zumindest einer offenbar Kontakt zum Trio hält. Das LfV notiert Lars Reger und seinen Zwillingsbruder Sven als Teilnehmer eines rechtsextremistischen Konzerts in Salchow in Mecklenburg-Vorpommern. Überhaupt scheinen die beiden seit Jahren im Visier der Behörden zu sein – eine Verbindung zu den Untergetauchten, besonders über Lars Reger, konnte aber nie festgestellt werden. Warum? Unter anderem fand am 2. November 2006 ein Erkenntnisaustausch zwischen Polizei, Verfassungsschutz und Staatsschutz statt. Heraus kam, das die Gebrüder Reger im Raum Zwickau eine „herausgehobene Position innehaben". Unter anderem wolle Lars Reger eine „saubere" Kameradschaft führen, ohne sogenannte Altnazis oder „dumpfe Schläger". Weshalb das LfV Sachsen Lars offenbar nicht genauer unter die Lupe nahm, ist unklar.

19. Mai Da Böhnhardts Reisepass, den er 2001 von Gerald Kluge erhalten hatte, am 6. Juni 2011 ausläuft, fordern Böhnhardt, Mundlos und Zschäpe von ihrem einstigen Kumpan einen neuen. Gerald Kluge sagt „Ja" und geht in Begleitung beziehungsweise unter Aufsicht von Beate Zschäpe erst zu einem Fotografen und dann zum Passamt. Am 19. Mai ist das Dokument fertig, Gerald Kluge liefert an das Trio. Und steckt ihnen auch noch seine Versichertenkarte der AOK Niedersachsen zu, zur weiteren Verwendung für Uwe Böhnhardt.

Nebenher vergewissern sich die Zwickauer bei diesem „Systemcheck", so nennt Kluge die Besuche, dass in den persönlichen Lebensumständen von Gerald Kluge keine Veränderungen aufgetreten sind, die dem weiteren gefahrlosen Gebrauch seiner Papiere entgegenstehen.

Juli Urlaub auf Fehmarn: Wieder machen sich die begeisterten Ostsee-Urlauber auf nach Fehmarn zum Campingplatz Wulfener Hals, in einem anthrazitfarbenen VW-Bus mit der Aufschrift „Autovermietung Zwickau". Dieses Mal für mindestens zwei Wochen, vom 30. Juli bis zum 13. August (für 938,80 Euro). Mitreisender scheint Lars Reger zu sein, zumindest taucht auf der Buchung auch sein Name auf.

Und wieder teilen sie ihre „schönste Zeit des Jahres" mit vier Familien. Dieses Mal aus Niedersachsen, Hessen, Baden-Württemberg und Sachsen. Die Urlauber, die vom Alter her die Eltern der drei Sachsen sein könnten, wissen nur Gutes, sprich Belangloses, über Mundlos, Böhnhardt und Zschäpe zu berichten. „Der Max war ein sehr offener Typ, extrem sportlich, mit Sixpack. Er ist mit mir Katamaran gefahren", erinnert sich Paul Gerstner* an jenen August 2011. „Gerry hatte abstehende Ohren. Er war Linkshänder, das ist mir beim Badminton-Spielen aufgefallen", erinnert sich Katharina Schleicher aus Hessisch-Oldendorf. Ihr zeigt Böhnhardt sogar sein Nachtsichtgerät. „Das war für mich ein lieber Mensch." Dass der kindlich wirkende, aber immer gutgelaunte Gerry alias Uwe Böhnhardt mindestens zehn Menschen erschossen hat, war ihm offenbar nicht anzumerken. „Im Laufe der zurückliegenden Jahre möchte ich einschätzen, dass wir alle ein recht angenehmes Urlaubsverhältnis hatten. Wir haben zusammen gesessen, sind gesurft und waren auch gemeinsam einkaufen." Beate Zschäpe ist die „Kassenwärtin" des Zwickauer Trios. „Sie hat immer mit Bargeld bezahlt. Es kam auch vor, dass ich bei der Liese einmal in die Geldbörse gesehen habe. Die war eigentlich immer reichlich gefüllt, mit 50-Euro-Scheinen abwärts. Es könnten vielleicht 400 bis 500 Euro gewesen sein."

Und auch Marlies Lempel* aus Oberstenfeld bei Stuttgart erinnert sich noch gut an die bodenständige junge Frau. „Ich habe mit Liese häufig morgens Sport gemacht, und mittags haben wir uns gesonnt. Liese erzählte mir, dass sie zwei Katzen hat, die zu Hause von einer Freundin versorgt wurden." Ansonsten ist Beate Zschäpe aber nicht besonders gesprächig. Vor allem wenn es um ihre Vergangenheit geht. Lediglich Anekdoten aus DDR-Zeiten gibt sie zum Besten, die Nachwendezeit bleibt unberührt. Auch „Gerry" und „Max" halten sich zurück, schalten auf Stillhaltemodus. Max alias Uwe Mundlos kann seine laut Maria Kleinert gute Allgemeinbildung und das große Verständnis für Computer nicht verstecken. Einige seiner stimmenden biografischen Daten gibt er dennoch preis. Er berichtet zum Beispiel, dass sein Vater Professor wäre. Eine Urlauberin erinnert sich außerdem, dass Mundlos eine richtige Plaudertasche gewesen sei, allerdings habe er „immer viel erzählt, ohne was zu sagen".

Einmal berichten alle drei von ihrer Jugend im Osten und wie sie dort in der Schule gelernt hätten, Handgranaten zu werfen. „Sie haben aber nie eine extreme politische Meinung kundgetan", so die Schwäbin in den Ermittlungsprotokollen. „Wir haben uns so gut verstanden, dass wir jeden Abend gemeinsam grillten oder Essen gingen. Gerry hat unsere Kinder mit seinem Motorboot auf die Ostsee mitgenommen. Häufiger hatten wir auch Spiele-Nachmittage, dann saßen wir bei den dreien im Vorzelt vor deren Wohnwagen."

Nur einmal kommen leise Zweifel an den Geschichten von Gerry, Max und Liese auf. Marlies Lempels Sohn ist aufgefallen, dass die drei Freunde nicht in ihrem Wohnwagen besucht werden wollen. Der Zutrifft für die Kinder ist streng verboten. Und der Junge bemerkt, dass Gerry eine „auffällige gruselige Tätowierung am Oberschenkel" trägt – mit Totenköpfen und viel Blut. Heute ist bekannt, dass es sich um einen Totenkopf mit Stahlhelm handelt. Und auch Zschäpe verplappert sich einmal fast. Ihrer Urlaubsbekanntschaft Monika May* verrät sie, dass Böhnhardt Gerald heißen würde und sein Spitzname Gerry die Ableitung seines Namens wäre. Gerald Kluge – der Mann, der 2011 und 2012 als mutmaßlicher NSU-Unterstützer in Haft saß.

Trotz aller Verschwiegenheit des Trios versuchen sich die Familien aus dem Urlaub ein Bild über die Lebenssituation der drei zu machen. Das Resultat laut Lempel: „Wir haben gedacht, dass die Liese bei ihren Eltern im Geschäft arbeitet; der Max gab vor, irgendwo in der Computerbranche zu arbeiten. Der Gerry alias Uwe Böhnhardt hat am wenigsten erzählt. Seine Eltern sollen wohl eine Auto-Leasingfirma haben." Die Urlauber glauben, dass die drei nicht zusammen wohnen, aber sich sehr oft treffen.

Heute kennen die vier Familien die richtigen Namen ihrer Urlaubsfreunde – und würden die Ferien auf Fehmarn am liebsten für immer vergessen. Es war ein Schock, als sie Bilder der drei im Fernsehen sahen, sagen sie. Im Urlaub leben die Neonazis wie normale Bürger aus der Mitte der Gesellschaft. Die Männer liefen in schwarzen beziehungsweise olivfarbenen T-Shirts herum, trugen Turnschuhe oder Trekking-Sandalen und frönten ihrer Rad-Leidenschaft. Nichts Auffälliges oder Ungewöhnliches.

Zu Familie Lempel fassen die drei anscheinend so viel Vertrauen, dass sie ihnen sogar Kontaktdaten nennen. Eine 0162-Handynummer, eine E-Mail-Adresse beim Anbieter „GMX" und den Skype-Namen „gerri-skype". Gehört haben sie, im Gegensatz zu Paul Gerstner nie wieder von ihnen.

Übrigens scheint die deutsche Küste hoch im Norden nicht das einzige infrage kommende Ferienziel zu sein. Auffällig oft werden in der Zwickauer Frühlingsstraße auf dem Computer Internetseiten über das Disneyland Paris angeklickt. Hier liegen sogar vier Seiten eines großen Reiseveranstalters – die Buchungsbestätigung für den Trip zu Micky Maus und Goofy. Ausgestellt ist er auf die Namen der vier Familienmitglieder der Regers. Ob Konstanze und Lars selbst in der Neonazi-Wohnung danach recherchieren oder ob das Trio seinen Freunden ein Geschenk machen will, ist unklar.

Einen neuen Reisepass für Uwe Böhnhardt könnte es da schon gegeben haben. Geliefert von Gerald Kluge aus Lauenau. Angeblich zögert er im Spätsommer 2011 und will seine Dokumente nicht herausrücken. Mundlos, Zschäpe und Böhnhardt machen ihm daraufhin unmissverständlich klar, dass es kein Zurück mehr gibt. Nach zehn Jahren sei es fürs Kneifen zu spät.

1. September Hat Beate Zschäpe genug vom Leben im Untergrund? Anfang September soll sie bei einem Prozess vor dem Erfurter Landgericht gegen Mitglieder des Rocker-Clubs „Bandidos" anwesend sein – unter falscher Identität. Sollte dies stimmen, ist es ein Akt von ungeheurer Dreistigkeit. Denn das Verfahren ist aus Sicherheitsgründen massiv von der Polizei abgesichert, und alle Besucher müssen am Eingang ihre Personalien angeben. Angeblich spricht Zschäpe, die laut Augenzeugen von zwei Männern begleitet wird, einen Strafverteidiger an und bittet um seine Visitenkarte und Hilfe. „Als ich die Bilder gesehen habe, habe ich mich an die Szene im Gerichtssaal erinnert", sagt der Anwalt nach dem Auffliegen der Terrorzelle dem SWR-info.

Unter welchem Namen sich die Rechtsextreme eingeschlichen hat, kann nicht mehr nachvollzogen werden. Die Listen mit den Namen der Besucher sind aus Datenschutzgründen vernichtet. Auch die Videoaufnahmen eines Polizeiwagens, der den Gerichtseingang filmte, sollen nicht mehr existieren.

7. September Banküberfall Arnstadt: Und wieder zwei Täter, wieder zwei Fahrräder, wieder diese Brutalität und skrupellose Vorgehensweise. Auch in Arnstadt, der 25 000-Einwohner-Stadt 20 Kilometer südlich von Erfurt, weichen Mundlos und Böhnhardt nicht von ihrer bis dahin erfolgreichen Banküberfall-Strategie ab. Ziel: eine Filiale der Sparkasse Arnstadt/Ilmenau in der Goethestraße. Diese haben sie vorher offenbar gründlich ausspioniert, sie erstellen einen Stadtplan von Arnstadt sowie eine Skizze der Bank mit handschriftlichen Einträgen („Eingang", „Schalter", „Tisch", „Kasse", „Tür", „Glas", „Arnstadt TOP-Gebäude"). Auch den ungefähren Standort der Polizeistation des Ortes markieren sie – außerhalb des Kartenausschnittes.

Mit zwei Pistolen, einem silberfarbenen Revolver und einer Handgranate stürmen sie am 7. September gegen 8.51 Uhr maskiert in die Bank, fordern lautstark die Herausgabe von Bargeld. „Das ist ein Überfall, hinlegen!", brüllen sie. Kunden sind keine in der Sparkasse. Die Kassiererin Karin Gause* steht gerade an ihrer Kasse im durch eine dicke Glaswand geschützten Bereich. Einer der beiden Uwes kommt mit wedelnder Waffe auf sie zu und fordert: „Mach den Tresor auf!" und „Mach auf". Da sich die Angestellte hinter dem Glas sicher fühlt, reagiert sie zunächst nicht. Als die Räuber eine Sekunde nicht aufpassen, drückt sie den Alarmknopf.

Mundlos und Böhnhardt geht das Zusammensuchen des Geldes durch die anderen Mitarbeiter derweil nicht schnell und reibungslos genug – woraufhin einer der beiden die Nerven verliert und gewalttätig wird. Er greift sich ein herumstehendes Festnetztelefon, schlägt mehrmals und mit äußerster Brutalität auf die Sparkassen-Angestellte Karola Niemann* ein. Wieder und immer wieder prügelt er die Frau, fügt ihr erhebliche Verletzungen zu und lässt sie schließlich blutend auf dem Boden liegen. „Hier passiert gleich noch was", brüllt er wutentbrannt in den Raum und wendet sich wieder an Karin Gause. Mit dem Telefon in der Hand droht er erneut, dabei immer hektischer und aggressiver werdend, auf die bereits hilflose Finanzkauffrau Niemann einzuschlagen, falls seinem Willen nicht augenblicklich nachgekommen werde.

Gause öffnet daraufhin ihre Kasse, und einer der beiden Täter entnimmt das Geld. Zu wenig, offenbar. Denn Mundlos und Böhnhardt verlangen von Filialleiter Ferdinand Richter* nun die Öffnung des Tresors. Richter hält bereits die Hände hinter dem Kopf, da einer der Räuber ihm seine Waffe ins Genick drückt und wütet, dass er Richter erschieße, wenn dieser den Tresor nicht öffnen könne.

Und wieder wird die gerade erst eingestellte Karin Gause zur Heldin. Vorbei an ihrem Chef und einem der Räuber rennt sie mit ihrem Tresorschlüssel in den Tresorraum und wirft die Tür hinter sich zu. Ihren Schlüssel schmeißt sie in einen kleinen Safe und verschließt diesen, Sie weiß: Der Mini-Geldschrank ist mit einem Zeitschloss gesichert und kann erst in fünf Minuten wieder geöffnet werden. Gause schindet Zeit, wertvolle Sekunden. Doch die brenzlige Situation ist nicht bereinigt. Der verängstigte und aufgeregte Ferdinand Richter und einer der beiden Neonazis tauchen vor dem Tresorraum auf. Der Filialleiter schreit wieder und wieder, dass er aufgrund des Zeitschlosses den großen Geldschrank nicht öffnen kann. Nur mit einem Code funktioniere dieses, versucht er den Bankräubern klarzumachen. Richter läuft nun in sein Büro, ständig verfolgt und bedroht, und nimmt den Code mit zitternden Händen an sich. Als der Chef der Filiale allerdings wieder am Tresorraum ankommt und die Kombination eintippen will, sind die Räuber verschwunden. Spurlos und leise.

Nach kurzer Überlegung haben sich die beiden Bankräuber aus dem Staub gemacht, lassen neben schockierten Mitarbeitern eine blutende, bitterlich weinende und zitternde Bankkauffrau zurück. Mit ihren Fahrrädern flüchten sie Richtung Triniusstraße zu ihrem Wohnmobil aus Zwickau – 15 036 Euro und 99 Cent reicher. Relativ wenig, wenn man bedenkt, dass sich zum Zeitpunkt des Überfalls fast 150 000 Euro in den Beständen der Bank befinden. Trotz Einsatz eines Spürhundes, zahlreicher Polizeifahrzeuge, eingerichteter Kontrollpunkte an Autobahnanschlussstellen und eines Hubschraubers gelingt es nicht, Mundlos und Böhnhardt zu schnappen.

Aber die Ermittler haben doch eine heiße Spur. Denken sie zumindest. Bei der Ringfahndung wird an der Kontrollstelle Ingersleben ein Daimler-Benz 260 E mit Erfurter Kennzeichen registriert. Mit dem stimmt etwas nicht, denn eigentlich ist das darauf zugelassene Auto seit März 2006 außer Betrieb gesetzt. Halter zum damaligen Zeitpunkt war ein gewisser Fritz Schwab*. Der sitzt wegen Mordes in der JVA Tonna. In seiner Vita: Mehrere Banküberfälle im Jahr 2004, den Daimler benutzte er als Fluchtfahrzeug.

13. Oktober Mundlos pflegt den Kontakt zu Paul Gerstner, einem Urlaubsbekannten von der Ostsee, und schickt ihm an diesem Tag Profi-Tipps zum Zusammenbau eines neuen Computers.

14. Oktober Eine männliche Person ordert bei einem Autoverleih im südwestsächsischen Schreiersgrün ein Wohnmobil. Elf Tage darauf, am 25. Oktober, holt er es vor Ort ab und zahlt die 1155 Euro Miete plus 1000 Euro Kaution in bar. Laut vorgezeigtem Personalausweis handelt es sich um Gerald Kluge. In seiner Begleitung: eine Frau mit schwarzen schulterlangen Haaren sowie ein Kind, welches Zeugen auf Vorschulalter schätzen. Wer das Mädchen ist, ist bislang noch unbekannt. Die drei geben sich als Familie aus, die im Großraum Berlin Urlaub machen will.

1. November Beate Zschäpe startet zu einem Besuch bei einer ihrer Freundinnen, die sie seit der gemeinsamen Zeit in der Polenzstraße kennt; die beiden waren Nachbarn.

2. November Bis zuletzt, so heißt es in Sicherheitskreisen, soll Ralf Wohlleben Kontakt zu dem Trio haben. Gilt das auch für den Thüringer NPD-Funktionär Patrick Wieschke? Angeblich soll dieser Beate Zschäpe in der Nacht vom 2. auf den 3. November 2011 (dem Tag des letzten Überfalls) beherbergen. Wieschke bestreitet das vehement, behauptet, bei der Frau in seiner Wohnung habe es sich um seine Freundin gehandelt. „Ich habe nie Kontakt zu Frau Zschäpe gehabt", behauptet er gegenüber dem SWR. Aber: Polizeihunde (sogenannte „Mantrailer" zum Aufspüren von gesuchten Personen), „ausgestattet" mit dem Duft von Zschäpe, schlagen nahe der Wohnung des Landesgeschäftsführers an. Und bei dem „Hinweis" der womöglichen Übernachtung ging es um die Tage 2. und 3. November, für die Wieschke ein „Alibi" hat. Was aber ist mit der Nacht auf den 4.?

Der letzte Tag der Mörder

4. November Während des Eisenacher Banküberfalls kommt es zu einer paradoxen Begebenheit. Während Böhnhardt und Mundlos in die Sparkasse stürmen, steht Martin Neumann* am EC-Automaten, um Geld abzuheben. Gerade noch kann er die Karte herausziehen, da packt ihn einer der Räuber am Handgelenk und zerrt ihn in den Kundenraum. Dort soll er sich auf den Bauch legen, was Neumann aber nicht tut und sich nur hinhockt. Den Neonazis ist das egal. Noch während Neumann in die Knie geht, rennt einer der beiden Räuber zum EC-Automaten, schnappt sich die steckengebliebenen Euroscheine und drückt sie dem Rentner in die Hand.

Wenige Stunden später sind die beiden Bankräuber tot. Ihre Leichen werden in dem weißen Fiat Capron im Eisenacher Wohngebiet Stregda gefunden. In dem Caravan liegt auf der rechten Sitzbank eine Maschinenpistole. Das Magazin ist eingeführt, zwischen Verschluss und Lauf steckt eine Patrone im Auswurffenster. Wurde diese eingeklemmt, als Mundlos und Böhnhardt versuchten, auf die beiden nahenden Polizisten zu schießen?

Im Zuge der Ermittlungen rund um den Fiat werden verschiedene Sachen aus dem Caravan unter die Lupe genommen: ein riesiger Berg an Klamotten (darunter viele Fahrradsachen), ein Laptop und sieben DVDs, ein Schachcomputer mit Figuren, ein Handy, Bargeld, Skizzen, ein Funkscanner, Kinderspielzeug, eine EC-Karte, zwei Bahncards und ein Reisepass. Außerdem zwei Pistolen der Marke P 2000 sowie weitere Waffen. Doch der Reihe nach, hier die Asservate, Personen und Erkenntnisse und deren „Geschichte" im Detail:

Der Laptop: Gesichert ist dieser mit dem gleichen Password wie jener in der Zwickauer Wohnung. Das Kennwort lautet „Lise". Also einer der Namen, mit dem sich Beate Zschäpe gegenüber Fremden vorstellt. Nach Zeugenaussagen wurde der Capron in den letzten Tagen immer wieder in unmittelbarer Umgebung der Frühlingsstraße gesehen.

Das Handy: Im durch das Feuer zerstörten Wohnmobil liegt auch ein Handy der Marke LG. Sowohl die Rufnummer 0151/55378844 als auch die sogenannte IMEI-Nummer (eindeutige 15-stellige Seriennummer, mit der jedes GSM- oder UMTS-Endgerät zweifelsfrei identifiziert werden kann) werden in der Datenbank IN-POL ergebnislos geprüft. Des weiteren entdecken Ermittler, dass zwischen dem Akku und den Handykontakten ein Klebestreifen befestigt ist. Offenbar soll dieser die Ortung des Mobilfunkgerätes beziehungsweise das Einloggen in eine Funkzelle verhindern – durch den Klebestreifen wird die Stromzufuhr zwischen Akku und Handy verhindert.

Angemeldet ist das Handy auf Mandy Gablenz* aus Zwickau. Für die Polizei ist die 1988 geborene Frau keine Unbekannte, im Register vermerkt wegen Verstößen gegen das Betäubungsmittelgesetz. Sie behauptet, mit ihrem Freund Partnerverträge für Prepaid-Handys gemacht und die Mobiltelefone dann verkauft zu haben.

In den Kontakten des Handys sind lediglich drei Rufnummern gespeichert. Eine Frau und ein Mann aus Zwickau sowie die Telefonnummer einer Frau aus dem sächsischen Crimmitschau. Besonders das Speichern der Nummer der Zwickauerin ist für die Ermittler zunächst mysteriös, da diese Frau ihren Wohnsitz im Mai 2011 nach Norwegen verlegte und nur noch selten in Deutschland ist. Nach mehreren Befragungen stellt sich heraus, das der Frau eben jenes Handy an der Ostsee nahe Stralsund gestohlen wurde.

Bargeld: Mundlos und Böhnhardt waren während der zwei Stunden zwischen Rückkehr vom Überfall zum Wohnmobil und dem Eintreffen der beiden Streifenpolizisten nicht untätig. Sie verteilen das erbeutete Bargeld aus der Eisenacher Sparkasse überall im Fiat. Die Ermittler finden an verschiedenen Stellen im Auto große Eurobeträge. In einem Plastikbeutel stecken 71 915 Euro, 20 000 gebündelte Euro mit der Beschriftung „LZB" (Landeszentralbank, *Anm. der Autoren*) liegen herum, ebenso wie 3000 Euro in einer Banderole aus dem Raub in der Sparkasse Arnstadt-West. 600 Euro, 240 Euro und 150 Euro finden die Beamten als Einzelgeld, hinzu zweimal eingeschweißte 5000 und 6000 Euro.

Skizzen und Stadtpläne: Mundlos und Böhnhardt scheinen sich akribisch auf ihre Straftaten vorbereitet zu haben und überließen nichts dem Zufall. Im Auto werden die ADAC-Stadtpläne von Eisenach, Arnstadt und Altenburg entdeckt sowie Skizzen von Bankinnenräumen, die die Rechtsradikalen im Vorfeld ihrer Taten ausgekundschaftet haben müssen.

Funkscanner: Sind Mundlos und Böhnhardt über die Fahndungsschritte der Eisenacher Polizei informiert? Wissen sie von den beiden Streifenpolizisten, die sich ihrem Wohnmobil nähern? Möglich. Denn im Fiat wird ein Funkscanner entdeckt. Auf welchen Kanal er eingestellt ist und ob er überhaupt benutzt wird, ist unklar. Sicher ist nur, dass im Fahrzeug eine Liste mit Kanälen von Polizei, Feuerwehr und Rettungsdienst der Thüringer Polizei gefunden wird.

Spielzeug: Auch Kinderspielzeug liegt im Capron: kleine Schuhe, ein Teddybär sowie eine Spielzeugpistole. Wofür? Unklar. Vielleicht, um die Tarnung des Familienausflugs, der beim Wohnmobil-Vermieter angegeben wurde, aufrechtzuerhalten.

Der Reisepass: Er trägt die Nummer 7636271622, ausgestellt auf Maximilian Lautenbach, geboren am 20. Januar 1978 in Leipzig. Allerdings ist das Porträtfoto nicht von Lautenbach, sondern von Uwe Mundlos.

EC-Karte: Auch eine EC-Karte der Commerzbank, im Jahr 2000 ausgestellt auf Maximilian Lautenbach mit dessen tatsächlicher Meldeanschrift bis 2001, wird gefunden. Als vorherige Adresse wurde bei der Konoteröffnung die Limbacher Straße in Chemnitz angegeben. Auch dort wohnte der „richtige" Maximilian Lautenbach. Im Jahr 2009 gingen übrigens auf das der EC-Karte anhängliche Konto zwei Zahlungen der Ostsächsischen Sparkasse Dresden ein. Überweiser: Maximilian Lautenbach, Verwendungszweck „Ausgleich" beziehungsweise „Ausgleich Kontoüberziehung". Bei der Eröffnung des Kontos wurde exakt der Personalausweis vorgelegt, den Lautenbach nun auch in seiner Vernehmung vorzeigt. Lautenbach muss also, in welcher Art und Weise auch immer, mit dem Trio in Kontakt gestanden haben.

Zwei Bahncards: Auf der bereits abgelaufenen Bahncard 25 mit der Nummer 7081410109498715 prangt zwar das Foto von Uwe Mundlos, ausgestellt ist sie aber auf Max Burkhard, wohnhaft in der Zwickauer Frühlingsstraße 26. Auf der zweiten, ebenfalls abgelaufenen Bahncard 25 (Nummer 7081411032127504) ist das Foto von Uwe Böhnhardt zu sehen – gemeldet ist sie auf Lars Reger aus Zwickau. Von seinen Konten bei der Commerzbank Zwickau sowie der Kreissparkasse Aue-Schwarzenberg ging das Geld für die Verlängerung der Bahncards am 14. und am 22. Juni 2010 ab.

Waffenfunde im Wohnmobil: In dem Fiat entdecken die Ermittler zwei halbautomatische Pistolen der Marke Heckler&Koch, Typ P2000. Der Abgleich der sogenannten Individualnummern wird die Polizisten schockiert haben. Denn Nummer 116-010514 und Nummer 116-021769 führen sie binnen Sekunden per Mausklick zu einem seit mehr als vier Jahren unaufgeklärten Polizistenmord, dessen Brutalität 2007 deutschlandweit für Entsetzen sorgte. Die Waffen gehörten der in Heilbronn ermordeten Michèle Kiesewetter und ihrem schwer verletzten Kollegen. Zum Arsenal des NSU gehören auch noch diese im Wohnwagen gefundenen Waffen:
– eine Pumpgun Mossberg Maverick 88. Diese ging vom Hersteller aus Texas an einen Waffenladen in Zürich und von dort 1997 an Michael S. aus der Schweiz.
– eine Pumpgun Winchester 1300 Defender. Sie wurde 1991 nach Kanada verkauft und vor Einführung des Online-Exportkontrollsystems ausgeführt. Angeblich kaufte sie ein 2005 verstorbener Berliner 1992 in Österreich.

- ein Revolver Alfa-PROJ Modell 3831, Kaliber 38, mit der 2008 ein Bankangestellter angeschossen wurde
- eine Maschinenpistole Pleter 91
- einen Revolver Melcher
- eine Česká 70, 7.65 Browning
  sowie einen Signal-Revolver und eine Handgranate.

Auf keiner der Waffen werden Fingerabdrücke gefunden. Auf den beiden Pistolen der Heilbronner Polizisten findet sich allerdings DNA-Material, auf dem Signalrevolver die DNA einer bislang unbekannten männlichen Person.

Den Polizisten ist schnell klar: Sie müssen in viele, weitverzweigte Richtungen ermitteln. Ein schier undurchdringbares Netz von Informationen, Namen von Unterstützern und immer neuen Erkenntnissen und Zusammenhängen entsteht, aber auch Pannen und Sackgassen aus der Vergangenheit werden sichtbar.

Mysteriös: Am Nachmittag des 4. Novembers gibt es in der Wohnmobilvermietung gegen 15.45 Uhr, also fast sechs Stunden nach dem Überfall und knapp drei Stunden nach Mundlos' und Böhnhardts Tod, einen mysteriösen Anruf. Eine „Frau Kurz" meldet sich mit Erfurter Nummer und will wissen, wer das Wohnmobil mit dem Kennzeichen V-MK 1121 gemietet hat. Zwei Stunden später tragen Bestatter die erste Leiche aus dem Fiat Capron.

Beate Zschäpe stellt sich

4. November Die Geschehnisse zwischen den mehrgeschossigen Eisenacher Plattenbauten verfolgen an diesem Tag nicht nur die Polizisten und besonders schnelle Lokaljournalisten. Zwischen 10.40 und 12.43 Uhr klickt sich auch Beate Zschäpe in Zwickau durch diverse Internetseiten von regionalen und überregionalen Nachrichtensendern, etwas später (von 13.07 bis 13.26 Uhr) auf die Websites von Greenpeace, der Tierschutzaktion „Gegen Pelze" sowie den „Biobauern Zwickau". Ihre jahrelangen Mitbewohner sind da schon tot. Ein Mysterium, das wahrscheinlich nie geklärt werden kann, ist eine unbekannte Mailboxnachricht. 12.05 Uhr werden die Leichen von Böhnhardt und Mundlos gefunden. 12.11 Uhr wählt sich Zschäpe mit ihrem Handy in ihre Mailbox ein, hört diese 51 Sekunden lang ab. Wer war da dran? Nachvollziehbar ist dies nicht mehr, Vodafone hat die Nachricht vor der Polizeiabfrage am 16. November schon gelöscht.

Es ist das Ende. Der Mundlos, das sei keiner gewesen, der leicht einknickte, weiß der Jenaer Jugendpfarrer Lothar König. Er kennt Mundlos und Böhnhardt seit deren Neonazis-Schlägerzeiten in Jena Anfang der 90er. König glaubt, dass Professorensohn Mundlos am 4. November sich erst die Waffe auf die Lippen legte, als es ausweglos wurde. „Er war doch schon tot, lebendig begraben, seit 13 Jahren im Untergrund. Er hat Schluss gemacht."

Diese Erkenntnis, die der Jugendpfarrer Wochen später trifft, muss Zschäpe relativ schnell gekommen sein: Das Universum des NSU ist mit dem Tod ihrer Weggefährten implodiert. Nun muss sie so viele Beweise wie möglich vernichten, die Wohnung in die Luft sprengen. Ob sie selbst den Entschluss dazu fasst oder ob diese Maßnahme mit den beiden Uwes abgesprochen ist, ist bislang unklar.

Zschäpe gerät in Panik. Hektisch steckt sie sich ein paar Sachen und mehrere hundert Euro Bargeld in die Taschen. Mit einem Kanister schüttet sie mehrere Liter Ottokraftstoff inmitten der Wohnung aus. Aus einem Feuerzeug lässt sie eine Flamme schießen, binnen Sekunden lodert das Feuer.

Etwas liegt der Rechtsextremen aber doch noch am Herzen. Zschäpe sprintet die Treppen nach oben zu ihrer Nachbarin Charlotte E., um sie zu warnen. Die ältere Dame des Jahrgangs 1922, die aufgrund einer defekten Herzklappe schlecht laufen kann und die meiste Zeit des Tages im Bett liegt, hört zwar ein Klingeln, als sie die Tür öffnet, ist jedoch niemand mehr zu sehen. Nur weil ihre Nichte sie Minuten später aus der Wohnung begleitet, bleibt die Rentnerin unverletzt.

Abgesehen von Charotte E. sind die anderen Nachbarn im Haus Zschäpe offensichtlich egal. Eine damals 18-jährige Frau befindet sich, als Zschäpe das Feuer legt, in ihrer Wohnung in der Frühlingsstraße 26A. Zwei Handwerker aus Schneeberg und Aue haben unfassbares Glück. Während es in Nummer 26 zu einer laut LKA-Gutachten „mittels großflächig eingesetztem Brandbeschleuniger" verursachten heftigen Verpuffung kommt, befinden sie sich gerade beim Kaffeetrinken in der Pause – außerhalb des Hauses.

In diesem rennt Beate Zschäpe die Treppen herunter, als es scheppert. 15.08 Uhr verlässt sie das Haus, in den Händen die Körbe mit der grauen „Heidi" und der schwarz-weißen „Lilly". Ihre geliebten Katzen will sie nicht dem Feuertod überlassen.

Unten angekommen und aus der Haustür gestürzt, läuft Beate Zschäpe einer Nachbarin in die Arme. Die steigt gerade aus ihrem Auto, als ihr die Brandstifterin im Vorgarten entgegenkommt. Die Frau erblickt entsetzt die Flammen und den Rauch in der zweiten Etage und geht auf Zschäpe in ihrem roten Kurzmantel zu: „Was ist denn hier los?" Zschäpe schnellt herum, spielt aber die Überraschte: „Ach du Scheiße!", schreit sie. Dann stellt sie beide Katzenkörbe in der Einfahrt ab, fragt die Nachbarin, ob sie kurz auf die Tiere aufpassen könne und verschwindet. Für immer. Stadteinwärts rennt Zschäpe im Veilchenweg und brüllt zwei gärtnernden Nachbarn „Ruft die Feuerwehr!" zu. Zurück blickt sie nicht. In ihrem Rücken geht ihre Wohnung in Flammen auf. Scheiben platzen, Teile der Hausmauer verschieben sich und über der Frühlingsstraße regnet es Steinbrocken und Dachziegel.

Offenbar waren die Neonazis auf ihre Enttarnung vorbereitet. „Bereits vor dem Öffnen der Wohnungstür habe ich im Treppenhaus zwischen Schuhregal und Hocker einen handelsüblichen PVC-Benzinkanister entdeckt", so ein Mann von der Zwickauer Feuerwehr in seiner Zeugenaussage. Er war mit seinem Löschzug als einer der Ersten am Brandort. Hatte das Trio den Kanister für den Fall der Fälle dort platziert?

Kurze Zeit nach dem Eintreffen der Feuerwehr und dem Beginn ihrer Flucht, um 15.27 Uhr, ereicht Zschäpe nach mehrmaligem Versuchen Lars Reger auf dessen Handy. Das Gespräch dauert 1:27 Minute. Ist Reger der engste Vertraute von Zschäpe? Es scheint so. Warum sollte sie ihn sonst in dieser Situation anrufen? War er in die Gräueltaten und braunen Pläne des NSU eingeweiht?

Seine rechte Gesinnung jedenfalls verheimlicht er nicht wirklich. Auf seinem Bauch prangt nach dem „Berliner Kurier" vorliegenden Fotos ein riesiges Tattoo: „Die Jew Die" – Stirb, Jude, stirb. Dazu die Zahl 88, die nach dem üblichen Muster für Neonazis den achten Buchstaben im Alphabet symbolisiert also HH, „Heil Hitler". Private Bilder der Neonazifamilie Reger samt einem Einladungsschreiben zum Hitlerjugend-Lieder-Singen bewahrten Mundlos, Böhnhardt und Zschäpe in ihrer nun explodierten Wohnung auf.

Als Zschäpe mit Reger spricht, hat sie gut zwei Kilometer zurückgelegt, gelangt zum Bahnhof. Und noch weitere Leute versuchen die Flüchtende zu erreichen. Bereits gut eine Stunde nach der Explosion versucht jemand von einer Handynummer, angemeldet auf das sächsische Staatsministerium des Innern, Zschäpe anzurufen. Wer das war oder warum er so schnell die als „Doreen Schreiber" bekannte Frau sprechen will, ist noch nicht aufgedeckt.

Die Wohnung in der Frühlingsstraße ist mittlerweile weitestgehend ausgebrannt – und gibt grausame Einzelheiten und Beweise für Morde, Raubüberfalle und die kranke Welt dreier Neonazis frei.

Im Brandschutt finden die Ermittler die Waffe, durch die vom 9. September 2000 bis 6. April 2006 sieben Menschen starben – die Česká, Mod. 83, Kaliber 7,65 Millimeter mit montiertem Schalldämpfer. Außerdem stößt die Polizei in dem Haus, das seit dem 21. Juni ausgerechet einer vietnamesischen GmbH gehört, auf eine Bruni, Kaliber 8 Millimeter Knall, Mod. 315 Auto. Die Waffe wurde beim ersten und beim dritten Mord benutzt, umgebaut zu Kaliber 6,35 Millimeter. Zudem lagern in der Frühlingsstraße die Pistolen, mit der 2007 die Polizistin Michèle Kiesewetter hingerichet und ihr Kollege Matthias Brüggemann schwer verletzt wurden – eine polnische Radom Vis 35 (Kaliber 9 mm, produziert in Polen während des Zweiten Weltkrieges durch die Wehrmacht), eine Schreckschusspistole ERMA EGP 88, eine Pistole ERMA Model EP552S, einen Revolver Kora, eine Česká 82, einen Revolver Reck (Model Chief Special Combar), ein Einzelladegewehr Rhöner 69a mit verkürztem Schaft, eine Maschinenpistole Česká, eine vor dem Zweiten Weltkrieg hergestellte Pistole Walther PP und eine russische Tokarew TT33 (Kaliber 7,62 mm).

Je weiter die Spurensicherer in die Wohnung vordringen, desto deutlicher wird die erschreckende Welt des Neonazi-Trios. Unter anderem kommen 35 adressierte Briefumschläge samt DVDs mit einem 800 Megabyte großem Bekennervideo zum Vorschein. Und mit ihm eine Selbstvorstellung des NSU. Es heißt:

Der Nationalsoziaiistische Untergrund ist ein Netzwerk
von Kameraden mit dem Grundsatz – Taten statt Worte –
Solange sich keine grundlegenden Änderungen in der Politik,
Presse und Meinungsfreiheit vollziehen werden die Aktivi-
täten weitergeführt.

Die beliebte Zeichentrickfigur „Paulchen Panther" wird in dem 15-minütigem Film zum Botschafter des Bösen, „führt" den Zuschauer mit der Originalstimme „Paulchen Panthers" durch Schlagzeilen über die Verbrechen, durch Videobilder der Orte und Tatwaffen: Glassplitter, Nagelbomben, Nahaufnahmen eines Mordopfers. In manche Szenen ist die Propaganda der Mörder montiert: Auf einem Haus steht „Nationalsozialistischer Unter-

grund", über „Paulchens" Fernseher flimmern TV-Bilder über die Mordserie, die im Jahr 2000 begann. Dazu Reime von Paulchen Panther und die Nazi-Parolen des NSU. Die Botschaft des Films ist eindeutig und unmissverständlich: Ausländer haben in Deutschland nichts zu suchen. Sie müssen mit eisernen Besen herausgekehrt werden – Rassismus in seiner widerwärtigsten Form:
Der Ali muss weg
Mitstreiter gesucht im Kampf gegen die Kanackenflut
A. Özüdorgru ist nun klar, wie ernst uns der Erhalt der deutschen Nation ist
Was auffällt: Mehrfach werden im Video Ausschnitte mit Artikeln der „Nürnberger Nachrichten" gezeigt. Die Zeitung ist in Zwickau und Umgebung kaum erhältlich. Kaufte jemand aus der fränkischen Stadt das Blatt kurz nach den Morden und übermittelte es an seine Kameraden?

Unterlegt ist das Bekennervideo mit Liedern von „Noie Werte", einer Ende der 80er Jahre gegründeten rechtsextremen Band aus dem Südwesten Deutschlands. Kopf der Gruppe, die sich nach eigenen Angaben 2010 aufgelöst hat, ist der Rechtsanwalt Steffen H. Der wiederum war an der Gründung des Musiklabels „German-British Friendship" (GBF) beteiligt, durch welches das britische Blood&Honour-Netzwerk maßgeblich in Deutschland verbreitet wurde. GBF produzierte 1993 eine Platte mit Carsten S. Dieser wiederum wurde später V-Mann der Brandenburger Verfassungsschützer, der durch seine Verbindungen zum B&H-Mann Enrico Lorentz Informationen über mögliches terroristisches Treiben in Sachsen an die Behörde weiterleitete. Klein ist die Welt.

Damit nicht genug. In der Kanzlei von Steffen H. (mit Büros in Stuttgart und Rastatt), für die er arbeitet, ist auch Nicole Sch. angestellt, eine ehemalige NPD-Funktionärin und nun Verteidigerin ihres Ex-Parteikameraden Ralf Wohlleben, dem – wie bekannt – die Unterstützung des NSU vorgeworfen wird. Sch. hat in Jena studiert, bis 2003 war sie Wohllebens Stellvertreterin im Vorsitz des Jenaer NPD-Kreisverbandes.

„Zur Untermalung" des „Paulchen-Panther"-Videos dienen die „Noie Werte"-Lieder „Kraft für Deutschland" und „Am Puls der Zeit". Unter anderem heißt es in den für den Film benutzten Textteilen:

Alle, die sich unserer Feinde nennen, die werden wir ewig hassen.
Und Kämpfen werden wir gegen sie bis sie unser Land verlassen.
Wir sind am Puls der Zeit, Kein Weg führt an uns vorbei,
Wir sind am Puls der Zeit, Der Widerstand ist bereit.

Ein Film, wie er menschenverachtender nicht sein könnte. Der Direktor des Kriminologischen Forschungsinstituts, Christian Pfeiffer, sagt: „Der Zweck des Films ist, Menschen für die Taten zu begeistern, solche Menschen, die schon ausländerfeindlich eingestellt sind, die sich leicht begeistern lassen, die sich leicht identifizieren können. Aber die sich dann doch schrecken würden, wenn es Blut gibt, wenn Menschen getötet werden. Das ist ja noch mal ein ganz anderer Schritt als zu brüllen: ‚Ausländer raus!' Und die Paulchen-Panther-Verwendung, die neutralisiert solche Bedenken. Meine Vermutung wäre, der Film hat darüber hinaus den Zweck, Gruppenidentität zu stärken, zu stützen, aufzubauen. Es wird einige Menschen im Umfeld der Täter gegeben haben, die ihn gesehen haben und die man auf diese Weise zu Partnern dieses Netzwerkes machen wollte."

Erstellt wurde der Film zwischen dem 25. April und dem 22. Dezember 2007. Woher die Ermittler das wissen? In dem Video finden sich Sequenzen aus der medialen Berichterstattung zum Mord an Michèle Kiesewetter, erschossen am 25. April. Die Datei mit der Endfassung des Films wurde am 22. Dezember 2007 erstellt, wie sich aus den Metadaten (aus diesen lassen sich u. a. der Dateiname, die Erstellungszeit und das Erstellungsdatum ablesen) herauslesen lässt.

Doch nicht nur Filme mit Schnipseln ihrer eigenen Taten speicherten die Neonazis auf ihrem PC. In einem Unterordner sammelten sie „altes Videomaterial". Darunter einen 13-minütigen Film mit Sequenzen von einem Gedenkmarsch für Rudolf Heß 2005 im dänischen Kolding oder den eines Gedenkmarsches im Schwedischen zur Erinnerung an den erschlagenen rechten Schlagzeuger Daniel Wretström. Außerdem kommen in dem Film mehrere schwedische und der deutsche Redner Lutz G. vor. Dieser propagiert den Kampf „der europäischen Völker" gegen die „Kapitalisten und Finanzhaie" und gegen „Millionen Fremde".

Reisten die drei Neonazis nach Schweden und unterstützten dort die Kameraden? Auf später entdeckten Fotos ist zumindest Sven Reger, Bruder von Lars Reger, auf einer Fähre zu erkennen. An Bord hebt er den Arm zum Hitlergruß.

In Schweden fanden die deutschen Neonazis ähnliche rechtsextreme Strukturen vor wie „zu Hause". Selbst wahnsinnige Attentäter mit schrecklichen Taten, die sie verehren und zu Märtyrern stilisieren können, gibt es in Skandinavien. Lisa Bjurwald, renommierte schwedische investigative Journalistin, spezialisiert auf Rechtsextremismus und Terrorismus in Europa, erklärt gegenüber den Buchautoren: „In Schweden gab es in der Vergangenheit auch unterschiedliche rassistische und neonazistische Attentate und Anschläge. Im Jahr 1999 exekutierten Neonazis nach einem Banküberfall in Malexander zwei Polizisten mit ihren eigenen Waffen aus nächster Nähe. Das Jahr 1999 war unfassbar, der militante Rechtsextremismus forderte ein weiteres Todesopfer und legte Bomben, um Gegner zu beseitigen. Der Gewerkschafter Björn Söderberg wurde in seiner Wohnung von zwei Neonazis erschossen, und zwei investigative Journalisten, die über Rechtsextremismus berichteten, überlebten nur knapp einen Autobombenanschlag der Neonazi-Szene. Vor allem aber die als ‚Laser Man' und ‚Zweiter Laser Man' bekannten Mörder handelten aus rassistischer Motivation. Der erste Serienmörder war John Ausonius, der Migranten mit einem Gewehr mit Laserzielvorrichtung tötete, obwohl er selbst der Sohn einer deutschen Mutter und eines Schweizer Vaters ist. Er wurde 1993 zu lebenslanger Haft für einen Mord und neun Mordversuche verurteilt. Seine Taten waren die Inspiration für den Mann, den die Medien und Behörden als ‚Zweiten Laser Man' bezeichneten: Peter M., der bei Druck dieses Buches (Sommer 2012) vor Gericht in Malmö steht und dem drei Morde und zwölf versuchte Morde angelastet werden. M. suchte seine Opfer, Migranten, in der multikulturellen südschwedischen Stadt Malmö. Es dauerte Jahre, bis die Polizei, ihn verhaften konnte." Waren die schwedischen Rechtsterroristen Vorbilder für die Mitglieder der Zwickauer Zelle?

Zurück in die ersten Novembertage des Jahres 2011, zurück zu den Fundstücken aus der explodierten Wohnung der Frühlingsstraße. Einige der Briefumschläge samt DVDs sollen an islamische Einrichtungen gehen. Bis auf zwei der Umschläge sind alle frankiert und tragen Briefmarken „1100 Jahre Limburg an der Lahn". Diese wurden erstmals am 2. Januar 2010 vom zuständigen Bundesfinanzministerium ausgegeben. Es liegt also der Schluss nahe, dass das Trio irgendwann nach diesem Zeitpunkt den Entschluss gefasst haben muss, mit der DVD an die Öffentlichkeit zu treten und sich zu bekennen.

In den Film sind Szenenausschnitte aus der Nachrichten-Berichterstattung regionaler Fernsehsender eingearbeitet. Als „Erfolgsmeldung" blenden die Autoren die Laufzeile „Das Opfer liegt in künstlichem Koma" ein. Und was sie vom Staat und seinen Sicherheitsorganen halten, zeigen sie, indem sie „ihr" Paulchen einem Polizisten eine Pistole an die Schläfe halten lassen. Dann drückt er ab, ein Knallgeräusch.

Lachten sich die Mörder ins Fäustchen, als sie den Rummel um ihre Taten im TV betrachten konnten?

In der Frühlingsstraße wurden die Aufzeichnungen einer Überwachungskamera gefunden. Diese filmte eine Person, die sich, zwei Fahrräder schiebend, langsam in Richtung Keupstraße bewegt. Die Sequenz hatte die Kölner Polizei nach dem Nagelbombenanschlag im Juni 2004 veröffentlicht. Auf dem Zwickauer Laptop finden sich die Aufnahmen unter dem Dateinamen „gerri auf kamera.avi" – Uwe Böhnhardt nutzte die Aliaspersonalie Gerald Kluge und hörte bekanntlich auf den Spitznamen „Gerry".

Eine ähnliche Datei samt Kölner Filmsequenz, „max auf kamera.avi", ist ebenso auf dem Computer gespeichert. Sie zeigt, wie eine Person ein Fahrrad mit einem Hartschalenkoffer durch die Keupstraße schiebt. Uwe Mundlos nutzte unter anderem die Aliaspersonalie Maximilian Lautenbach, stellte sich anderen als Max vor.

Weitere Videosequenzen enthalten die Einblendungen „NÜRNBERG 09.09.2000" sowie „ENVER SIMSEK WEISS NUN WIE ERNST UNS DIE ERHALTUNG DER DEUTSCHEN NATION IST". Immer im Hintergrund: Das „NSU-Logo". Ebenso bei einer weiteren Sequenz. Nach der Einblendung „KÖLN 19.01.2001" folgt eine Aufnahme des Straßenschildes „Probsteigasse" und die Sequenz: „MASLIYA M. WEISS NUN WIE ERNST UNS DIE

ERHALTUNG DER DEUTSCHEN NATION IST". Die gefundene Datei ist zuletzt am 9. März 2001 gespeichert worden, also zwei Monate nach dem ersten Anschlag in der Domstadt. Schon zu diesem Zeitpunkt, mehr als zehn Jahre vor ihrem Auffliegen, firmieren Mundlos, Böhnhardt und Zschäpe unter ihrem Label „NSU – Nationalsozialistischer Untergrund".

Weiteres Videomaterial ist mit Änderungsdatum 28. Oktober 2001 auf der im Brandschutt aufgefundenen Festplatte gesichert worden. Darin bekennt sich der „NSU" zu den Taten vom 9. September 2000, vom 29. März 2001, vom 19. Januar 2001 sowie vom 27. Juni 2001. In der Schlusssequenz dieses Videoentwurfs heißt es: „HEUTE IST NICHT ALLE TAGE WIR KOMMEN WIEDER KEINE FRAGE". Sie machten die furchtbare Drohung wahr. Mehrfach.

Den Ermittlern stellen sich beim Untersuchen der Asservate weitere Fragen. So finden sie die Geburtsurkunde von Maximilian Lautenbach, bei dem die drei Neonazis kurz nach dem Untertauchen wohnen durften. Auf dem Dokument machten sie einige handschriftliche Notizen auf der Rückseite: So sind dort zwei seiner früheren Anschriften notiert sowie eine weitere Adresse und die Überschrift „Jetzt". Dabei handelt es sich um die Anschrift, unter der Lautenbach bis zum 1. September 2001 gemeldet war. Weiterhin standen auf der Urkunde Angaben zu Beruf, Schule, Lehre, Führerschein und Familienmitgliedern von Lautenbach sowie zwei weitere Adressen – unter denen war Lautenbach bis 2003 beziehungsweise 2006 zu erreichen. Auch die Namen und Geburtsdaten von Lautenbachs Söhnen finden sich hier wieder.

Neben dem widerlichen Bekennerschreiben und allerlei Beweismaterial über die Taten des NSU findet sich auf dem halbverschmorten Asus-Laptop mit der 250-Gigabyte-Festplatte auch der Verlauf der besuchten Internetseiten des Trios – dokumentiert vom 21. April bis zum „Finale" am 4. November. Informierten sie sich im Netz über rechte Propaganda, diskutierten sie in Foren der „Freien Kräfte" oder guckten sie Musikvideos rechter Musik-Bands? Nein, nichts dergleichen, politische Inhalte waren Mundlos, Böhnhardt und Zschäpe zumindest im Internet egal.

Stattdessen surften sie auf Seiten über Reisen, Musik, Gesundheit und immer wieder Sex.

So klickten sie sich beispielsweise auf die Seiten von Europas größter tropischer Urlaubswelt „Tropical Islands" in Brandenburg, suchten nach „natürlichen Mitteln gegen Übelkeit", den Öffnungszeiten der Zwickauer Sparkasse, der Billy Talent-Tour 2012, Greenpeace oder argentinischem Essen. Auch Seiten über die Sozialleistung Hartz IV wurden angeklickt. Offenbar waren einer oder gleich alle große Fans der TV-Formate „Die Alm" und „Big Brother". Warum sie allerdings Seiten über den Rapper Bushido besuchten, ist unklar. Fanden sie die Musik des Berliners gut? Oder hatten sie Schlimmes vor? Anis Mohamed Youssef Ferchichi, so heißt Bushido mit bürgerlichem Namen, hat tunesische Wurzeln.

Dass ein Prominenter ein mögliches Anschlagsopfer für den Nationalsozialistischen Untergrund war, ist gar nicht so unwahrscheinlich. Bekannte Namen tauchen in einem herkömmlichen kleinen Address- und Telefonbuch auf, das die drei in ihrer Wohnung herumliegen hatten. Nach dem Feuer und den Löscharbeiten sind allerdings nur noch die Blätter mit den Buchstaben „A" bis „H" enthalten, das BKA rekonstruierte die Namen. Darunter sind unter anderem der im Jahr 2005 verstorbene Vizepräsident des Thüringer Landesamtes für Verfassungsschutz, der frühere LKA-Chef des Freistaates, ein Vizepräsident des BfV, Anwälte, linke Politiker, Staatsanwälte, ranghohe Polizisten, ein Rabbi, ein Schauspieler jüdischer Abstammung, ein jüdischer Architekt, ein Berliner Filmemacher. Notierten die Neonazis in dem Buch geplante Opfer, oder war es „nur" eine „Feindesliste"?

Einige der aufgeführten Personen stehen in direktem Bezug zum NPD-Verbotsverfahren im Jahr 2001. Sei es als Unterstützer des Verbotsantrages, als Rechtsanwalt oder Vertreter des Bundestages. Als weiteres Indiz für die zumindest ideologisch enge Verbindung des NSU und der rechten Partei darf es allemal angesehen werden.

Wie das Adressbuch sind auch drei im mdb-Format auf einem Rechner gefundene Dateien für die Ermittler hochinteressant. Eine davon ist die „Key00001München.mdb", eine Datei mit 88 Datensätzen. Unter den Einträgen in der Liste finden sich politisch links stehende Personen, Organisationen mit ausländischen Bezügen, Organisationen mit islamischem Kontext, Waffengeschäfte und jüdische Einrichtungen. Alles und alle angesiedelt in München. Dateien mit den gleichen Ansätzen gibt es für die Städte Dortmund und Nürnberg. Nur: Wer hat die Dateien, die zweifelsohne als Planungsgrundlage für Straftaten jeglicher Qualität bis hin zu terroristischen Anschlägen dienen können, erstellt? Etwa Mundlos, Böhnhardt und Zschäpe in mühevoller Kleinarbeit und Recherche für sie nahezu unbekannte Städte? Kaum vorstellbar.

Außerdem finden die Ermittler im Brandschutt 18 Din-A4-Seiten, die die Überschrift „Das Telefonbuch für Deutschland" tragen und themenbezogene Adressen mit Telefonnummern enthalten, darunter Einrichtungen der SPD, überwiegend in Hamburg, Kindergärten, Mitglieder von Landtagen von Baden-Württemberg und Bayern, Sozialistische Einrichtungen aus Nordrhein-Westfalen, Baden-Württemberg und Bayern, handschriftliche Adresseinträge ohne Telefonnummern von linken Politikern, antifaschistische Einrichtungen, Pfarrer. Die gesammelten Daten sind teilweise noch gültig. Dienten auch sie der Vorbereitung von Straftaten oder legten sich die Neonazis ein „Telefonbuch" mit einer Liste an, wen es ab sofort besonders zu hassen galt? Wer betrieb den Aufwand der Erstellung von umfangreichem Kartenmaterial und Observationen? In der Frühlingsstraße finden sich Dutzende Kartenausschnitte mit per Hand markierten Orten und teilweise auch den dazugehörigen Anschriften und Telefonnummern – mögliche Ziele?

Auch auf dem digitalen Weg horteten die Neonazis tausende Dateien auf ihren zahlreichen Festplatten, USB-Sticks und DVD-Rohlingen. Unter den von den Fahndern nach dem Feuer rekonstruierten Dateiträgern gibt es Poster-, T-Shirt- und Tattoovorlagen mit nationalsozialistischem Inhalt, Adresslisten, Musikdateien, Bilder von Propagandaplakaten aus der NS-Zeit und der NSU-Brief. Besonders viel Mühe gaben sie sich beim Erstellen von Weihnachtsgedichten für Verwandte der Familie E., druckten Gedichte von Lyrikern aus der Zeit des NS-Regimes für Lars Regers Brüder Holger* und Sven und Eltern und Schwiegereltern. Ein Einladungsschreiben lädt zu einer Führung durch die Burg Schönfels nahe Zwickau am 8. Februar 2003, und zwar mit folgenden orthografisch mangelhaften Sätzen: *Je nach dem wie Stimmung ist werden wir selber singen, natürlich alte HJ Lieder, wie es sich für Nationalsozialisten gehört, oder wir werden völkische Musik zum bsp. von unserem Kameraden Frank Rennicke anhören (nicht life) und uns miteinander Unterhalten und Feiern. Ich bitte alle Kameraden um eine angemeßene Kleiderordnung da dies keine Skinheadveranstaltung wird sondern ein Treffen von Nationalsozialisten für Nationalsozialisten ist.* Umrahmt ist die Einladung mit Runen-Schriftzeichen, die als „SIEG HEIL" übersetzt wurden.

Wie konspirativ sich Mundlos, Böhnhardt und Zschäpe im Alltag trotz der Bemühungen um größtmögliche nach außen auszustrahlende Normalität gaben, zeigt ihre stattliche Telefonsammlung. So fanden die Ermittler ein Sagem MC922, ein Philips Savvy (beide mit jeweils einer D2-Mannesmann-Karte; 2002 wurde Mannesmann Mobilfunk in Vodafone umbenannt), ein Nokia 6030, ein Motorola C200 mit einer Vodafone-Karte, ein Alcatel One Touch 525 mit T-D1-Karte (heißt seit 2002 T-Mobile), ein Siemens A55 mit T-Mobile-Karte und ein Philips VOIP-Festnetztelefon.

Mehr als drei Jahre leben die drei Neonazis in der Zwickauer Frühlingsstraße. Bei aller Geheimniskrämerei und Verdunklung mit Aliaspersonalien und Kameras – ganz von ihren „alten" Identitäten konnte sich das Trio nicht trennen. So wurden in der Wohnung unter anderem der auf Beate Zschäpe ausgestellte Reisepass und ihre Geburtsurkunde gefunden, die Ermittler entdeckten Böhnhardts originalen Personalausweis und EU-Führerschein und den Kfz-Schein nebst dazugehöriger Steuerkarte von Mundlos' Wagen mit dem Kennzeichen J-AH 41.

Noch am Nachmittag des 4. November wird Siegrid Peine von der Polizei aufgesucht. Sie überließ „Lisa" im Jahr 2000 eine Prepaid-SIM-Karte und auf Peine ist das jetzt bekannte Handy von „Doreen Schreiber" angemeldet. In der Vernehmung verstrickt sich die Zwickauerin in enorme Widersprüche. Zunächst behauptet sie, „Lisa" zuletzt vor zwei Tagen gesehen zu haben – später werden daraus drei bis vier Wochen. Da Peine gemeinsam mit Zschäpe in dem Haus in der Polenzstraße 2 wohnte, erhoffen sich die Fahnder von ihr Erkenntnisse zu etwaigen Mitbewohnern der Flüchtigen. Siegrid Peine beschreibt „Lisas" Freund, der mit ihrer „sporadischen" Freundin zusammenlebt, als zirka zwei Meter großen Mann mit langen schwarzen Haaren, die er zum Zopf gebunden trägt – ein Erscheinungsbild, das schwerlich auf Böhnhardt oder Mundlos zutrifft.

Weil ihnen die Aussagen suspekt erscheinen, fordern die Beamten Peine auf, „Lisa" anzurufen. Die greift zum Telefon und wählt aus dem Speicher heraus die Nummer. Angeblich meldet sich ein Mann mit „Peka" am Telefon. Im Nachhinein finden die Ermittler heraus, dass Peine den Anruf nur vortäuscht.

In den beiden folgenden Tagen probiert sie aber wirklich, „Lisa" zu erreichen. Zwei Mal erfolglos. Stutzig werden lässt der zweite Versuch. Diesen startet Peine sieben Stunden nach Beginn der Öffentlichkeitsfahndung nach Beate Zschäpe – will die Frau ihre Freundin warnen?

5. November Am Vormittag informiert die Jenaer Kriminalpolizei die Soko Capron über einen morgendlichen Anruf. Am Apparat: Die Eltern von Uwe Mundlos. Sie erzählen von einem Anruf, 7.54 Uhr morgens. Am anderen Ende: Zschäpe. „Hier ist Beate vom Uwe", sagt sie. In hektischen, schnellen, scheinbar zusammenhanglosen und dennoch selbstbewussten Worten und mit fraulicher Stimme erklärt sie Mundlos' Mutter, dass sich ihr Uwe gemeinsam mit Uwe Böhnhardt „in die Luft gesprengt" habe. Er sei tot, „der Uwe ist nicht mehr" sagt sie. Es sei wegen der Sache, „die gestern in Eisenach passiert sei, das mit dem Banküberall", stammelt Zschäpe in den Hörer. „Der einzige Grund, warum ich anrufe, ist, weil der Uwe euch sehr lieb gehabt hat und es war ihm wichtig, dass ihr es erfahrt." Ob Zschäpe noch mal anrufen würde, fragt die Mutter des toten Neonazis: „Nein", erwidert die Frau. „Ich rufe nie wieder an und komme auch nie wieder." Dann legt Beate Zschäpe auf.

Vor dem Anruf im Hause Mundlos hatte Zschäpe um 7.09 Uhr schon mit der Mutter von Uwe Böhnhardt gesprochen, ließ sich von einer Chemnitzer Telefonzelle (200 Meter entfernt von dem Apparat, von dem sie mit Mundlos' Mutter telefonierte) über die Auskunft der Telekom verbinden. Das Gespräch dauert fast acht Minuten, Zschäpe erklärt der Mutter, „sie solle Nachrichten schauen, denn in Eisenach ist etwas passiert", und es würde sich um die die beiden Jungs handeln. Der Anruf bei den Eltern soll ein Versprechen an die beiden Uwes gewesen sein, dass nach ihrem „Ableben" ihre Angehörigen informiert werden.

Zschäpe weiß, dass der Tod ihrer beiden Freunde und die ausgebrannte Wohnung in der Frühlingsstraße das Ende des „Nationalsozialistischen Untergrunds" bedeutet. Sie entschließt sich zu einem letzten propagandistischen Akt des NSU – Zschäpe verschickt zwölf DVDs mit dem Bekennervideo an verschiedene Empfänger im gesamten Bundesgebiet. Die DVDs hat sie scheinbar aus der Wohnung mitgenommen und auf ihrer Flucht abgeschickt, in der Frühlingsstraße fanden die Ermittler auch weitere Exemplare der Bekenner-DVD. Vielleicht soll es eine Art Testament werden, aus dem die ganze Welt erfährt, was der „Nationalsozialistische Untergrund" fertig gebracht hat. Zwei DVDs gehen an die Büros der Partei „Die Linke" in Halle und Riesa, eine an das türkische Generalkonsulat in München, eine an den Deutsch-Türkischen Kulturverein in Köln-Mülheim, eine an den „nationalen" Patria-Versand im bayrischen Kirchberg, eine an die „Bild"-Reaktion Halle, eine an einen lokalen Fernsehsender (TeleVision), eine an die „Westdeutsche Allgemeine Zeitung" in Berlin, eine an die Ali-Pasa-Moschee in Hamburg-Barmbek, eine an die Völklinger Selimiye-Moschee und eine an die „Nürnberger Nachrichten". Der „Kommunistischen Arbeiterzeitung" in Nürnberg wird ein unfrankierter Umschlag mit dem Video in den Briefkasten geworfen. Zschäpe selbst hält sich nach dem 4. November aber gar nicht in der Stadt auf – wer also ist der unbekannte Postbote? Kommt er aus dem Umfeld der „Fränkischen Aktionsfront" (FAF)? Die in der Region um Nürnberg agierende und seit 2004 verbotene FAF ist ein Zusammenschluss regionaler Neonazi-Kameradschaften und orientiert sich am „Thüringer Heimatschutz". Zwischen beiden Gruppen gibt es enge Kontakte. Der vorbestrafte Ex-FAF-Führungskader Matthias F. gehört zudem der rassistischen Gruppe „Aryan Hope" („arische Hoffnung") an, die der verbotenen Blood & Honour-Bewegung nahesteht. In diesen Kreisen hatten sich Mundlos und Böhnhardt bewegt – tat ihnen jemand einen „letzten Gefallen"?

Und Zschäpe, wo steckt sie derweil? Anhand von Telefondaten, Bahntickets und Zeugenaussagen können Ermittler den Fluchtweg laut „Focus" beinahe lückenlos nachzeichnen. Erstes Ziel: das gut 45 Kilometer von Zwickau entfernte Chemnitz, von wo aus sie die Eltern der beiden Uwes anruft. Anschließend fährt sie nach Leipzig. Am Computer-Terminal von Burger King surft sie ab 10.40 Uhr im Internet. In der Nähe wirft sie sechs Kuverts mit den Bekennerfilmen in einen Briefkasten. Die Sendungen werden einen Tag später im Briefzentrum 4 bearbeitet. Danach führt ihre Flucht sie ins 200 Kilometer westlich gelegene Eisenach, in den Plattenbau-Stadtteil Stregda. Hier starben Mundlos und Böhnhardt einen Tag vorher im Wohnmobil. Eine Zeugin sieht das mutmaßliche NSU-Mitglied wahrscheinlich – Zschäpe fällt der Frau wegen ihrer Ziellosigkeit und des starren Blicks auf.

In den Nachmittagsstunden des 5. Novembers erstellen Ermittler mit der Mitarbeiterin des Wohnmobil-Verleihs subjektive Täterporträts – von dem Mann, der sich als Gerald Kluge ausgab, und der Frau. Weitere drei Tage später zeigen Soko-Beamte der jungen Angestellten Fotos von Uwe Böhnhardt und Beate Zschäpe, fragen, ob dies die „Eltern" sind, die den Fiat Capron mieteten. Die junge Frau nickt.

6. November Um 3.48 Uhr nachts löst Zschäpe im Bremer Bahnhof (320 Kilometer von Eisenach entfernt) für 39 Euro ein Schönes-Wochenende-Ticket. Über Hannover, Uelzen und Magdeburg fährt sie zurück nach Eisenach, steigt 21.46 Uhr auf den Bahnsteig der Stadt aus, aus der sie gut 24 Stunden vorher geflüchtet war. Was sie in Bremen wollte, ob sie dort jemanden kannte, ist unklar. Von Eisenach aus geht es knapp 60 Kilometer weiter nach Weimar.

Den Ermittlern dämmert unterdessen schnell, dass die Explosionen von Eisenach und Zwickau miteinander in Verbindung stehen könnten. Mehrere Nachbarn aus der Frühlingsstraße erkennen in Fernsehen und Internet das weiße Wohnmobil vom Banküberfall. Dieses nutzten die drei Neonazis bereits eine Woche vor dem Raub und parkten es im Umfeld ihrer Wohnung – einmal gerieten sie sogar in eine Diskussion mit einem älteren Herrn, dem das Fahrzeug im Weg stand.

Der Polizei steht eine schwere Aufgabe bevor. Sie müssen den Eltern von Uwe Mundlos die Todesnachricht überbringen. Was sie nicht wissen – denen ist längst klar, dass ihre Söhne nicht mehr am Leben sind. Offenbar aufgeschreckt durch Zschäpes Anruf am Vortag, wartet der Vater Mundlos bereits auf die Beamten. Er stellt viele Fragen zu den genauen Umständen des Todes und bietet mehrmals an, seinen Sohn zu identifizieren. Er wolle ihn unbedingt sehen, sagt er.

Ganz anders bei den Böhnhardts. Schon beim Betreten der Wohnung spüren die Beamten die Grundaggression der Eltern. Auch wollen die Eltern des Neonazis nichts zu Kontakten zu ihrem Jungen in der Zeit von 1998 bis 2002 sagen und verweigern die Aussage.

7. November Bei der Partei „Die Linke" in Halle/Saale geht ein A4-Briefumschlag mit der Bekenner-DVD ein, die Adresse ist auf einem Aufkleber notiert. Offenbar lag der Umschlag schon lange herum und der Versand war ewig geplant. Denn adressiert ist er an die „PDS1 Geschäftsstelle Halle, Ernst-Haeckel-Weg 5, 6122 Halle (Saale)". Anscheinend bekamen die Neonazis nicht mit – oder ignorierten es –, dass sich die PDS bereits 2007 in Die Linke umbenannt hatte.

Beate Zschäpe macht sich derweil 3.51 Uhr auf den Weg nach Halle/Saale. Vermutlich in Gedanken wird sie um ein Haar von einer Straßenbahn erfasst, im letzten Moment packt sie eine Frau, reißt sie zurück – und rettet Zschäpe das Leben. Die ist dankbar, setzt sich kurz mit ihrer Retterin in ein Café, spendiert ihr einen Kaffee und läuft anschließend zum Bahnhof. Ihr neues Ziel heißt Dresden.

Unterdessen sind die Ermittler in der sächsischen Hauptstadt auf der Jagd nach weiteren mutmaßlichen Unterstützern der Neonazis. In einem dreietagigen Mehrfamilien-Reihenhaus in einem Altstadtviertel wollen sie sich am Mittag die Wohnung von Maximilian Lautenbach vornehmen, dessen Reisepass im Eisenacher Wohnmobil entdeckt wurde. Als sie ihn dort nicht erreichen, holen sie den Steinmetz von der Arbeit ab, fahren mit ihm zu seiner Wohnung – und beginnen unter seinen irritierten Blicken mit der Durchsuchung. Dabei stellt sich heraus, dass sich in Lautenbach und seiner Freundin ein „kurioses" Pärchen gefunden hat. Während seine politischen Ansichten früher streng nach rechts gerichtet waren, gehörte sie einige Jahre der Punkerszene in Saalfeld beziehungsweise Jena an. Lautenbach behauptet gegenüber den Polizisten, er habe keinerlei Kontakt mehr zu den alten Kameraden – die Beamten glauben dem Familienvater.

8. November Beate Zschäpe stellt sich: Einen Tag nachdem ihre Kompagnons Mundlos und Böhnhardt von der Gerichtsmedizin identifiziert wurden, fährt Beate Zschäpe aus der sächsischen Hauptstadt nach Jena. Zurück in ihre Geburtsstadt, dorthin, wo alles begann. Warum sie drei Tage durch Deutschland tingelte, lässt mehrere Antworten zu: Sie hatte eine letzte Mission zu erfüllen, sie war schlichtweg orientierungslos, sie wollte Zeit für ihre Entscheidung gewinnen. Der Rechtsextremen blieben drei Optionen: im Untergrund bleiben, sich das Leben nehmen – oder aufgeben.

Zschäpe entscheidet sich für die dritte Möglichkeit, auch wenn sie nach eigener Aussage mehrmals mit Selbstmord-Gedanken spielt. Sie findet dazu aber keine Kraft. Zschäpe ist erschöpft, sichtlich verwahrlost, trägt schmutzige Sachen. Auch die Zigaretten (die „PLUS"-Marke Power, Typ Gold) sind fast aufgeraucht. Trotzdem: Sie will ihre Familie, vor allem ihre geliebte Großmutter, noch einmal sehen. Die lebt mit Zschäpes Mutter in einem Plattenbau in Jena-Löbstedt. Die Mutter Zschäpes will heute nicht mehr mit Journalisten über ihre „Kleine" sprechen. „Es ist schon schwer genug. Niemand kann verstehen, wie sich das anfühlt", brummt es mit brüchiger, weinerlicher Stimme durch die Gegensprechanlage.

Einen Tag nach der Explosion der Frühlingsstraße hatte die Polizei bei ihr geklingelt, hier im ersten Stock der weiß getünchten sanierten Platte – und teilte der Frau mit, dass ihre Tochter mit internationalem Haftbefehl gesucht wird.

Für Beate ist es am 8. November unmöglich, bis zu dem Zehngeschosser auf einer Anhöhe in der Hochhaussiedlung zu gelangen. Etwa 200 Meter vor dem Haus muss die Gesuchte umdrehen. Zu viele Polizisten stehen herum und halten die Augen offen, die Straße ist voller Streifenwagen. Jetzt ist für Beate Zschäpe der Entschluss endgültig: Ich stelle mich. Doch das ist gar nicht so einfach.

Vor einem Supermarkt in der Nähe der elterlichen Wohnung spricht Zschäpe 8.49 Uhr die Schülerin Anne H. an, bittet um deren Mobiltelefon. Da ihre Hände stark zittern, wählt die Jugendliche für sie die 110. Der Beginn einer unglaublichen Farce. „Guten Tag, hier ist Beate Zschäpe", spricht sie in den Hörer – doch die Beamtin der Polizeiinspektion Jena kennt die Gesuchte nicht. Zwei Minuten lang redet sie auf die Polizistin ein, versucht ihr klar zu machen, dass nach ihr „schon seit Tagen" gesucht werde. Die Beamtin reagiert immer irritierter, fragt schließlich, „von welcher Behörde" sie sei. Nun reißt Beate Zschäpe der Geduldsfaden. „Wollen sich mich veräppeln", brüllt sie ins Handy. Überall in Jena sind Streifenwagen aufgefahren und Absperrungen errichtet. Die Polizistin erklärt Zschäpe, sie wisse von all dem nichts. Wutentbrannt legt Beate Zschäpe auf und gibt das Handy Anne vorm Supermarkt zurück.

Wenn die Polizei nicht zu ihr kommt, muss sie eben zur Polizei. Mit der Straßenbahnlinie 4 fährt Zschäpe aus Löbstedt Richtung Jenaer Innenstadt. In der Nähe der Wache klingelt sie an der erstbesten Kanzlei, zahlt mehrere hundert Euro Vorschuss und bittet den auf Familienrecht spezialisierten Rechtsanwalt, sie zur Polizei zu begleiten. Dort stellt sie sich wegen „Brandstiftung".

Ihre roten Freizeitschuhe, die braune Jacke und die dreckige schwarze Hose kommen in eine luftdichte Tüte, um später mögliche Rückstände von Brandbeschleunigern zu finden. An Schuhen und Socken haftet „starker Körpergeruch". In den Taschen der Hose und einer Handtasche finden sich vier Feuerzeuge, Pfefferspray, drei Packungen verschreibungspflichtige Schmerzmittel, Tampons, Haargummis, ein Kalender für 2001, eine Fahrrad-Servicekarte, zwei angefangene Packungen Taschentücher, Kaugummis, ein Deospray, ein Portemonnaie mit 12,23 Euro in Münzen, eine Fossil-Armbanduhr, eine auf Konstanze Reger ausgestellte

Fahrrad-Servicekarte von „Radmaxx" für ein „Koonga"-Rad, ein Kugelschreiber, einen Zettel mit der handschriftlich notierten Telefonnummer ihrer Oma und eine Strumpfhose. „Mehrfach fragte Zschäpe nach dem Wohlergehen ihrer beiden Katzen", heißt es in einem Vermerk.

Ihr Vernehmungsprotokoll unterschreibt Beate Zschäpe in Druckbuchstaben. Ein Name, auf den sie bei Rufen längst nicht mehr reagiert. Mit der damals 37-Jährigen tauchen bei der Jeaner Polizei gleich neun „weitere" Personen auf. Denn Zschäpe nutzt in den 13 Jahren im Untergrund diverse Deck- und Aliaspersonalien:

Bärbel B.: Im Brandschutt der Frühlingsstraße finden die Ermittler einen Personalausweis mit diesem Namen. Diesen verlor die Braunschweigerin 2006.

Susann Schreiber: Drei Nachbarinnen und die Vermieter der Polenzstraße 2 und der Frühlingsstraße 26 kennen Zschäpe als Doreen Schreiber, Spitzname Lise. Offenbar gelangte die Rechtsextreme zu diesem Namen durch einen 2006 in einer Diskothek im Sachsencenter Stollberg verloren gegangenen Personalausweis. Der identische Nachname mit dem Mieter der Polenz- und der Frühlingsstraße ist Zufall.

Julia Böhmer: Auf den Namen der einstigen Freundin von Maximilian Lautenbach finden Ermittler im Schutt der Frühlingsstraße vier ausgestellte Dokumente. Einen Mitgliedsausweis des „Tennisclub Großgründlach e.V." aus einem Gemeindeteil von Nürnberg, einen Zettel des „Tennisclub Ehlershausen" (beide Vereine vergeben in der Regel gar keine Ausweise) sowie zwei EU-Heimtierausweise für die beim Trio lebenden Katzen. Außerdem überließ Julia Böhmer Beate Zschäpe ihre AOK-Karte. Die „echte" Böhmer will heute mit der Szene nichts mehr zu tun haben. Fakt ist jedoch: Bis zum Jahr 2011 wurde sie bei der neonazistischen „Hilfsorganisation für nationale politische Gefangene und deren Angehörige e.V." (HNG) als Mitglied geführt. Übrigens wurde die HNG im September 2011 verboten, da die Organisation durch „Ablehnung des demokratischen Rechtsstaates sowie der Verherrlichung des Nationalsozialismus versuchte [...] rechtsextreme Straftäter in der Szene zu halten". Im Bekanntenkreis musste und wollte die alleinerziehende Mutter einer kleinen

Tochter mehrmals beteuern, nichts von der Mordserie gewusst zu haben.

Laut dem Landesamt für Verfassungsschutz Sachsen hat sie aber seit mindestens 1997 bis mindestens 2005 Beziehungen in die rechte Szene: 1998 wird sie bei einer Demo gegen die Wehrmachtsausstellung in Dresden gesehen, trägt dort eine Fahne. Anwesend ist auch Beate Zschäpe; 2000 wir Böhmer vom LfV Thüringen observiert, liiert ist sie zu diesem Zeitpunkt mit Bastian Kowalski. Am 6. Mai wird der mit einer unbekannten Person vor Kowalskis Hauseingang gefilmt. Der nicht zu Identifizierende soll Uwe Böhnhardt ähnlich sehen; am 17. August 2001 wird sie im Rahmen einer Demonstration anlässlich des Todestages von Rudolf Heß in Chemnitz kontrolliert. Nur einen Monat vorher soll sie in Nürnberg an einer Flugblattverteilung („Deutschlandtreffen der Schlesier") beteiligt haben; 2003 verweigert sie im Rahmen ihrer Zeugenvernehmung durch die Polizeidirektion Aue/Johanngeorgenstadt zum Aufenthaltshort des flüchtigen Trios die Aussage.

Ihre Vergangenheit holt Julia Böhmer dennoch ein. Am dritten Advent, 4 Uhr morgens, stehen bei einer Razzia das Bundeskriminalamt und die Bundesanwaltschaft vor der Tür von Böhmer und durchsuchen ihre Wohnung. Kurz zuvor wurde sie vom LKA Thüringen befragt und zeigte sich „kooperativ", auch wenn sie nach dem Lesen des Schriftstückes, aus dem sie erfährt, warum sie vernommen wird, sich erst einmal erbrechen musste.

Zehn Jahre früher, am 29. Januar 2001, war es um die Bereitwilligkeit zum Reden noch nicht so gut bestellt. In einem „Informationsgespräch" mit dem sächsischen Verfassungsschutz versucht sie den Eindruck zu erwecken, mit der rechten Szene nichts mehr zu tun zu haben. Die Beamten glauben ihr nicht. Böhmer verweigert daraufhin jeden weiteren Kontakt mit der Behörde. Ihre Begründung: Sie sei nicht gewillt, Leute „zu verraten". An ihrem 30. Geburtstag, 2005, denkt sie angeblich um. Zur „Welt" sagt sie: „An diesem Tag bin ich erschrocken und habe mich gefragt: Was hast du mit deinem Leben angefangen?"

Doch kann das wirklich stimmen? Denn noch im selben Jahr benutzt der Neonazi Thomas G. (Spitzname „Ace") in den Neonaziforen „HatecoreTK" und „Mitteldeutscher Gesprächskreis" das Passwort „b*****-julia". Dort zeigt er klar seine militante

Einstellung. In einem Thread zu einem Aufmarsch im Februar 2009 in Dresden regt Thomas G. an: „Wir haben uns überlegt die Polizeiwache anzugreifen und abzufackeln."

Thomas G. könnte ebenfalls Kontakt zum NSU gehabt haben. Er war im Thüringer Heimatschutz aktiv, und Ralf Wohlleben ist ein langjähriger Mitstreiter. 2009 begrüßte er ihn mit „Heil Wolle", sie organisierten gemeinsam mit Silvio Pölitz das „Fest der Völker".

Julia Böhmer arbeitet heute als Filialleiterin einer Friseur-Kette im sächsischen Erzgebirgskreis. Zum mutmaßlichen NSU-Helfer Bernhard Schreiber hat sie bis zu dessen Verhaftung losen Kontakt, zu Reger und dessen Familie seit 2005 nicht mehr.

Konstanze Reger: Schon in der Zwickauer Polenzstraße taucht die echte Konstanze Reger jeden Donnerstag bei Beate Zschäpe auf. Im Brandschutt der Frühlingsstraße werden mehrere auf ihren Namen ausgestellte Dokumente gefunden, unter anderem eine Bahncard mit dem Foto von Beate Zschäpe. Bezahlt hat die Reiseermäßigungen Konstanzes Ehemann und mutmaßlicher NSU-Unterstützer Lars Reger. An die Adresse des Ehepaares wurden die neuen Karten gesandt.

Auch buchte eine Konstanze Reger mehrfach den Campingplatz-Stellplatz auf Fehmarn. Letztmals orderte sie am 9. Oktober 2011. Die Stammgäste aus Sachsen kündigen sich für die Zeit vom 5. bis 29. Juli 2012 an. Eine Anzahlung wäre am 25. November 2011 fällig gewesen – auf den Tag genau drei Wochen nach dem Tod von Mundlos und Böhnhardt in Eisenach und Zschäpes Flucht. Am 21. November klingelt auf dem Campingplatz das Telefon. Am Apparat: Lars Reger, auf seinen Namen war der Wohnwagen reserviert worden. Reger will telefonisch die Buchung für den Juli 2012 stornieren. Die Begründung: Seine Frau habe einen Arbeitsunfall erlitten. Wie konspirativ sich Reger im Alltag verhielt, zeigt anschließende Begebenheit: Reger wird vom Campingplatz mitgeteilt, dass er nur schriftlich stornieren könnte. Dazu besucht er seinen Kumpel Thorsten S. in Zwickau und versendet von dessen Mac eine E-Mail nach Fehmarn. Den E-Mail-Account se354@gmx.de hat er zwei Tage vorher unter Angabe einer fiktiven Personalie eingerichtet.

Simone Schöbel: Zum Arzt ging Beate Zschäpe nur, wenn es unbedingt sein musste. Am 2. Mai 2006 hatte sie Zahnprobleme, so dass sie sich drei Mal in Halle (Saale) von einer Zahnärztin behandeln lassen musste. An der Theke zeigte sie eine AOK-Karte mit dem Namen Simone Schöbel vor. Diese hatte sie für 300 Euro bei Gerald Kluge in Lauenau bestellt, ein Bekannter von Simone Schöbel, die in Hannover lebt. Deren Ehemann Alexander, von dem sie offenbar getrennt lebt, fällt seit Jahren immer wieder bei Veranstaltungen der rechten Szene auf.

In der Zwickauer Wohnung entdecken die Fahnder zahlreiche Dokumente, unter anderem einen Bibliotheksausweis aus Hannover und eine Payback-Karte auf den Namen Schöbel.

Lisa Pohl: Diese „Person" zahlte die Miete per Bareinzahlung für die Zwickauer Polenzstraße 2 und die Frühlingsstraße 26. Als Verwendungszweck notierte Zschäpe: „Lisa Pohl, Polenzstr. 10, 08060 Zwickau". Auch im Schutt der Frühlingsstraße werden auf den Namen „Lisa Pohl" ausgestellte Belege gefunden, wie zum Beispiel Tierarztrechnungen oder eine Essanelle-Treuekarte.

Lisa Schöbel: Ebenfalls im Brandschutt gefunden werden Dokumente auf den Namen Lisa Schöbel, wie ein Geburtstagsrabattgutschein eines Internetportals, Schriftverkehr mit einem Großhandel und zwei Brillenschutzbriefe.

Liese Pohl: In der Frühlingsstraße 26 wird von den Ermittlern eine mehrseitige Aufstellung von E-Mailadressen und Internetkonten gefunden. Unter der Überschrift „Media-Markt online Liese" sind folgende Personaldaten vermerkt: Liese Pohl, geboren am 16.08.1975, Marienthaler Straße 66, 08060 Zwickau. Die Adresse ist knapp vier Kilometer von der ehemaligen Wohnung des Trios entfernt.

Sylvia Pohl: Zwei Brillenpässe der Firma Fielmann sind auf diesen Namen ausgestellt. Eine Angestellte der Geschäftsfiliale erkennt Beate Zschäpe. Sie hat sich ihr gegenüber als „Sylvia Pohl" ausgegeben.

Mandy Pohl: Gegenüber einem Mitarbeiter eines Zwickauer Elektronikgeschäftes trat Zschäpe unter diesem Namen auf. Auch eine Adresse ist unter diesem Namen in dem Geschäft hinterlegt.

Nach vorangegangener Belehrung nach § 163a Abs. 4 S. 1, § 136 Abs. 1 erklärt Beate Zschäpe gegenüber Polizisten ihre Beziehung zu Uwe Mundlos und Uwe Böhnhardt: „Ich habe die beiden als meine Familie empfunden."

11. November Die Bundesanwaltschaft übernimmt die Ermittlungen „wegen des Mordanschlags auf zwei Polizisten in Heilbronn im April 2007, der Mordserie im Zeitraum von September 2000 bis April 2006 zum Nachteil von acht türkischstämmigen und einem griechischen Opfer in mehreren deutschen Städten sowie der schweren Brandstiftung in Zwickau vom 4. November 2011".

13. November Gerald Kluge, Jahrgang 1974, wird festgenommen. Auf seinen Namen wird das Wohnmobil gemietet – und, wie sich später noch herausstellt, sämtliche weitere Fahrzeuge, die für die Morde und Banküberfälle benutzt wurden. Er ist für die Ermittler nicht schwer zu finden, zumal ein Reisepass und ein Führerschein auf seinen Namen im Fiat Capron lagen. Im Jahr 2008 wanderte sein Name wegen Verstoßes gegen das Betäubungsmittelgesetz außerdem ins INPOL, das bundesweit einheitliche Informationssystem der Landespolizisten. Über die für den in Lauenau wohnenden Gerald Kluge zuständige Dienststelle Bad Nenndorf und die Polizeidirektion Hannover finden die Ermittler zudem heraus, dass Kluge 2003 und 2004 mehrmals bei rechtsextremen Veranstaltungen aufgefallen war.

Es wird Zeit, Fragen zu stellen. In der Nacht des 13. November rasen die Beamten nach Lauenau, klingeln bei der Familie des mutmaßlichen NSU-Helfers. Ohne Ergebnis. Erst 0.24 Uhr taucht Gerald Kluges Ehefrau vor dem Einfamilienhaus mit ihrer Tochter auf. Der, um den es eigentlich geht, ist nicht zu Hause – er arbeitet in der Nachtschicht als Gabelstaplerfahrer bei einer Speditionsfirma. Auf dem Weg in den Feierabend wird er um 10.25 Uhr durch das Mobile Einsatzkommando II der ZKI Hildesheim im roten Golf seiner Freundin festgenommen.

Während die Polizei in Niedersachsen zuschlägt, vollzieht sich in Karlsruhe ein scheinbar nur formeller Akt. Der Ermittlungsrichter am Bundesgerichtshof erlässt gegen Beate Zschäpe Haftbefehl. Ihren Verteidiger habe sie zufällig ausgewählt, sagt sie, von einem „Szeneanwalt" würde sie sich nicht vertreten lassen.

Für Gerald Kluge hingegen beginnt noch am selben Tag ein Verhörmarathon durch die Ermittler der Soko Capron. Während er anfangs leugnet, Mundlos, Böhnhardt oder Zschäpe zu kennen oder jemals etwas mit ihnen zu tun gehabt zu haben, findet er nach endlosem Nachfragen der Beamten sein Erinnerungsvermögen wieder. Seit den 90ern würde er die drei kennen, aus Jena. 1997 war er nach Niedersachsen gezogen, schloss sich hier den „Freien Nationalisten Hannover" an und habe Ende 2004, so behauptet Gerald Kluge, mit politischen Aktivitäten aufgehört, auch weil die neuen Kumpels in der neuen Heimat seine Ansichten nicht so vertraten, wie er sich das wünschte. Im Laufe der Vernehmung füllen sich Gerald Kluges Erinnerungslücken mehr und mehr – und er bringt sich schnell selbst in Bedrängnis. Auf die Frage, wer denn seine Daten und Gewohnheiten des Unterschreibens kennen würde, nennt er Uwe Mundlos und Uwe Böhnhardt aus Jena. Mehrmals besucht hätten ihn die drei, hier in Lauenau, erinnert er sich. So im August oder September wären die beiden Uwes das letzte Mal in einem dunklen BMW mit Chemnitzer Kennzeichen in der niedersächsischen Provinz gewesen. Ohne Beate Zschäpe. Die beiden hätten ihm erzählt, dass Mundlos in Chemnitz einen Computerladen betreibe. Er selbst will den beiden erklärt haben, er sei aus der rechten Szene ausgestiegen – angeblich stieß dies auf Verständnis und er müsse sich nicht als Verräter fühlen. Einmal habe er auch gefragt, ob Mundlos oder Böhnhardt Beziehungen und Kinder hätten oder sich welche wünschen würden. „Und zwar wurde mir gesagt", beschreibt Gerald Kluge die Situation, „dass sie sich mit der jetzigen Situation gut arrangiert hätten. Irgendwie empfand ich diese Antwort so, als ob es besser sei, ich frage nicht noch mal nach."

Aus reiner Gefälligkeit will Gerald Kluge seinen sonnengebräunten Kumpels von früher im Sommer 2011 seinen neuen Reisepass überlassen haben. Angeblich entdeckten die beiden diesen und fragten, ob sie ihn nicht „temporär" nutzen dürften. Er schwankte und sagte schließlich Ja – weil sie versprachen ihn wieder zurückzugeben und ihm sagten, dass man doch früher auch füreinander eingestanden sei und sich bis heute daran nichts geändert habe. Jedenfalls behauptete er in der Befragung, er hätte nach dem Treffen mit den beiden keine Ahnung von Verbleib oder Anwendung seiner persönlichen Dokumente gehabt. In seiner Vernehmung wird Gerald Kluge natürlich zum Vorwurf der Unterstützung einer terroristischen Vereinigung befragt. Er behauptet, zu keinem Zeitpunkt damit gerechnet zu haben, dass Böhnhardt, Mundlos und Zschäpe „Straftaten gegen das Leben anderer" begehen, wie es später vom Bundesgerichtshof heißt. Klar, er sei mit ihnen freundschaftlich verbunden gewesen und habe sie auch im Untergrund unterstützt – Mordanschläge habe er ihnen nicht zugetraut, wohl aber vermutet, dass sich die drei, die stets über große Bargeldmengen verfügten, ihren Lebensunterhalt durch Straftaten finanzierten.

Bei der Durchsuchung des Hauses finden die akribisch arbeitenden Beamten neben den Drogen Speed und Extasy in Gerald Kluges Schreibtisch einen Schließfachschlüssel – doch das dazugehörige Schließfach zu öffnen, gestaltet sich dank seiner Ehefrau äußerst schwierig. In einem internen Polizeibericht heißt es: „Die Öffnung des Schließfachs wurde durch die Ehefrau des Gerald Kluge aktiv verhindert. Sie gab absichtlich drei Mal den falschen Sicherheitscode ein."

Dass diese Blockade nur den Zeitpunkt, nicht aber die Tatsache der Öffnung nach hinten schob, war ihr anscheinend nicht bewusst. Nachdem die Polizei den Safe mit der Innenrevision des zuständigen Kreditinstitutes „geknackt" hatte, blickten erstaunte Augen auf 27 250 Euro. Woher diese bei seinem Einkommen von 1600 Euro monatlich stammen und ob das Bargeld etwas mit den Aktivitäten des Nationalsozialistischen Untergrund zu tun hat, ist nach wie vor unklar. Kluges Frau behauptet, das Geld wäre ihr eigenes Erspartes und sie hätte das Schließfach sogar vor ihrem Mann geheim gehalten, weil dieser spielsüchtig sei.

Am späten Abend des 13. November trifft Zschäpe in der JVA Köln-Ossendorf ein und kommt in eine zirka 13 Quadratmeter große Zelle. Kontakt zu anderen Häftlingen darf sie nicht haben, eine Stunde Hofgang steht ihr zu. Gefängnismitarbeiter beschreiben die Rechtsextreme als „abgeklärte" Person mit „einer gewissen Bauernschläue". Ein Beispiel: Kurz nach ihrer Einlieferung besteht Zschäpe darauf, den Fernseher, der ihr von rechtswegen zusteht, zu erhalten. Außerdem bemängelt sie, dass die Kölner

Zelle im Vergleich zu ihrer Chemnitzer „Unterkunft" zu kalt wäre – prompt wird sie verlegt. Da in der JVA Köln etliche Insassen mit Migrationshintergrund einsitzen, müssen besondere Vorsichtsmaßnahmen zu Zschäpes eigener Sicherheit getroffen werden. Beispielsweise dürfen keine anderen Insassen auf den Fluren sein, wenn sie sich dort aufhält – Beate Zschäpe selbst zeigt Verständnis für die Maßnahme.

Noch immer ist unklar, welche Rolle die Frau bei dem Trio spielte. Die meisten Medien tun Zschäpe inzwischen als „Nazi-Braut und Betthäschen" ab. Ellen Esen, Politikwissenschaftlerin und seit über 20 Jahren Referentin in der politischen Jugend- und Erwachsenenbildung zum Thema Rechtsextremismus, hält diese vorschnellen Schlussfolgerungen gegenüber den Buchautoren zumindest für gewagt: „Die Vorstellung, dass eine Frau als Nazi und Gewalttäterin agiert, widerspricht gängigen Klischees. Frauen gelten als das ‚friedfertige' Geschlecht. Ihnen traut man eine politische Überzeugung, gar eine rechtsextreme, nicht zu. Es ist bezeichnend für eine sexistische Betrachtungsweise, dass Frau Zschäpe als Betthäschen, Nazibraut und Mitläuferin in den Medien auftauchte. Wäre es nicht genauso gut denkbar, dass sie Kopf des Trios, Draht- und Strippenzieherin war? Es ist wenig bekannt über die Binnenstruktur und Rollenverteilung innerhalb des NSU, was großen Raum für Spekulationen lässt. Hätte das Trio aus zwei Frauen und einem Mann bestanden, wären die Theorien vermutlich in eine ganz andere Richtung gelaufen. Zu den wenigen Fakten: Frau Zschäpe führte 13 Jahre ein konspiratives Leben in der Illegalität, tarnte sich mit diversen Decknamen und trug durch ihre leutselige Art dazu bei, dass sich das Leben des NSU mitnichten völlig abgeschottet im Untergrund abspielte."

21. November 17 Tage nach dem Tod seines Sohnes muss das Ehepaar Mundlos für eine weitere Vernehmung zur Kriminalpolizeistation Eisenach. Während des Gespräches versucht vor allem Vater Mundlos intensiv, Informationen zum Tod seines Sohnes und zum aktuellen Stand der Ermittlungen zu bekommen. Darüber aber geben die Beamten keine Auskünfte. Offenbar gerät er deshalb in Rage und beschwert sich öffentlich über das Vorgehen der Polizei und des Verfassungsschutzes sowie die Berichterstattung der Medien. Auch die Arbeitsweise des Thüringer LKA passt ihm nicht. Frau Mundlos hatte nämlich in der ersten Befragung um Vertraulichkeit ihrer Aussagen gegenüber den Familien von Uwe Böhnhardt und Beate Zschäpe gebeten. Das LKA trug diesen aber Aussagen der Familie Mundlos vor.

21. November Bundesinnenminister Hans-Peter Friedrich von der CSU kommt zwei Wochen nach dem Auffliegen der Zwickauer Terrorzelle zu einem Schluss, der Kopfschütteln verursacht: Er befürchtet, „dass wir es … mit einer Mischung aus subjektiven Fehleinschätzungen, aber auch strukturellen Mängeln in den Sicherheitssystemen zu tun haben, wobei die Grenzen fließend sind …".

23. November Die Medien berichten beinahe täglich über den Nationalsozialistischen Untergrund. Ohne zu wissen, dass noch nicht einmal alle mutmaßlichen Mitglieder hinter Schloss und Riegel sitzen. Immer neue Details tauchen auf, besonders aus dem Leben des Trios vor dem Gang in den Untergrund. Mit den Einzelheiten scheint auch immer deutlicher zu werden, dass Fehler und Nachlässigkeiten von Behörden des Freistaats Thüringen den späteren Terror begünstigten. Am 23. November gründet das Bundesland eine unabhängige Kommission unter dem Vorsitz des Vorsitzenden Richters am Bundesgerichtshof a. D. Dr. Gerhard Schäfer. Außerdem gehören der Bundesanwalt am Bundesgerichtshof a. D. Volkhard Wache sowie Ministerialdirigent Gerhard Meiborg der Kommission an. Diese soll nicht die Straftaten des NSU untersuchen, sondern vor allem das Vorgehen der Behörden gegen Mundlos, Böhnhardt und Zschäpe in den 90ern.

Nicht allen Staatsorganen scheint der Start der Untersuchungen zu passen. So lässt es das Landesamt für Verfassungsschutz Sachsen gemächlich angehen und wartet bis zum 3. April 2012, um Akten zu überstellen. Und die sind an einigen Stellen sogar geschwärzt. Die Kommission vermutet in ihrem Abschlussbericht aus dem Mai 2012 sogar, dass die aus Sachsen übersandten Unterlagen unvollständig sind. Kaum zu glauben, dass bei einem solch wichtigen Fall ein Mitarbeiter nur aus Versehen versäumen würde, die Akten komplett zu liefern. Das Thüringer Landeskriminalamt macht es der Kommission durch seine unübersichtliche, geradezu chaotische Aktenführung ebenfalls schwer

Ein Beamter des LKA, der mit der Sichtung und Auswertung der Akten beauftragt wird, erklärt gegenüber den Gutachtern: „Die Akten waren völlig ungeordnet. Ich habe jedwede Koordination innerhalb der Akten vermisst. Ich habe mich immer wieder gefragt, warum und woher kommen die Informationen, die zu bestimmten Ermittlungsansätzen geführt haben. Ich konnte es nicht erkennen. Mein Eindruck war, da sind wahllos Telefone angezapft worden. Jedenfalls ergab sich aus den Akten bei vielen TKÜ's kein ausreichender Hinweis, warum die einzelne Maßnahme beantragt und dann durchgeführt worden ist. Auch die Dauer war für mich nicht nachvollziehbar. Dazu kam, dass die TKÜ-Maßnahmen nicht ausreichend koordiniert waren."

Könnten auch Rivalitäten zwischen dem Thüringer Landesamt für Verfassungsschutz und dem Landeskriminalamt Thüringens dafür gesorgt haben, dass die Fahndung nicht optimal verlief? Wahrscheinlich. Denn wie schon beschrieben erreichten manche Erkenntnisse der Geheimen die Polizisten gar nicht. Der damals für die Bearbeitung des Falls zuständige LfV-Abteilungsleiter, gleichzeitig Vizepräsident der Behörde, sagte, dass das TLfV ganz sicher den Ehrgeiz gehabt habe, die Untergetauchten zu finden. Gerne hätte man schließlich der Polizei ein entsprechendes Ergebnis präsentiert, da zwischen beiden Behörden gewisse Rivalitäten bestünden. Der damalige Referatsleiter gab Ähnliches zu Protokoll: Er beschrieb die Rivalität zwischen den Präsidenten von TLfV und LKA. Aus diesem Grunde hätte es dem Verfassungsschützer sicherlich gut gefallen, wenn sie dem LKA die Flüchtigen „geliefert" hätten. Während beide Verfassungsschützer behaupten, mindestens 90 Prozent ihrer Erkenntnisse an die Zielfahndung weitergegeben zu haben, erklärte der damalige zuständige LfV-Mitarbeiter der Bereiche „Beschaffung" und „Auswertung", er habe keine Informationen versandt.

Das Schäfer-Gutachten kommt zu einem erschreckenden Fazit: „Unter Berücksichtigung der Schwere der den Flüchtigen vorgeworfenen Straftaten und wegen des eindeutig rechtsextremistischen Hintergrunds war es nicht vertretbar, dem LKA und somit auch der zuständigen Staatsanwaltschaft wesentliche Erkenntnisse zum Trio vorzuenthalten. Dem stand auch nicht der Quellenschutz entgegen, da die Mitarbeiter des TLfV bei solchen Straftaten Wege und Möglichkeiten hätten finden können und müssen, Informationen an das LKA weiterzugeben, ohne Gefahr zu laufen, die Identität der Quelle preiszugeben. Bei dieser Interessenabwägung hätte das Amt auch berücksichtigen müssen, dass es sich bei der Suche nach dem Trio ausschließlich im Bereich der Strafverfolgung bewegte, die ohnehin nicht in seine originäre Zuständigkeit fiel."

Zusammenfassend heißt dies im Klartext: Wenn die Fahnder und Ermittler, die dem Neonazi-Trio jahrelang wie einem Gespenst hinterherjagten, auch nur halb so schlampig ermittelt haben, wie sie ihre Bücher führten, und nur halb so eitel waren, wie es im Rückblick aussieht, ist es kein Wunder, dass Böhnhardt, Mundlos und Zschäpe so einfach in der Illegalität abtauchen konnten. Übrigens: 620 Personen spürte die Zielfahndung des Thüringer Landeskriminalamtes seit 1994 bis heute auf – die Einzigen, die dem seit damals zuständigen Leiter der Abteilung entwischten, waren die drei Jenaer Neonazis.

Auch auf politischer Seite ist man nach dem Auffliegen des NSU und dem Verdauen des ersten Schocks nahezu empört über die Ermittlerarbeit. Nochmals Canan Bayram, grüne Abgeordnete im Berliner Senat und Sprecherin für Integration, Migration und Flüchtlinge: „Dass sich nach Jahren die schrecklichen Befürchtungen, die man hatte, noch viel grausamer bewahrheiten, ist wirklich eine neue Qualität – auch in dem Erleben, als Migrant in Deutschland zu sein. Bei manchen löste das Auffliegen des NSU auch Fluchtreflexe aus, bei mir nicht, aber ich kenne einige Leute, die klar sagen: Für meine Kinder gibt es hier keine Zukunft mehr, für viele hat sich durch den NSU der Blick auf das Land verändert. Aber es gibt natürlich auch unzählige, die sagen: Jetzt erst recht, wir müssen etwas gegen Rassismus tun. Wie lange diese Stimmung anhält, hängt wahrscheinlich auch damit zusammen, wie gut der NSU-Komplex aufgeklärt wird. Statt Verantwortung für die Probleme und die schrecklichen Taten, die der Rassismus hier produziert, zu übernehmen oder die Defizite beim Thüringer Verfassungsschutz klar zu benennen und Fehler und Versagen einzugestehen, haben sich führende Politiker weggeduckt und nicht diese Probleme in den Fokus gerückt. Vielmehr wurde sich schamvoll vor genau dieser Verantwortung gedrückt, da wurde eine wichtige Chance vertan, wieder Vertrauen aufzubauen zwischen der sogenannten Mehrheit und der Minderheit."

24. November Festnahme Lars Reger in Grabow: Auch Lars Reger wirft die Generalbundesanwaltschaft vor, den NSU unterstützt zu haben, und zwar dadurch, dass er in der Zeit zwischen dem 25. April und dem 22. Dezember 2007 das Propagandavideo der Gruppe erstellte, das die Mordopfer in äußerst herabwürdigender Weise verhöhnte. Ihm muss demzufolge bewusst gewesen sein, was die NSU-Mitglieder getan hatten.

Und woher wussten die Ermittler der BAO Trio, dass ausgerechnet Lars Reger die Filmsequenzen zusammenschnitt? Reger ist der Einzige der mutmaßlichen NSU-Mitglieder beziehungsweise -helfer, der aufgrund seiner beruflichen Tätigkeit über die technischen Erkenntnisse verfügt, ein solches Video herzustellen. Im Brandschutt der Frühlingsstraße wurde eine Werbebroschüre der Zwickauer Firma Aemedig gefunden – diese befasste sich mit Mediendigitalisierung und war vom 1. September 2006 bis 16. April 2007 auf Lars Reger angemeldet. Auch in den Folgejahren war Lars Reger Geschäftsführer mehrerer Firmen, die sich in dieser Branche betätigten.

Außerdem wird Reger vorgeworfen, ab Mai 2009 Böhnhardt und Zschäpe seine Personalien und die seiner Frau zur Verfügung gestellt zu haben, damit diese zwei Bahncards kaufen konnten. Er erleichterte also mit seiner Hilfestellung die Planung und Durchführung weiterer Straftaten sowie ein Leben des Trios im Untergrund.

Am 24. November, 6.29 Uhr, stürmen Spezialeinsatzkräfte der Bundespolizei das Wohnhaus in der Adam-Ries-Straße, wollen Lars Regers Vier-Zimmer-Wohnung im ersten Obergeschoss nach weiteren Beweisen durchsuchen. Statt diesem finden sie aber nur dessen Ehefrau Konstanze und einen jüngeren Mann, beide halbnackt auf dem Sofa liegend. Im Polizeibericht heißt es dazu: „Eine Durchsuchung der Personen war aufgrund der Antreffsituation nicht erforderlich." Neben diversem Computermaterial sichern sich die Fahnder auch eine Dose mit der Aufschrift

„Nationale Sozialisten Zwickau. Spendet für Propaganda und Schulung".

Lars selbst verbringt die Nacht vom 23. auf den 24. November bei seinem Zwillingsbruder Sven im brandenburgischen Grabow. Sven Reger soll beim „Schutzbund Deutschland" aktiv gewesen sein, der 2006 verboten wurde. Heute gilt er als Funktionär der „Jungen Nationaldemokraten", der Jugendorganisation der NPD. Dass Reger sich in Brandenburg auf dem heruntergekommenen Gehöft befindet, wissen die Fahnder, weil sie sein Telefon abgehört haben.

Um 6:30 Uhr, also zeitgleich mit dem Sturm auf Regers Wohnung in Zwickau, dringen Spezialkräfte der Bundespolizei in das brandenburgische Gehöft ein. An den Wänden entdecken sie Bilder und Gegenstände, die allesamt Bezug zum Nationalsozialismus haben. Lars Reger, der derzeit wegen eines Unfalls arbeitsunfähige Solarmodulbauer, liegt schlafend auf einem Bettsofa im Wohnzimmer, unter dem Sofa liegen 3835 Euro in einer Plastiktüte. Es geht blitzschnell. Bis die Neonazis begriffen haben, was eigentlich los ist, ist die Polizeiaktion schon wieder vorbei. Während Svens Frau mit den anwesenden sechs Kindern ins Kinderschlafzimmer gebracht wird, werden die Zwillingsbrüder gefesselt. Ihnen wird der Durchsuchungsbefehl verlesen, andere Beamte durchsuchen den Hof, auch ein Sprengstoffspürhund wird eingesetzt. Ein Handy, eine Computerfestplatte und Lars Regers schwarzer Ford Focus werden trotz des Widerspruchs von Sven Reger beschlagnahmt.

Während Lars Reger verhaftet und zum Bundesgerichtshof nach Karlsruhe geflogen wird, kommt ein anderer zunächst mit einer Hausdurchsuchung davon. 6:15 Uhr klingeln die Beamten im Zweifamilienhaus von Ralf Wohlleben in Jena. Beim Frühstück mit seinen Kindern gestört, öffnet der Ex-NPD-Funktionär persönlich. Außer zwei Mobiltelefonen (von einem notiert sich Wohlleben noch schnell die Nummer von Silvio Pölitz), einem Laptop, einem PC sowie diversen Speichermedien wird sowohl im Haus als auch in Wohllebens Garage am sogenannten Braunen Haus, das für Veranstaltungen der rechten Szene und Mitgliederversammlungen der NPD genutzt wird, nicht Belastendes sichergestellt. Gefunden wird aber Hochinteressantes: Ein schwarzes Fotoalbum mit alten Bildern von Mundlos und Böhnhardt, drei NPD-Mitgliedsausweise, das Namensschild einer Polizistin und eine Visitenkarte von Uwe Mundlos mit Wohnanschrift.

29. November Festnahme Ralf Wohlleben in Jena: Fünf Tag später, morgens kurz nach 7 Uhr, schlagen die Behörden doch zu. Der Informatiker Wohlleben (1000 Euro Nettogehalt) lenkt seinen schwarzen VW Polo auf den Parkplatz seiner Firma in Jena und will an diesem Dienstagmorgen ins Büro. Doch zwei Polizisten reißen den mutmaßlichen NSU-Helfer aus seinem Auto, werfen ihn unsanft auf die Pflastersteine und umschnüren seine Handgelenke mit Kabelbindern. Sie finden bei dem 37-Jährigen eine Dose Pfefferspray, eine Visitenkarte des stellvertretenden NPD-Bundesvorsitzenden Frank Schwerdt und einen „Zettel mit konspirativen Notizen".

Nicht nur der Wagen und das Büro des Neonazis werden durchsucht, auch die Wohnung der Wohllebens wird ein zweites Mal unter die Lupe genommen. Gefunden werden drei Mitgliedsausweise, der NPD und eine CD, auf der sich die Broschüre „Der Weg zum Reich" befindet. Dabei handelt es sich um ein Pamphlet des Schweizers Bernhard Schaub, der in seinen Schreiben das Auferstehen des Deutschen Reiches proklamiert und die Berechtigung der Bundesrepublik infrage stellt. Unter anderem heißt es: „Das Deutsche Reich besteht staats- und völkerrechtlich gesehen noch immer, ist aber ohnmächtig, weil es keine Regierungsorgane besitzt. Stattdessen existiert auf einem Teil seines Gebietes eine provisorische Verwaltungseinrichtung in der Gestalt der Bundesrepublik Deutschland, die aber von der Öffentlichkeit – auch von der ausländischen – als souveräner Staat wahrgenommen wird. Hinter der bundesrepublikanischen Hecke schläft nun schon seit 1945 das Deutsche Reich seinen Dornröschenschlaf. Aber dieser Schlaf dauert nicht ewig."

11. Dezember Festnahme Bernhard Schreiber in Johanngeorgenstadt: Mehr als einen Monat nach dem Tod von Mundlos und Böhnhardt wird der Fernfahrer Bernhard Schreiber im erzgebirgischen Johanngeorgenstadt festgenommen. Nachts, 3.50 Uhr, dringt ein Spezialkommando der Leipziger Polizei in das Haus in der Christian-Gottlob-Wild-Straße ein. Die schwer bewaffneten Männer kommen gleichzeitig durch die Tür im Erdgeschoss und das Schlafzimmerfenster und stehen binnen Bruchteilen von Sekunden in Schreibers Wohnung. Der aus dem Schlaf Gerissene versucht sich noch kurz zu wehren. Aber gegen die anrückenden schwerbewaffneten Männer hat er keine Chance. Sie fesseln seine Hände auf dem Rücken und legen ihn auf den Boden. Bei der Festnahme zieht sich Bernhard Schreiber einige Schnittwunden am Kopf und an den Händen zu, die noch in der Nacht im Klinikum Erlabrunn behandelt werden. Doch die Verletzungen sind jetzt Schreibers geringstes Problem.

Seit Oktober 1996 hat er in der kleinen Nebenstraße am Rande der „Stadt des Schwibbogens" seinen Hauptwohnsitz. Die Ermittler interessiert aber vor allem, wo Schreiber mit seinem Nebenwohnsitz gemeldet war: Vom 20. 11. 2006 bis 2. 4. 2006 in der Zwickauer Polenzstraße 2 und seit dem 1. 3. 2008 in der Frühlingsstraße 26. In beiden Wohnungen lebten zum gleichen Zeitraum Mundlos, Böhnhardt und Zschäpe. Die Wohnungen vermietete er an einen gewissen Maximilian Lautenbach – eine Person, die wahrscheinlich Uwe Mundlos war.

Schreiber selbst bezeichnet sich in der Vernehmung als der rechten Szene zugehörig. Deutlicher wird ein Informant der ARD-Sendung „Fakt". Er sagt, er kenne Schreiber als überzeugten Rechtsextremisten, der als Einzelgänger in den Nationalsozialismus abgeglitten sei. Weiter heißt es in dem Bericht: „Vorbild des Bernhard Schreiber sei Heinrich Himmler. Ein Traum von Bernhard Schreiber sei es gewesen, Deutschland unter der Herrschaft von Schutzstaffeln zu sehen. Dabei sei er ein unauffälliger Radikaler gewesen." Für das Behauptete spricht auch die Wohnungseinrichtung des Beschuldigten: Sein Wohnzimmer hat Schreiber mit Nazi-Devotionalien „dekoriert". In einem Holzschrank stehen im obersten Glasregalfach eine Miniaturbüste von Adolf Hitler, daneben ein Stahlhelm mit seitlich angebrachtem Hakenkreuz. Darunter hat Schreiber mehrere Messer, Bajonette und Abzeichen „ausgestellt", allesamt aus dem Dritten Reich. Ebenso wird eine Koppel mit dem Spruch „Gott mit uns" gefunden. Auf dem Bett liegt, als das Spezialkommando die Wohnung stürmt, eine Tarnjacke mit einer Armbinde mit der Aufschrift „Weiße Bruderschaft Erzgebirge".

Je nachdrücklicher die Ermittler bei der anschließenden Vernehmung nachfragen, je tiefer sie in Schreibers Aussagen bohren, desto mehr Ungereimtheiten kommen ans Licht und umso mehr verstrickt sich der Neonazi in Widersprüche. Er gibt zum Beispiel an, die Wohnung in der Zwickauer Polenzstraße gemietet zu haben, um ein Zimmer zum Übernachten zu haben. Schließlich hätte er 2003 als Kraftfahrer bei einer Spedition gearbeitet und sein Ladeort sei Neumarkt gewesen. Allerdings lässt sich anhand seiner Personalunterlagen nachprüfen, dass er erst seit 2006 bei der Firma beschäftigt ist. Ebenfalls merkwürdig: Schreiber schnitt offenbar akribisch Berichte über den bereits da in der Öffentlichkeit bekannten „Nationalsozialistischen Untergrund" aus. In seiner Wohnung werden mehrere Zeitungsartikel in Klarsichthüllen entdeckt.

Übrigens: Noch am selben Tag lassen Ermittler die Schäden an der Haustür reparieren und das zerborstene Fenster ersetzen. Die Rechnung geht an das BKA in Meckenheim. Gründliche Beamte.

Schreibers Anwalt erklärt nach dem Haftbefehl gegen seinen Mandanten, dass die diesem zugrundeliegende Annahme, der Beschuldigte habe eine rechtsextremistische Einstellung, falsch sei. In der Wohnung seines Mandanten, in der alles gegen die Aussage des Juristen spricht, war der Rechtsanwalt offenbar nie.

Im Dezember besucht ein deutsches Kamerateam Hanifi Turgut, den Vater des in Rostock ermordeten Mehmet. Die Journalisten berichten ihm von der Entdeckung des NSU und sagen ihm, wer seinen Sohn erschossen hat. Die Antwort des Kurden: „Sie sind tot? Das wusste ich nicht. Ich habe es übers türkische Fernsehen erfahren. Der deutsche Staat hat sich nicht bei uns gemeldet."

2012
Ermittlungen, Erkenntnisse und viele Fragen

22. Januar Der renommierte Schriftsteller und Orientalist Navid Kermani unternimmt in seiner Rede „Vergesst Deutschland. Eine patriotische Rede" zur Eröffnung der Hamburger Lessingtage am 22. Januar 2012 den Versuch, dass Schweigen des NSU einzuordnen:

„Es hat viele Kommentatoren irritiert, dass nach keinem der Morde und Bombenanschläge ein Bekennerschreiben gefolgt war, ist man doch vom Terrorismus in seiner konventionellen Form gewohnt, dem Terrorismus etwa der Roten Armen Fraktion, der baskischen Separatisten oder von militanten Gruppen in Palästina, dass er die Gewalt für konkret umrissene, zu Papier gebrachte politische Ziele einsetzt, den Sturz eines Staatssystems, die Freilassung von Gefangenen, staatliche Autonomie oder das Ende einer Besatzungsherrschaft. Aber ist das Fehlen eines Bekennerschreibens wirklich so ungewöhnlich? In den letzten zwei Jahrzehnten hat sich weltweit ein neuer Typus des Terrorismus herausgebildet, der seinen Schrecken gerade aus der Wortlosigkeit bezieht. Auch die Anschläge des 11. Septembers 2001 blieben zunächst ohne jedes Bekenntnis, waren nicht begleitet von politischen Forderungen, gründeten auf keinem nachlesbaren ideologischen Konzept. Erst sehr viel später reklamierte Osama bin Laden die Urheberschaft der Attentate und ließ auch dann noch bewusst im Vagen, wie genau die Verbindung zwischen den Flugzeugentführern und al-Qaida vorzustellen sei. Im Pingpong mit den internationalen Medien und der damaligen amerikanischen Regierung, die das Moment des Unheimlichen, des Anti-Politischen bereitwillig verstärkten, stilisierte Osama bin Laden seine Organisation zu einer gleichsam ätherischen Macht, die zu jeder Zeit an jedem Ort zuschlagen könne: Nie mehr werde ein Amerikaner in Sicherheit leben, kündigte er im Schlusssatz seiner ersten Videobotschaft unheilvoll an. Könnte es nicht das gleiche Gefühl sein, das der Nationalsozialistische Untergrund unter den türkischen Einwanderern erzeugen wollte, indem er sich zufällige, über die ganze Bundesrepublik verstreute Opfer suchte: einer abstrakten, unfasslichen Macht gegenüberzustehen, als Ausländer in Deutschland zu jeder Zeit, an jedem Ort mit der Gefahr rechnen zu müssen. (...) Dieser relativ neue Typus politischer Gewalt bezieht seine Mächtigkeit gerade aus der Absage an den politischen Diskurs, der Verweigerung jedweder argumentativen Auseinandersetzung. Seine Feindbilder sind nicht mehr auf einen konkreten Staat, eine Regierung oder eine Partei bezogen, sondern auf Herrschaftssysteme, Rassen oder Kulturen. Entsprechend kann es für diesen Terrorismus, der weder mit der Benennung von Forderungen einhergeht, noch die Verhandlungsbereitschaft der Herrschenden herbeibomben will, keinen oder nur den totalen Sieg geben, die eigene Vernichtung oder aber die Ausschaltung, mindestens Vertreibung der gesamten Gegnerschaft, also des herrschenden Systems, der fremden Rasse, der Ungläubigen, der minderwertigen Kultur. Allein, die Antwort auf den bekenntnislosen Terror kann nicht darin liegen, sich seiner Gedankenstruktur anzupassen, seine Unheimlichkeit zu perpetuieren und nun gleichfalls einem System, einer Rasse, einer Religion oder einer Kultur den Krieg zu erklären. Terroristen haben auch dann eine Ideologie, pragmatische Ziele, ein Netzwerk von Unterstützern und einen ideologischen Rückhalt in Teilen der Gesellschaft, wenn sie ohne Programm, ohne Forderung und ohne Namen auftreten. Der Nationalsozialistische Untergrund hat sich mit dem Selbstmord von Uwe Böhnhardt und Uwe Mundlos sowie der Verhaftung von Beate Zschäpe und weiterer Helfer womöglich aufgelöst. Die Gründe, die zu seiner Entstehung und, bedenklicher noch: zu der Länge seiner Blutspur geführt haben, bestehen fort ..."

25. Januar An diesem Mittwoch durchsuchen mehr als 100 Polizisten in mehreren Bundesländern Wohnungen und Geschäfte – in Chemnitz, Dresden, im Erzgebirge, in Ostthüringen und im Großraum Stuttgart.

Darunter die sächsischen Wohnungen der ehemaligen „Blood and Honour"-Mitglieder Enrico Lorentz, Marina Gläser und Martin Frieling. Bei Frieling in Dresden-Gorbitz bieten die Einsatzkräfte Hubschrauer, Hunde und ein Spezialkommando auf. In Laasdorf und Trockenborn-Wolfersdorf (beide im Thüringer Saale-Holzland-Kreis) werden die Wohnungen von André Scharf*, einem der beiden Besitzer des Jenaer Szene-Klamottenladens „Madley" und Michael Tanner (der andere Chef) durchsucht. Beide sollen Dietrich Landner 1999 die Česká besorgt haben, der sie später an Ralf Wohlleben weitergab. Gefunden werden bei den Razzien zahlreiche Unterlagen, Computer und Festplatten sowie Musik-CDs. Der SPD-Landtagsabgeordnete Peter Metz fordert daraufhin, dass die rechtsextreme Musikszene im Freistaat nicht weiter ignoriert werden dürfe. Martina Renner, die Rechtsextremismusexpertin der Thüringer Linksfraktion erklärt: „Die Durchsuchungen haben gezeigt, dass anders als häufig behauptet, Szene-Läden nicht nur als Geschäfte dienen, sondern offenbar wichtige Kommunikations- und Aktionsplattformen sind."

1. Februar Festnahme Dietrich Landner in Düsseldorf: Der mutmaßliche Helfer Dietrich Landner wird in Düsseldorf verhaftet. Der offen schwul lebende Mann hatte Ende der 90er-Kontakt zu dem Trio und seine Finger beim Besorgen der Česká im Spiel. Im August 2000 stieg er aus. Bis zu seiner Verhaftung am 1. Februar 2012 – zwei Tage vorher hatte ihn der Mann bei einer Razzia „verpfiffen", bei dem Landner 1999 die Česká abholte – arbeitet Landner bei der gemeinnützigen Aids-Hilfe Düsseldorf. Ins Rheinland kam Landner im Jahr 2003, zunächst wohnte er in ein Studentenwohnheim in Hürth und zog drei Monate darauf nach Düsseldorf. Die Verfassungsschützer verloren ihn aus den Augen. Landner begann an der FH Düsseldorf ein Sozialpädagogikstudium, engagierte sich beim Schwulenreferat. Doch die braune Vergangenheit holte ihn schnell ein. Eine linksautonome Publikation berichtete 2004 über seine Zeit beim Thüringer Heimatschutz, Landner musste sein früheres Leben in Thüringen offenlegen. Dietrich Landner engagierte sich in der Landeshauptstadt Nordrhein-Westfalens im Team des schwul-lesbischen Jugendzentrums „Puls". Dort verheimlichte er seinen neuen Kollegen und Freunden seine Vergangenheit nicht, gestand offen die Zugehörigkeit zur rechten Szene und bereute diese laut Auskunft seiner Arbeitskollegen zutiefst.

Mittlerweile hat Landner zugegeben, die Waffe weitergeleitet zu haben. Sein Anwalt Jacob Hösl lässt verlauten: „Unter anderem hat mein Mandant (…) wahrscheinlich zwischen Herbst 1999 und Frühjahr/Sommer 2000 eine Handfeuerwaffe samt Schalldämpfer an das Trio geliefert. Hierbei handelt es sich mit an Sicherheit grenzender Wahrscheinlichkeit um besagte Česká 83, welche wohl bei den später begangenen Tötungsdelikten zum Einsatz kam." Landner fügt in der Veröffentlichung hinzu: „Ich habe mich von der rechten Szene distanziert und verabscheue jegliche Art von rechtem, rassistischem und extremistischem Gedankengut."

Von den Morden will Landner nichts gewusst haben. Seine Begründung: Die Beschaffung der Waffe sei zu einem Zeitpunkt erfolgt, als „noch keine der später bekannt gewordenen Straftaten begangen waren". Ein Jahr später will Landner aus der rechten Szene ausgestiegen sein. Die Bundesanwaltschaft sieht das anders: Nach bisherigen Erkenntnissen hat Dietrich Landner bis 2003 die Verbindung in rechtsradikale Kreise gehalten. Er selbst behauptet, dies seien ausschließlich private Kontakte gewesen.

Warum aber informierte er nach Bekanntwerden der Česká-Morde nicht die Behörden über den Verbleib der Waffe und die Treffen in Chemnitz? Anonym wäre das problemlos möglich gewesen. Ist ihm nicht in denn Sinn gekommen, dass die Waffe, die seit 2005 immer und immer wieder in den Medien erwähnt wurde, genau die ist, die er Ende 1999 an Uwe Böhnhardt lieferte? In seinen Vernehmungen sagt Landner aus, dass er nicht wusste, welches Fabrikat er damals an den Untergetauchten übergab. Ein Schalldämpfer sei aber sicher dabei gewesen. Als ihm kurz darauf Fotos der Česká vorgelegt werden, erkennt Dietrich Landner das Modell.

Vor allem die türkische Gemeinschaft ist von der Existenz und dem Auftauchen immer neuer Details zum Nationalsozialistischen Untergrund tief erschüttert. Ali Varli arbeitet als Redakteur in Berlin für die türkische Tageszeitung „Hürriyet" und beschreibt gegenüber den Buchautoren seine Gefühle und Gedanken. „Ich ging zunächst nicht von rassistischen Morden aus, hatte jedoch im Zeitraum 2004 bis 2008 ein mulmiges Gefühl, da es da mehrere Brandanschläge auf türkische Einrichtungen gab, die nicht aufgeklärt werden konnten. Mich hat stutzig gemacht, dass viele Politiker nach den Anschlägen nicht einmal im Ansatz Vermutungen äußerten, dass es sich um rassistisch motivierte Angriffe handeln könnte. Ich hätte jedoch nie gedacht, dass in Deutschland eine rassistische Terrorzelle gebildet werden kann, die über Jahre unentdeckt bleiben kann. Ich bin davon ausgegangen, dass die Rechtsextremen unter intensiver Beobachtung des Verfassungsschutzes stehen.

Was mich ebenso sehr schockte, ist das rassistische Gedankengut, aus dem sich der Nährboden für diese Mordtaten entwickelte. Es war ebenfalls schockierend, dass die ermordeten Opfer Kleinunternehmer waren. Sie waren Selbständige, deren einziges Ziel die Ernährung ihrer Familien war. Dass die Opfer von ihren potenziell wahrgenommenen Kunden erschossen worden sind, zeigt die Kaltblütigkeit der Täter.

Das Vertrauen der türkischstämmigen Bevölkerung in die staatlichen Stellen ist auf tiefstes Niveau gesunken. Dafür gibt es zwei Gründe: Auf der einen Seite die ständigen Äußerungen vieler Verantwortlicher, dass es sich bei jedem Anschlag auf Migranten nicht um eine rassistische Straftat handele. Ferner hatte die türkische Bevölkerung das Gefühl, dass V-Leute an diesen Taten beteiligt sein könnten. Ich denke auch, dass der Rassismus von der Politik jahrelang kleingeredet wurde."

Doch noch ein anderes Thema treibt den Journalisten und die türkische Community um. „Dass die rassistischen Morde als ‚Döner-Morde' bezeichnet wurden, war eine Verhöhnung der Opfer und der Hinterbliebenen. Ich habe gleich an die Verwandten der Opfer gedacht und nachgefühlt, wie sie lange Zeit verdächtigt wurden und sich rechtfertigen mussten. Mit dem Begriff ‚Döner-Morde' wurden diese abscheulichen Taten verniedlicht. Nach massiver Kritik aus den Verbänden wurde dieser Begriff in den Medien nicht mehr benutzt. Dies sehe ich durchaus positiv. Jedoch stören mich noch heute die sympathieverbreitenden Fotos der Mörder in manchen Medien."

7. Februar Die Schweizer Polizei nimmt einen Mann aus dem Berner Oberland am Flughafen Zürich wegen des Verdachts fest, illegal Waffen – darunter die Česká – weitergegeben zu haben. Seine Ehefrau stammt aus Thüringen. Nach zwei Tagen wird er aus der Untersuchungshaft entlassen. Es sollen keine Kontakte zu Neonazikreisen bestehen.

23. Februar In Berlin findet eine Trauerfeier für die Opfer der NSU-Mordserie statt, auch Angehörige kommen zu Wort. Die in schwarz gekleidete Bundeskanzlerin Dr. Angela Merkel sagt in Richtung der Familien der Todesopfer: „Ich bitte um Verzeihung. Verzeihung dafür, dass sie teils jahrelang unter falschen Verdächtigungen der Sicherheitsbehörden leiden mussten."

İsmail Yozgat will hingegen keine Worte der Entschuldigung hören und möchte auch kein Geld als Entschädigung. Mit stockender Stimme hält er auf der Veranstaltung eine Rede auf Türkisch. Er erzählt, wie sein Sohn Halit in seinen Armen am 6. April 2006 starb, nachdem ihn in seinem Internetcafé die tödlichen Schüsse trafen. Yozgat wünscht sich, „dass die Mörder gefasst, dass die Helfershelfer und die Hintermänner aufgedeckt werden". Zum Gedenken an seinen Sohn möchte er, dass die Holländische Straße, in der Halit geboren und ermordet wurde, nach ihm benannt wird. Der Wunsch wird ihm von der Stadt erfüllt. Außerdem will Yozgat, dass im Angedenken an die Opfer der Mordserie ein Preis ausgelobt wird. „Wir möchten gerne eine Stiftung gründen und sämtliche Einnahmen spenden für Menschen, die krebskrank sind."

Nicht alle Opferfamilien sind der Einladung zur Trauerfeier gefolgt. Yvonne Boulgarides, die Ehefrau des am 15. Juni 2005 in München ermordeten Theodoros Boulgarides, blieb fern. Eine bewusste Entscheidung, wie sie im Interview mit den Autoren sagt: „Ich wollte mich für ein derartiges Schauspiel nicht instrumentalisieren lassen. Hätten Politik und Behörden ihre Aufgaben von Anfang an ehrlich und gewissenhaft erfüllt, wäre uns eine solche Trauerfeier erspart geblieben. Viele der Opfer müssten wir dann heute nicht beklagen."

28. Februar Der 3. Strafsenat des Bundesgerichtshofes verwirft die Haftbeschwerde von Beate Zschäpe. Unterdessen gibt es bei einer Gedenkfeier in Rostock für den 2004 erschossenen Mehmet Turgut einen handfesten Skandal. 20 bis 30 in Schwarz gekleidete und vermummte Neonazis greifen 400 Meter von der Kundgebung entfernt mehrere Zivilpolizisten mit einer Eisenstange an, verletzen einen Beamten am Knie. Neun Personen aus der Neonazi-Szene werden festgenommen.

April Während im Bundestag und den Landtagen Untersuchungsausschüsse tagen, um sich mit Pannen und Verfahrensfehlern bei der Jagd nach dem Neonazi-Trio auseinanderzusetzen, sieht Professor Wilhelm Heitmeyer, der sich seit 1982 mit Rechtsextremismus und Fremdenfeindlichkeit beschäftigt, darin ein entscheidendes Problem. Der Direktor des Instituts für interdisziplinäre Konflikt- und Gewaltforschung an der Universität Bielefeld deutet in einem Beitrag kritisch an, dass die Kommissionen „gesellschaftliche Prozesse weitgehend" ausblenden. Es sollte daher auch die Frage aufgeworfen werden, ob es sich um einen selbsttäuschenden Duktus handelt, der statt auf Selbstaufklärung eher auf gesellschaftliche Selbstentlastung hinausläuft. Diese wäre etwa gegeben, wenn im öffentlichen und politischen Diskurs eine Abtrennung der verbrecherischen Terrorzelle von einer ansonsten als ‚intakt' dargestellten Gesellschaft betrieben würde. Gruppenbezogene Menschenfeindlichkeit als Abwertungen und Diskriminierungen schwacher Gruppen in der Bevölkerung kann als Legitimation zur Gewalt durch unterschiedliche rechtsextremistische Milieus dienen." Und weiter heißt es: „Wenn der mechanistische Ansatz etwa von Organisationsverboten wirksam wäre, dürfte diese Gesellschaft nach der Verbotswelle rechtsextremistischer Gruppen zwischen 1992 und 1995 die aktuellen Probleme nicht mehr haben. Notwendig wäre eine rigorose Intensivierung von Selbstreflexion im Sinne des Entstehungs- und Radikalisierungsparadigmas. Dazu gehört die zunehmende Aggressivität der in rechtspopulistischem Denkmuster beheimateten Bevölkerungsteile. Dies nicht in den Mittelpunkt zu rücken, zeugt von einem dominierenden selbsttäuschenden gesellschaftlichen Duktus: Selbstentlastung statt Selbstaufklärung durch eine gefesselte ‚Kommissionarisierung' hinter verschlossenen Türen mit informationell verordneter Arbeitsbegrenzung."

25. Mai Der Haftbefehl gegen Gerald Kluge wird aufgehoben. Zwar sagte er umfangreich gegen die Mitglieder der Zwickauer Terrorzelle aus und gestand, das Trio unterstützt zu haben – die Juristen können ihm aber nicht beweisen, dass Kluge mit den Morden, Anschlägen und Überfällen rechnen konnte. Es gebe keinen dringenden Tatverdacht, dass das frühere Mitglied der „Kameradschaft Jena" den NSU unterstützt habe.

In dem Beschluss vom Bundesgerichtshof am 25. Mai 2012 heißt es: „Die Prüfung, ob die Untersuchungshaft über sechs Monate hinaus fortdauern darf (§§ 121, 122 StPO), führt zur Aufhebung des Haftbefehls des Ermittlungsrichters des Bundesgerichtshofs vom 24. Februar 2012, denn der Beschuldigte ist der ihm vorgeworfenen Straftaten nach derzeitigem Erkenntnisstand jedenfalls nicht dringend verdächtig im Sinne des § 112 Abs. 1 Satz 1 StPO." Die Gruppierung habe sich bei der Planung und bei der Durchführung ihrer Anschläge streng abgeschottet, heißt es. Außerdem habe sie davon abgesehen, sich zu ihren Taten zu bekennen. „Vor diesem Hintergrund lasse sich die Einlassung des Beschuldigten, er habe mit Mordanschlägen des Trios nicht gerechnet und ihnen solche auch nicht zugetraut, derzeit nicht hinreichend sicher widerlegen."

29. Mai Auch die Haftbefehle gegen Dietrich Landner und Bernhard Schreiber werden aufgehoben. Die Bundesanwaltschaft ermittelt gegen beide wie auch gegen Gerald Kluge weiter, sie müssen mit einer Anklage rechnen. Wann mit der Anklageschrift gegen sie und die zum Druck des Buches noch inhaftierten Lars Reger, Ralf Wohlleben und Beate Zschäpe gerechnet werden kann, ist noch unklar. Angepeilt ist der Herbst 2012.

Auch wenn der „Nationalsozialistische Untergrund" scheinbar zerschlagen ist und Bundeskanzlerin Angela Merkel den Angehörigen der Opfer versprach, man werde „die Helfershelfer und Hintermänner" finden und alle Täter „ihrer gerechten Strafe" zuführen – eine Sicherheit vor dem erneuten Aufflammen rassistischer und neonazistischer Gewalt kann sie nicht garantieren. Für die Familien und Angehörigen der Opfer ist zwar das Wissen, dass die Mörder ihrer Väter, Ehemänner, Onkel, Brüder und Söhne tot sind, zumindest ein schwacher Trost – viele tragen in ihren Erinnerungen aber noch immer die Behandlung durch die Ermittler nach den Taten. Wie Semiya Şimşek, Tochter des ersten NSU-Opfers Enver Şimşek: „Mein Vater war tot. Das alte Leben gab es nicht mehr, doch in Ruhe Abschied nehmen und trauern, das konnten wird nicht. Elf Jahre durften wir nicht mal reinen Gewissens Opfer sein." Und Yunus Turgut, Bruder des in Rostock ermordeten Mehmet Turgut ergänzt: „Wir sind wütend. Warum hat es die Polizei so lange nicht geschafft, diesen Fall zu lösen. Jahrelang hatten wir große Sorgen und mussten uns fragen, ob sich jemand an uns rächen will." Öczan Yildirim, Besitzer eines Friseurladens in der Kölner Keupstraße, regen noch heute die Verdächtigungen auf: „Die Behörden konzentrierten sich auf Schutzgelderpressung. Wir haben gesagt, es war fremdenfeindlich. Und dann haben sie gelacht. Wenn dieser Laden kein türkisches, sondern ein deutsches Geschäft gewesen wäre, wäre alles genauso abgelaufen oder schon damals in eine andere Richtung gegangen?" Im Leben von Ali Taşköprü, Vater des erschossenen Süleyman Taşköprü, zerstörten die falschen Verdächtigungen und Ermittlungen der Polizei sogar Freundschaften und den Zusammenhalt der Familie. „Freunde und Familienangehöige haben mir nicht geglaubt, das Süleyman kein Verbrecher war. Ich werde mich deshalb mit ihnen nie wieder an einen Tisch setzen, nie wieder ein Wort mit ihnen reden."

Sie alle verbindet die Angst, dass es zu neuen Attentaten kommen könnte. Elif Kubaşık, Ehefrau von Mehmet Kubaşık, spricht aus, was viele der Opferfamilien denken: „Das ist natürlich gut, das wir die Wahrheit wissen. Aber auf der anderen Seite, es geht hier um Terror. Wir haben Angst und wissen nicht wie das Ganze enden wird."

3. Juni In Berlin veröffentlicht das „Bündnis gegen das Schweigen" eine Resolution mit Forderungen zur Aufklärung der Hintergründe der NSU-Mord- und Anschlagsserie. Unter den Erstunterzeichnern sind prominente Namen. Unter anderem Kenan

Kolat (Bundesvorsitzender der Türkischen Gemeinde in Deutschland), Stefan Kramer (Generalsekretär des Zentralrats der Juden in Deutschland), Romani Rose (Vorsitzender des Zentralrats Deutscher Sinti und Roma), der Berliner Integrationsbeauftragte Günther Piening sowie die Grünen-Bundesvorsitzende Claudia Roth, Heilgard Asmus (Generalsuperintendentin und Vorsitzende des Brandenburger Aktionsbündnisses gegen Gewalt, Rechtsextremismus und Fremdenfeindlichkeit) und die Publizistin Mely Kiyak.

Fazit

Kurz nach dem 4. November 2011 überboten sich Politiker und Vertreter von Sicherheitsbehörden in ihren Forderungen. Sofort wurde der Ruf nach einem Verbot der neonazistischen NPD laut, und es dauerte nur wenige Wochen, bis entsprechende Schritte eingeleitet wurden. Das Ergebnis der Verbotsprüfung wird für Ende 2012 erwartet. Auch der Aufbau eines Terrorabwehrzentrum Rechts und einer Zentraldatei zur Erfassung gewaltbereiter Rechtsextremisten wurde beschlossen. Innerhalb weniger Monate fanden bundesweit Ermittlungen und Razzien gegen verschiedene Neonazi-Gruppen statt, der Staat demonstrierte Härte – wohlgemerkt *nach* dem Auffliegen des mörderischen Terror-Trios. Offenbar mussten erst zehn Menschen sterben, ehe die rechte Szene wirklich ernst genommen wurde. Hinter vorgehaltener Hand bestätigte ein Verfassungsschützer den Autoren, dass sich die Sicherheitsbehörden von der härteren Gangart eine Destabilisierung der Szene erhoffen, um die Strukturen für längere Zeit zu lähmen und zu schwächen.

Auf die verstärkte Repression und das plötzliche Interesse etablierter Politiker am Thema Rechtsextremismus reagiert die Neonazi-Szene auf ihre eigene, wenn auch unterschiedliche Art: Während gerade der parteipolitisch organisierte Flügel der Verschwörungstheorie anhängt, wonach es sich beim NSU um von „bundesdeutschen Geheimdiensten initiierten Staatsterrorismus" handele, feiern andere Teile der Szene unverhohlen die Terroristen und ihre Taten. Bereits im November versuchte ein rechtes Label T-Shirts mit dem Aufdruck „Killer Döner nach Thüringer Art" zu vertreiben, während im Januar 2012 Neonazis in München das „Paulchen Panther"-Lied auf einer Demonstration abspielten, welches der NSU zur Unterlegung seines Bekennervideos benutzte. Jetzt ist es an den Behörden herauszufinden, inwieweit Rechtsextreme in der Lage sind, als Trittbrettfahrer Mundlos und Böhnhardt nachzueifern und ebenfalls aus dem Untergrund heraus Straftaten zu begehen. Aber: Sind die deutschen Sicherheitsorgane dazu überhaupt in der Lage? Zu deutlich scheinen die Worte des Präsidenten des Bundeskriminalamts, Jörg Ziercke, im Juni 2012. Ungewöhnlich offen gestand er schwerwiegende Fehler bei den Ermittlungen ein. Er bedaure, dass die deutschen Sicherheitsbehörden ihrem Schutzauftrag nicht nachgekommen seien. „Wir haben versagt", so Ziercke. Doch statt konkret zu werden und die eigenen Versäumnisse offen zu legen, um sie künftig zu vermeiden, legte sich Ziercke nicht fest, wo die Ermittler Fehler machten. Lediglich sagte er: „Das Versagen hat viele Facetten." Nun müssen also intern die richtigen Schlussfolgerungen gezogen werden, um ähnlich dramatisches Versagen künftig zu verhindern.

Während dies Blicke in die Zukunft sind, wird auf parlamentarischer Ebene an einer Aufarbeitung der „Ermittlungspannen" gearbeitet. Untersuchungsausschüsse auf Bundesebene und in Bayern, Sachsen und Thüringen sollen die Defizite ans Tageslicht bringen und das Geschehen zwischen 1998 und 2011 politisch aufarbeiten. Die Arbeit der Ausschüsse ist wichtig und notwendig und wird ihren Teil dazu beitragen, zu verstehen, wie der Staatsapparat versagte. „Die entsprechenden Daten und Hintergründe müssen auf den Tisch und können nicht per Gerichtsbeschluss blockiert werden, wie dies der ehemalige Leiter des Thüringer Landesamtes für Verfassungsschutz mit einem Teil der Daten getan hat. Aber ich bin sicher, dass man Wege finden wird, dass der Kern dessen, was im Moment blockiert wird, an die Öffentlichkeit findet", sagte Prof. Dr. Hajo Funke in einem Gespräch mit den Autoren.

Dennoch stellen sich derzeit viele Fragen, deren Klärung durch Journalisten und Politiker in den Untersuchungsausschüssen vorangetrieben wird. Fragen, auch unangenehme, müssen erlaubt sein, wie Prof. Dr. Hajo Funke erklärt: „Ich frage mich, wie kann es sein, dass noch im Jahr 2001 die Landesregierung mitteilt, dass keine Erkenntnisse vorliegen würden, dass Thüringer Rechtsextremisten an rechtsterroristischen Aktivitäten beteiligt sind – obwohl schon drei Jahre vorher die Bombenbastler in den Untergrund geflüchtet sind? Eine solche Unterdrückung der Informationen durch die Zuständigen ist – wenn man einen dauernden Blackout, also eine individuelle schizoid/paranoide Problematik, ausschließt – ohne Absichten nicht denkbar.

Vor diesem Hintergrund ist es geboten, Hypothesen für dieses Muster zu diskutieren. Die Diskussion solcher oder sich durch Indizien ergebender Spekulationen hat mit Verschwörungsannahmen nichts zu tun, sondern ist nach sozialwissenschaftlichem Verständnis von Rechtsextremismus unabdingbar, weil man nicht nur nach einem Rahmen und einem Puzzleteil, das es zu schließen gilt, sucht, sondern – und das ist notwendig – nach mehreren. Wir sind also genötigt, auch abwegig erscheinende Hypothesen zu prüfen. Das ist angesichts des eklatanten Versagens des Thüringer Verfassungsschutzes eine intellektuelle Notwendigkeit, wenn man denn rückhaltlos aufklären will. Dies ist auch nach den Einlassungen der Bundeskanzlerin auf der Trauerfeier demokratiepolitisch geboten, sozusagen ‚Staatsräson'.

Man sollte solchen Hypothesen solange nachgehen, bis sie ausgeschlossen werden können. Man muss denen, die verantwortlich waren auf der mittleren und höheren sowie auf der politischen Ebene, entsprechende Fragen stellen."

Diese Form der Aufklärung kann funktionieren, wie Ende Juni 2012 deutlich wurde. Durch Recherchen des Journalisten Andreas Förster, der diese u. a. in der „Frankfurter Rundschau" veröffentlichte, wurde bekannt, dass das Bundesamt für Verfassungsschutz (BfV) sowie das Thüringer Landesamt und der Militärischem Abschirmdienst (MAD) zwischen 1997 und 2003 die „Operation Rennsteig" durchführten. Im Fokus der Operation stand der Thüringer Heimatschutz. Laut Förster steuerten „die drei Dienste zeitweise mindestens zehn V-Leute" in der Organisation, zu der auch die mutmaßlichen Mitglieder der Zwickauer Zelle gehörten. Allein dieser Umstand ist skandalös, zeigt er doch deutlich, dass die Behörden lange Zeit die politische Heimat von Böhnhardt, Mundlos und Zschäpe ernst genommen hatten und die Gruppe unter intensiver Beobachtung stand. Schlimmer jedoch ist die Vernichtung von wichtigen Akten der „Operation Rennsteig" (OR) durch einen Verfassungsschützer. Der Beamte zerstörte sieben wichtige Akten der OR am 11. November 2011, also wenige Tage nach dem Tod von Böhnhardt und Mundlos und der Verhaftung von Zschäpe und just an dem Tag, als die Bundesanwaltschaft das Verfahren an sich nahm und klar wurde, dass das Trio für den Tod von mindestens zehn Menschen verantwortlich ist. Die Klärung dieses Vorgangs setzt den Präsidenten des Bundesamtes unter Druck, nährt der Vorgang doch bisher haltlose Verschwörungstheorien, nach denen innerhalb der Zelle auch aktive oder ehemalige V-Leute der Behörden agierten. Mit der Vernichtung der Akten und mit den innerhalb der Operation Rennsteig angeworbenen Spitzeln, wird sich nun der Untersuchungsausschuss beschäftigen.

Auch wird man sich fragen müssen, warum bei der einfachsten Polizeiarbeit offenbar „geschlampt" wurden. So gibt es zum Beispiel Fotos vom dritten Post-Überfall in Chemnitz. Einer der beiden Räuber nimmt im Vorraum seine Maske ab, auf der Überwachungskamera ist sein Gesicht zu erkennen. Nicht verglichen wurden diese Bilder offenbar mit den Fahndungsfotos von Mundlos und Böhnhardt. Wo sie untergetaucht waren, hätte man dann zwar immer noch nicht gewusst, was aber klar gewesen wäre, ist das: Zwei rechtsextreme Bombenbauer sind im Untergrund auf Bankraubtour – und spätestens dann hätten das BKA und die Bundesanwaltschaft sich mit allen Mitteln einschalten müssen. So ermittelten überforderte Thüringer Behörden.

Ein anderes Versäumen: Nach Banküberfällen gehört es zum Polizeihandwerk, eine Ringalarmfahndung 20 Kilometer rund um den Tatort einzuleiten und möglichst alle Fahrzeuge zu erfassen. Wird nämlich ein Fahrzeug bei einer Banküberfallserie an mehreren Tattagen erfasst, ist es verdächtig. In Sachsen raubten Mundlos und Böhnhardt zehn Banken aus. Ringfahndungsprotokolle gibt es nur von vier Überfällen.

Doch alleine das Aufzählen der Schlampereien und Maßnahmen zur Aufklärung ist nicht genug.

Auf den gesamten Komplex angesprochen, formuliert Prof. Dr. Funke gegenüber den Autoren folgende Spekulationen und mit einigen Indizien gestützte Fragen, die zu verantworten und zu beantworten sind:

Die Illusion: Erstens das Motiv einer entschiedenen Verharmlosung und Projektion von Gefahren auf andere Gruppen mit oder ohne empirischen Anlass.

Solidarität mit der eigenen mentalen Familie: Ebenso denkbar ist jedenfalls für die Anfangsphase des Untertauchens der Gruppe eine Mentalität, die davon ausgeht, dass der Kern der Auseinandersetzung woanders liegt und diese Jugendlichen Teil unserer Jugend seien, die man eher schont oder sogar stützt, weil sie mit der eigenen Haltung verwandt sind: gegen den als nach wie vor für unser Gemeinwesen als hochgefährlich interpretierten autoritären Kommunismus, den ‚rot lackierten Faschismus', zu sein.

Selbstschutz und Ausrede: Die Haltung, dass man, was man von dieser Gruppe weiß, nicht oder nicht mehr aufdecken könne, weil der Skandal für die eigenen Dienste, Zuständigkeiten zu groß gewesen wäre und man stattdessen sie zu hindern versucht, in der einen oder anderen Weise weiterzumachen, etwa nach dem Mord an Michèle Kiesewetter und der Schwerstverletzung eines weiteren Polizisten in Heilbronn. In dieser Logik liegt es natürlich im Interesse eines solchen Motivbündels, sie endgültig ausgeschaltet zu wissen.

Größenfantasie: Schließlich die Vorstellung eines Teils der Leitenden im Landesverfassungsschutzamt, dass man mit dem ausgezeichneten Kontakt zu den als V-Leuten geführten einen ebenso ausgezeichneten Einblick in die relevante gewalttätige und alltagsterroristische Szene hat, sie sozusagen führt.

Komplizenschaft: Angesichts der erdrückenden Fülle von Indizien dafür, dass Aufenthaltsorte gewusst wurden, auch angesichts der Leichtigkeit, mit der die Eltern Böhnhardt das Trio noch zu Mordzeiten haben treffen können und der schieren Unerklärbarkeit der sogenannten Pannen und Fehlwahrnehmungen der regionalen Sicherheitsbehörden, vor allem des Verfassungsschutzes

Thüringen, muss der Frage nachgegangen werden, ob das Trio bis in die Zeit seiner Mordtaten hinein mit Absicht gedeckt worden ist. Ein weiteres eigenes, ebenso bedeutungsvolles Thema wäre, wie oft und offenkundig jedenfalls systematisch die Vorstellung, es könnte sich um Rechtsextreme oder Rassisten handeln, die die Mordtaten verübt hätten, mit hohem internen Streit abgewiesen worden ist, anstatt eben mehrere Hypothesen gleichzeitig zu verfolgen, um so zu einem möglicherweise ganz anderen Puzzle zu kommen und nicht nur zu einem de facto vorher festgelegten, nämlich die Täter in internationalen Drogen- oder gar Terrorkreisen (Kurden) zu vermuten und zu allem Überfluss auch die traumatisierten Familien durch Unterstellungen zu verletzen.

Dass einem rechtsextremistischen Mordmotiv möglicherweise nicht ausreichend nachgegangen wurde, zeigt folgende Begebenheit: Nach den drei Morden in Nürnberg betrieben die Ermittler einen eigens eingerichteten Dönerstand durch eine „Vertrauensperson". Das bestätigt der damals leitende Oberstaatsanwalt Walter Kimmel. Über ein halbes Jahr hinweg sollten mit dem Lokal Hinweise auf die organisierte Kriminalität im Lieferantenmilieu gesammelt werden. Ein immenser Aufwand und ein gewaltiges Engagement einer verdeckten Ermittlung, die jedoch nicht in alle denkbaren Täterrichtungen betrieben wurde. Die Setzung des Schwerpunktes, und das lässt sich bei nahezu allen Morden feststellen, war schlichtweg falsch.

Es fehlt eine Debatte darüber, wie dieser menschenverachtende Terror entstand, wo seine Wurzeln liegen. Eine Auseinandersetzung mit Diskriminierung und Rassismus in der Gesellschaft, also innerhalb der Bevölkerung, den Behörden und Institutionen, ist unumgänglich. Noch immer sind körperliche und verbale Attacken gegen Migrantinnen und Migranten in Deutschland Alltag. Anschläge auf Moscheen und deren Schändungen nehmen zu, ebenso die Islamfeindlichkeit, die getarnt als „Islamkritik" doch nur unverhohlen Rassismus verbreitet sowie Angst und Vorurteile schürt. Noch immer gibt es institutionalisierten Rassismus, der Menschen, zum Beispiel bei Polizeikontrollen aufgrund der Hautfarbe, diskriminiert und aus der Gesellschaft ausschließt. Noch immer ziehen Neonazis durch das Land, verbreiten ihre Hetze auf Demonstrationen, Konzerten sowie im Internet, verüben Gewalttaten und töten Menschen, die nicht in ihr Weltbild passen. Daher fordert Prof. Dr. Funke auch eine effiziente Politik gegen rechtsextreme und rassistische Gewalt: „Es braucht eine Sicherheitspolitik, die anders vorgeht als bisher. Angesichts einer sich ausbreitenden Kultur der Angst und Drohungen durch neonazistische Szenen innerhalb und außerhalb der NPD, durchschnittlich täglich mindestens dreier rechtsextremer Gewaltstraftaten in Deutschland, der de facto zugelassenen Hetze in hunderten von Musiktexten und -konzerten und auf Fußballplätzen ist ein angemessener Schutz der Kerngrundrechte nach Jahren der Verharmlosung überfällig. Entscheidend ist, dass der schleichende Prozess der Aushöhlung des Kerngrundrechts in vielen Dörfern und kleinen Städten, sei es in Sachsen, Sachsen-Anhalt oder Mecklenburg-Vorpommern, durch eine integrierte präventive Strategie von Polizei, Zivilgesellschaft und kommunaler wie regionaler Politik umgekehrt und die Politik mit der Angst durch Alltagsterror endlich ernsthaft angegangen wird."

Niemand in unserer Gesellschaft sollte sich aber der notwendigen Debatte über Neonazis und Rassismus verschließen, der starke Staat und Repressionen werden diese Probleme nicht allein lösen können.

Danksagung

Wir möchten uns an dieser Stelle bei den vielen Menschen und Organisationen bedanken, die sich täglich gegen Neonazis, Rassismus und Diskriminierung engagieren. Für die Hilfe, Hintergrundgespräche, Interviews und viele weitere Formen von Unterstützung möchten wir namentlich folgenden Personen und Vereinen ein herzliches Danke sagen: antifaschistisches pressearchiv und bildungszentrum e.V. (apabiz), Prof. Dr. Hajo Funke, Sertab Sezen, Martina Renner, Thilo Schmidt, Hans-Peter Buschheuer, Sven Röbel, Holger Stark, Andrea Bahr, Ali Varli, Canan Bayram, Mario Born, Ulli Jentsch, Rosa, Marie, Blanka Weber, Volkmar Wölk, Kerstin Köditz, Lisa Bjurwald, Nick Lowles, Ellen Esen, Axel Hemmerling, Pelin Öztoprak und Yavus Narin.

Auch allen nicht Genannten, die wissen, dass wir sie hier mit einschließen: Danke!

Autoren

Maik Baumgärtner, geboren 1982, lebt und arbeitet als freier Fachjournalist und Autor in Berlin. In den Themenfeldern Demokratiefeindlichkeit, Rechtsextremismus, Rechtspopulismus, Rassismus und Diskriminierung, arbeitet er international u. a. für Print- und Onlinemedien, Radio, TV und Stiftungen. Veröffentlichungen und Mitarbeit an verschiedenen Publikationen und Broschüren zum Thema Rechtsextremismus (u. a. „Mädelsache!: Frauen in der Neonazi-Szene", 2011), Rechtspopulismus (u. a. „Antimuslimischer Rassismus und rechtspopulistische Organisationen", 2011) und kommunales Engagement für Demokratie (u. a. „Vielfalt tut gut – Jugend für Vielfalt, Toleranz und Demokratie im Berliner Bezirk Friedrichshain-Kreuzberg", 2011).

Marcus Böttcher, geboren 1981, lebt und arbeitet in Berlin, beschäftigt sich als Redakteur beim Berliner Kurier u. a. mit dem Rechtsextremismus in der Hauptstadt. Böttcher studierte an der Deutschen Sporthochschule Köln, arbeitete zunächst beim Kölner Express.

ISBN 978-3-360-02149-6

© 2012 Verlag Das Neue Berlin, Berlin
Umschlaggestaltung: Buchgut, Berlin, unter Verwendung
von Motiven von picture alliance/dpa
Druck und Bindung: Aalexx Buchproduktion

Ein Verlagsverzeichnis schicken wir Ihnen gern:
Das Neue Berlin Verlagsgesellschaft mbH
Neue Grünstraße 18, 10179 Berlin
Tel. 018 05 / 30 99 99 (0,14 €/Min., Mobil max. 0,42 €/Min.)

Die Bücher des Verlags Das Neue Berlin
erscheinen in der Eulenspiegel Verlagsgruppe.

www.das-neue-berlin.de